SÜCHTIG LEBEN
TROCKEN STERBEN

Manfred Kleemann

SÜCHTIG LEBEN TROCKEN STERBEN

Ein Erfahrungsbericht

Deutsche Erstausgabe
ASARO VERLAG 2016

Bibliografische Information
der Deutschen Nationalbibliothek:

Die Deutsche Nationalbibliothek
verzeichnet diese Publikation in der
Deutschen Nationalbibliografie;
detaillierte bibliografische Daten sind
im Internet über
http://dnb.d-nb.de abrufbar.

Alle Rechte der Verbreitung, auch
durch Film, Funk und Fernsehen,
fotomechanische Wiedergabe,
Tonträger, elektronische
Datenträger und auszugsweisen
Nachdruck, sind vorbehalten.

ASARO Verlag

© **2016 Manfred Kleemann**
Covergestaltung: T. Schröder
Coverbild: Manfred Kleemann

ISBN: 978-3-95509-084-5
Printed 2016 in Germany

www.asaro-verlag.de

Inhaltsverzeichnis

1. Kapitel	Er sollte nicht sein	9
2. Kapitel	Ungewolltes Leben	33
3. Kapitel	Eine fast normale Kindheit	55
4. Kapitel	Schleichende Gefahr	84
5. Kapitel	Tödlicher Beginn	94
6. Kapitel	Auf der Flucht	126
7. Kapitel	Ende	143
8. Kapitel	Neuer Weg	154
9. Kapitel	Ein Kapitel für sich	191
10. Kapitel	Die andere Entwicklung	197
11. Kapitel	Neues und Perspektiven	234
	Schlussbemerkung	246

*Leben ist, was einem zustößt,
während man auf die Erfüllung
seiner Hoffnungen und Träume wartet.*

1. Kapitel

Er sollte nicht sein

Ganz Deutschland litt unter den Folgen des Zweiten Weltkrieges.

Sommer 1945.

Meta und Anna waren auf der Flucht aus Ostpreußen. Die Angst vor den Polen hatte sie aus ihrer Heimat getrieben. Anna war als BDM-Mädchen wohl erzogen und geprägt durch die idealistischen Vorgaben des politischen Systems. Sie war eine gute Schülerin und entsprach dem damaligen Frauenideal: blond, schlank mit langen Zöpfen. Zu der Zeit hatte sie auch schon konkrete Vorstellungen von ihrem späteren Leben. Heiraten, Kinder, eine Familie haben - davon träumte sie. Ihr Vater Friedrich kam aus dem Osteinsatz nicht mehr zurück, obwohl sie auch lange danach immer noch die Hoffnung hatte, dass er eines Tages doch zurückkäme. Später wurde es dann traurige Gewissheit, er hatte den Einsatz an der Ostfront nicht überlebt. Vorerst hatten sie nichts außer der Hoffnung, in ein neues Leben zu finden. Alle Materialien und Güter hatten sie zurücklassen müssen, eine ungewisse Zukunft lag vor ihnen, sie wollten nur irgendwo sicher sein. Während der Flucht und der schrecklichen Zeit davor hörten sie von Gewalttaten Vergewaltigungen und schändlichem Umgang mit Menschen. Es soll sogar in den Wäldern ihrer Heimat zu Hinrichtungen gekommen sein. Zu Beginn der Flucht hatten sie noch ein Leiterwagen, auf dem man die letzten Habseligkeiten verstaut hatte, nachdem der auch noch seinen Dienst versagte und die gebrochenen Räder nicht mehr zu ersetzen waren, zogen sie mit Taschen und Koffern weiter. Nur die nötigsten Dinge wurden noch getragen, der Rest verschwand unterwegs. Je näher sie dem Westen kamen, umso kleiner wurde der Treck. Immer wieder landeten sie in Zwischenlagern, dort standen neue Verteilungen an, dadurch wurden Familien oft zwangsweise getrennt. Sie waren nur noch zu zweit und landeten in einem kleinen Ort bei Celle in der Lüneburger Heide. Dort endete vorerst ihre Flucht.

Dieser kleine Ort lag in der Nähe des ehemaligen Konzentrationslagers Bergen-Belsen. Die Bauern und die Einheimischen waren natürlich nicht erfreut, als durch den Ortsvorsteher die Wohnraumbeschaffung direktiv angeordnet wurde. Meta und Anna bekamen ein Zimmer im Obergeschoss beim zweitgrößten Bauern im Dorf. Notdürftig eingerichtet und von der Fürsorge mit dem Nötigsten versorgt, versuchten beide das Gefühl des Erduldens zu ertragen und auch etwas dafür zu tun, nützlich zu sein.

Sie boten sich als Arbeitskraft in der Landwirtschaft an. In dieser Position der Unterwürfigkeit, oft auch als Bittsteller, wurden sie, bedingt als Flüchtlinge, von den meisten hochnäsigen Einheimischen akzeptiert. Aber es entwickelten sich auch erste Kontakte und manchmal entstanden heimliche Beziehungen zwischen Flüchtlingen und Einheimischen. Da der Krieg gerade zu Ende war, die Kapitulation allen bekannt war, lebte man in der Hoffnung, dass es jetzt besser werden würde. Das Sirengeheul bei Fliegerangriffen war vorbei, Angst und Panik verschwanden langsam und alles konzentrierte sich auf den Wiederaufbau. Nicht nur Häuser und Landstriche waren sehr stark zerstört. Durch den Krieg hatten viele mit ihrem Schicksal zu kämpfen. Die in der Region noch stationierten deutschen Soldaten wurden nicht mehr als kriegerisch Handelnde gesehen, sondern konnten sich nun mit den Gegebenheiten und Notwendigkeiten im friedlichen Sinne nützlich machen. Den Bauern halfen sie bei der Bestellung ihrer Äcker und fuhren die Ernte mit ein. Soldaten und Flüchtlinge waren eine Helfereinheit. Auch die Viehwirtschaft wurde im Sommer 1945 tatkräftig von allen unterstützt und aufgebaut.

Das Korn stand noch auf dem Halm, die Vorbereitungen zur Ernte liefen auf Hochtouren, das Gras wurde bereits im zweiten Schnitt eingefahren, da begegneten sich Anna und Gustav beim gemeinsamen Ernteeinsatz. Gustav trug noch stolz seine deutsche Landseruniform und Anna, etwas bieder und einfach aussehend, wirkte verschüchtert in ihrem blau-weißen Kittelkleid. Was Anna nicht wusste, wurde ihr dann bald zum Verhängnis. Gustav wirkte nicht nur reif, erfahren und selbstsicher, er erzählte wenig von sich, aber schließlich war er Soldat und allein diese Tatsache machte ihn für Anna begehrenswert. Erste neugierige Blicke warf man sich zu. Nach einer zufälligen Berührung und einem kurzen Gespräch verabredeten sie sich für den Abend. Sie trafen sich am Ortsausgang. Anna mit ihren 18 Jahren fühlte sich geschmeichelt. Den ganzen Nachmittag hatte sie nur den einen Gedanken, wie es wohl werden würde. Sie würde gemeinsam mit diesem kräftigen Soldaten, der mit seiner Uniform schon etwas darstellte, ein Rendezvous haben. Bisher gab es keine Geheimnisse zwischen ihr und Meta, doch heute sagte sie ihrer Mutter nichts von ihrem Vorhaben. Meta spürte natürlich, dass ihre Tochter etwas gelöster, entspannter und vielleicht sogar etwas erwartungsvoll war, doch angesprochen wurde es nicht. Anna hatte sich ihre langen blonden Zöpfe zum Schwalbennest gebunden und ging neugierig, unbekümmert und unerfahren ihrer erste ernsthafte Begegnung mit einem Mann entgegen. Sie schlenderte durch das Dorf, den Feldweg entlang und dann sah sie ihn. Da stand er, kräftig und groß, wieder, oder immer noch in seiner Landseruniform. Sie ging auf ihn zu und begrüßte ihn artig mit einem Handschlag und machte sogar einen leichten Knicks. Gustav erwiderte ihr Lächeln, nahm ihre Hand und ließ sie vorerst auch nicht mehr los. Wortlos gingen sie den kleinen Weg zwischen Waldrand und Kornfeld ortsauswärts. Einmal fragte Anna, wo es denn hingehen solle, denn irgendwie spürte sie, dass Gustav zielstrebig war oder gar einen Plan hatte. Sie wusste ja nichts von ihm und das bereitete ihr auch etwas Unbehagen. Anna hatte außer ihrer Jungfräulichkeit und diesem Gefühl, geführt zu werden, nichts anzubieten.

Es war später Nachmittag, die Sonne bekam langsam einen rötlichen Schimmer, als Gustav den Vorschlag machte, das Kornfeld als kleine Rast zu nutzen. Zielstrebig zog er Anna hinter sich her, trat mit seinen großen Stiefeln eine Halmfläche platt, auf die er sich dann setzte und Anna bedeutete, Gleiches zu tun. Immer noch im Glauben, dass alles schön und romantisch wäre, tat sie, wie ihr befohlen. Anders kannte sie es bisher auch nicht. Gustav entledigte sich seiner Jacke und machte eine Rolle daraus, die er sich unter den Kopf legte. So lag er da und schaute in den Abendhimmel. Anna, noch immer etwas unschlüssig, spürte sodann einen leichten Zug an ihren Armen. Indem sie dem Druck nachgab, sank sie langsam auf die Knie. Gustav sagte zu ihr, dass sie sich auch zu ihm auf die Rolle der Jacke legen solle. So lagen sie nun beieinander und starrten wortlos in den Abendhimmel. Von der Abendsonne geblendet, kniff Anna die Augen zusammen und schloss sie. Viele Gedanken schossen ihr durch den Kopf. Sie stellte sich gerade ihre Zukunft vor. Gustav begann, ihr Komplimente zu machen. Die blonden Haare und die wasserblauen Augen wären ihm sofort aufgefallen. Er wäre sich sicher, sie sei ein ganz tolles Mädchen. Mädchen hatte er gesagt, nicht Frau. Anna lag immer noch regungslos da und träumte vor sich hin, als Gustav ihr von der Schulter her über die geknüpfte Mittelreihe ihres Kleides seine mächtige Hand auf ihre Brust legte. Es erfasste sie ein Gefühl von Neugier und Angst. Noch nie hatten sie eine Person an dieser Stelle berührt. Sie war jetzt 18 Jahre alt, hatte die Veränderung vom Mädchen zur Frau skeptisch und ängstlich erlebt. Die ersten Schamhaare und die gewachsenen Brüste waren ihr eher unangenehm. Den Reiz, damit als Frau begehrt zu werden, kannte sie bisher nicht. Gustav legte seinen Kopf auf ihren Oberkörper und knöpfte langsam mit der rechten Hand die obere Reihe ihres Kleides auf. Seine Hand glitt unter das Kleid und umfasste eine Brust, die in der vorhandenen Größe voll in seiner Hand verschwand. Er drehte sich ihr mit dem Kopf entgegen und suchte ihre Lippen. Wieder wusste Anna nicht, wie sie sich verhalten sollte. Noch nie hatte sie einen Mann geküsst. Als Gustav seine Lippen auf die ihren presste, blieb sie regungslos. Er verharrte kurz, zog seine Hand von der Brust und nahm ihren Kopf in beide Hände.

»Du musst beim Küssen den Mund aufmachen«, sagte er plötzlich in die Stille hinein. Anna tat wie ihr befohlen. Unbeholfen und unerfahren öffnete sie ihren Mund. Die Augen hielt sie weiter geschlossen. Dann spürte sie seine Zunge, spielte mit der ihren und weitere leichte Küsse bedeckten ihr Gesicht. Sie glaubte, Anerkennung zu spüren, doch sie konnte, was das Wollen und Können anging, mit der ganzen Situation wenig anfangen. Innerliche Ablehnung kam in ihr hoch. Sie spürte, dass Gustav das von ihr wollte, zu dem sie noch nicht bereit war. Aber was sollte sie jetzt tun? Ihm einfach sagen, dass er aufhören soll, andererseits hatte sie das erste Mal in ihrem Leben das Gefühl, von einem Mann begehrt zu werden. Ein schönes Gefühl, von einem reifen, erfahrenen Mann, einem deutschen Landser begehrt zu werden, mit dem sie eine Familie haben würde und vielleicht auch Kinder.

Gustav beschäftigte sich während ihrer Gedanken weiter mit den letzten Knöpfen in der Mittelreihe ihres Kleides, das nun oberhalb ganz geöffnet war. Er blieb weiter aktiv. Seine Hand glitt in ihren Schlüpfer und berührte sie an einer Stelle, die selbst für sie bisher Tabuzone war. Er machte kreisende Bewegungen auf ihrem Unterkörper und versuchte den Schlüpfer nach unten wegzuziehen, um ihre Beine spreizen zu können. Jetzt richtete sie sich auf, starrte ihn verwundert und verängstigt an, doch Gustav nahm ihren Kopf wieder zwischen seine großen Hände, küsste sie, soweit das möglich war, und setzte sich im Schneidersitz auf ihre Oberschenkel. Trotz ihrer Angst ließ sie ihn weiter gewähren. Er war eben ein richtiger Mann, ja, er war der Richtige, rechtfertigte sie sein Tun. Dann schob Gustav ihre Schenkel auseinander, drückte sie mit dem Oberkörper wieder nach unten. Anna spürte seine Männlichkeit. Den deutschen Soldaten, der sie jetzt zur Frau machte. Den Schmerz, den ihr Gustav dabei zugefügt hatte, nahm sie als gegeben hin. Die Abendsonne ging unter. Am Waldrand trennten sich ihre Wege, doch vorher verabredeten sie ein erneutes Treffen für morgen an gleicher Stelle.

Anna sagte kein Wort zu Meta. Sie kam ihren häuslichen Pflichten nach und ging mit tausend wirren Gedanken ins Bett. Den Schmerz hatte sie schon verdrängt und auch das Blut kommentierte sie mit dem Gedanken, es gehöre beim ersten Mal dazu. Gustav hatte sie ja beruhigt und die Vorstellung an eine gemeinsame Zukunft ließ sie langsam in den Schlaf gleiten.

Am nächsten Morgen ging es wieder aufs Feld. Den ganzen Tag über machte sie sich Gedanken, wie es wohl heute Abend sein würde. Dabei stellte sie fest, dass sie keinen Menschen hatte, mit dem sie über Probleme, diese Liebschaft und andere Dinge reden konnte. Eine Freundin hatte sie nicht und mit Meta ging es schon gar nicht, auch wenn sie ihre Mutter war. Wo mag er jetzt sein, dachte sie des Öfteren, was ziehe ich heute Abend an? Da sie es nicht besser wusste, glaubte sie, verliebt zu sein.

Der Tag ging langsam dem Abend entgegen. Zuhause machte Meta etwas zu essen. Anna wusch sich danach, und Meta sah, dass Anna sich, als sie sich unbeobachtet glaubte, auch unten herum reinigte. Sie sagte nichts, war nur etwas verwundert. Anna verabschiedete sich mit den Worten: »Ich gehe jetzt noch etwas spazieren.«

»Um zehn bist du aber spätestens zurück«, hörte sie Meta noch nachrufen.

Als sie das Dorf verließ und den Waldrand erreichte, stand er schon da. Ein schönes Gefühl, dass er auf sie gewartet hatte. Wie gut er wieder in seiner Uniform aussah. Sie war sich sicher, den richtigen Mann gefunden zu haben. Ja, Mann, Gustav würde bestimmt mal ihr Mann. Sie nahmen sich am Waldrand in den Arm und gingen wieder wortlos den gleichen Weg wie am Tag zuvor. Überhaupt, es wurde wenig geredet. Sie hätte ihn gern vieles gefragt. Was er vorher gemacht hatte, wo seine Eltern wären, ob es noch Geschwister gäbe, einen Beruf hätte und wo er vorher gelebt hätte. Sie wusste nichts von ihm, nur das Gefühl, dass er sie wollte, und sie sich hatte nehmen lassen. Das war ihre Gewissheit. So genoss sie die Situation, dass sie jetzt einen deutschen Soldaten zum Freund hatte, der sie zur Frau gemacht hatte und der sie heiraten wollte. Allein schon deshalb dürfte sie ihm nichts verwehren.

Wieder an gleicher Stelle zog er Anna ins Kornfeld. Die platt getretene Stelle hatte sich noch nicht wieder aufgestellt. Das Korn hielt ihren Platz bereit. Ohne größere Erwartungen setzte sie sich auf den Boden. Gustav begann sofort wieder an ihr herumzunesteln. Anna legte sich auf den Rücken und schloss die Augen. Sie spürte, dass Gustav ihren Schlüpfer noch unten zog und sich auch seiner Uniformhose entledigte. Diesmal ging alles viel schneller. Auch heute spürte sie wieder heftigen Schmerz in ihrem Unterleib, aber seinem Stöhnen und heftigen Atmen entnahm sie, dass sie die Frau war, die Gustav wollte. Sie saßen noch kurze Zeit nebeneinander und gingen dann wieder, erst gemeinsam, dann getrennt, ins Dorf zurück. Sie war auch früher zu Hause, als Meta ihr vorgegeben hatte. Versonnen saß sie noch auf der Treppe vor dem Hauseingang und schaute in die Richtung, aus der sie gerade gekommen war. Sie versuchte, sich ihre Zukunft vorzustellen.

Gedankenversunken hörte sie plötzlich: »Nun komm schon hoch«, und als sie dann langsam die hölzerne Treppe hochging, fiel ihr ein, dass Gustav sich mit ihr nicht für den nächsten Tag verabredet hatte. Etwas Unbehagen kam in ihr hoch. Mit diesem Gefühl schlief sie ein.

Zwei Tage kannten sie sich nun. Es war Wochenende. Anna schlenderte durch die Gegend, saß mal hier auf einer Bank, dann mal wieder am Dorfteich, schaute versonnen den Wasserspielen zu und konnte sich schlecht damit abfinden, dass sie allein war. Samstagvormittag. Anna spazierte wieder ziellos durch das Dorf. Plötzlich kam ihr der Gedanke: Wenn er nicht zu ihr käme, ginge sie zu ihm. Sie wusste, dass circa fünf Kilometer vom Ort entfernt eine Kaserne war, dort müsse er ja dann sein. Warum sollte sie ihn nicht besuchen. Er würde sich sicher freuen. So machte sie sich auf den Weg zu ihrem Gustav. Nach gut einer Stunde erreichte sie die großflächig eingezäunte Kaserne. Am Wachhäuschen war reger Betrieb. Ein Kommen und Gehen. Dann nahm sie all ihren Mut zusammen und fragte die herauskommenden Soldaten, ob jemand den Gustav kenne oder gesehen hätte, oder wüsste, ob er in der Kaserne wäre. Viele Befragte schüttelten nur den Kopf oder sie bekam ein eindeutiges Nein. Dann hatte sie Glück. »Gustav Wotzke, meinst du?«, sagte ein Landser, »den kenne ich, aber der ist nicht hier in der Kaserne. Der war im Außeneinsatz und hat Heimaturlaub. Er ist zu seiner Familie gefahren.«

Anna stand da wie ein begossener Pudel. Der Schreck schoss ihr durch die Glieder. Nach Hause, Familie, was bedeutet das? Nachdenklich, gekränkt und verunsichert machte sie sich auf den Rückweg. Tausend Gedanken begleiteten sie. Meta hatte von all dem nichts mitbekommen. Sie merkte nur, mit ihrer Anna stimmte etwas nicht. Der Tag verging, der Sonntag kam. Die Siegermächte hatten Deutschland in Sektoren aufgeteilt, Anna und Meta gehörten jetzt zum Westen. Für den Westsektor waren die Engländer und Amerikaner zuständig. Sie besetzten die Kasernen und waren für die Sicherheit und Ordnung verantwortlich.

Anna lief wie im Traum durch die Gegend. Die Tage vergingen. Anna und Meta sorgten notdürftig für ihr Auskommen, indem sie tagsüber bei den Bauern im Ort auf dem Felde arbeiteten. Ein kleiner letzter Rest von Flüchtlingen war inzwischen im Ort verteilt worden, nur vereinzelt gab es noch Sammelstellen.

Anna hatte sich während der Arbeit auf dem Feld mit Martha angefreundet. Martha musste mit ihrer Familie auch flüchten und kam ebenfalls aus Ostpreußen, damit hatten sie schon eine Gemeinsamkeit. Die zweite Gemeinsamkeit war, dass Martha auch keinen Freund oder Freundin hatte, zumal Martha auch optisch nicht unbedingt positiv auffiel. Beide im zarten Alter von 18 Jahren, beide auf der Suche nach einem geregelten Leben mit der Vorstellung, einmal Familie und Kinder zu haben. Diese Wünsche waren selbst durch diesen Krieg letztlich nicht verändert worden. Aber das stand erst mal hinten an, denn beide waren ja noch fast halbe Kinder. Nach einigen gemeinsamen Spaziergängen erzählte Anna Martha von ihrem Gustav. Das, was Martha ihr dazu sagte, war nicht ermutigend und kränkte sie. Es waren Sätze dabei wie: »Den siehst du nie wieder, der wollte doch nur das eine, der meint es sowieso nicht ernst.«

Anna gefielen diese Aussagen nicht. Sie reagierte rechtfertigend und verteidigte ihren Gustav. Sie war verletzt und gekränkt, ließ Martha stehen und ging nach Hause. Trotz kam in ihr hoch. Sie zwang sich, weiter an ihren Gustav zu glauben, denn schließlich hatte er sie zur Frau gemacht. Ein furchtbarer Gedanke durchzog sie plötzlich. Was wäre, wenn sie schwanger wäre? Doch diesen Gedanken verwarf sie schnell. Was war denn schon passiert, nur zweimal und, ach was. Sie traf sich die nächsten Tage trotzdem wieder mit Martha, denn die war inzwischen die Einzige, mit der sie überhaupt reden konnte und zu der sie auch etwas Kontakt hatte. Tagsüber auf den Feldern, abends dann bei gemeinsamen Spaziergängen. Seit Martha ihr in aller Klarheit gesagt hatte, was sie von Gustav hielt, war ihr Verhältnis dennoch etwas getrübter.

So gingen Wochen dahin. Das ganze Volk war mit der politischen Neuordnung und mit den veränderten Verhältnissen beschäftigt, da geschah für Anna ein Wunder. Als die Wut und Enttäuschung über ihren Gustav weniger wurde, und sie immer öfter an Marthas Sätze dachte und sich fragte, ob diese vielleicht doch Recht hatte, geschah es.

Sie schaute versonnen ins Nichts und plötzlich sagte einer neben ihr: »Guten Tag Anna.«

Sie wurde jäh aus ihren Gedanken gerissen und schaute in ein Gesicht, in sein Gesicht. So wie er da stand, hätte sie ihn fast nicht erkannt. Gustav ohne Uniform. Er nahm sie, als wäre nichts gewesen an die Hand und sagte nur: »Lass uns ein Stück gehen.«

Rein zufällig ging es wieder in die bekannte Richtung. Anna wusste nicht, wie ihr geschah. Wortlos ging sie neben ihm her. Nach einigen hundert Metern traute sie sich endlich ihn zu fragen: »Wo warst du, warum hast du keine Uniform mehr an?« Noch viel mehr Fragen hätte sie in diesem Moment gehabt, doch sie wurde unterbrochen.

»Anna, ich muss dir etwas sagen.«

Sie blieben stehen, Anna blickte ängstlich und erwartungsvoll zu ihm hoch, als wenn sie ahnte, dass jetzt noch etwas Schlimmes kommen könnte.

»Ich bin kein Soldat mehr«, sagte er. »Ich war auch die letzte Zeit zu Hause.«

»Zu Hause«, wiederholte Anna. »Wo ist das?«

»In der Nähe von Ostberlin«, antwortete er. »Dort habe ich meine Familie.«

Mit Familie glaubte Anna, er meine Vater, Mutter und Geschwister. Sie wusste ja auch nicht, wie alt er war. »Wie soll es mit uns weitergehen?«, fragte sie ganz mutig.

»Ich werde noch einige Tage bleiben, dann muss ich zurück nach Ostberlin, und wenn ich wieder komme, werden wir heiraten.«

Anna gab sich damit zufrieden, aber wer sagte ihr, dass es auch so käme, was Gustav ihr versprach? Schnell verwarf sie aber ihre Zweifel. Hauptsache, er war jetzt da.

Der Spaziergang endete wie immer. Das Korn war nicht mehr auf dem Halm, aber der Wald bot auch für die nächsten Tage moosige Stellen. Meta spürte die Veränderung bei Anna, die ihr jetzt auch stolz erzählte, dass sie einen Freund hätte, und dass es wirklich etwas Ernstes wäre, denn schließlich hatte er ihr die Heirat versprochen. Meta war mit der ganzen Situation nicht zufrieden. Sie traute diesem Soldaten nicht und außerdem hatte sie ihn auch noch nicht gesehen. »Warum stellt er sich nicht vor, wenn er es ernst meint, und warum trifft er sich immer nur heimlich mit dir?« Sie bekam keine Antwort.

Einige Tage vergingen, Anna ging wieder zu ihrem Gustav. Noch im Treppenhaus hörte sie die mahnenden und drohenden Worte. »Komm mir bloß nicht mit einem Balg nach Hause«. Das ›nach Hause‹ vernahm Anna nur noch leise, denn gedanklich war sie schon woanders, als sie ortsauswärts ging.

Gustav gab sich viel Mühe im Umgang mit ihr. Bei jedem Treffen verstärkte sich ihr Gefühl, den richtigen Mann gefunden zu haben. Er ging sehr lieb mit ihr um, und schaffte es immer wieder, ihre Bedenken und Zweifel zu zerstreuen. Zärtlich nannte er sie von nun an auch nur noch »Annchen«. Den Kontakt zu Marta vermied sie in dieser Zeit, denn sie wollte auch sie vom Gegenteil überzeugen. Anna wunderte sich trotzdem, dass Gustav nie im Dorf mit ihr spazieren ging, dass er immer allein war, wenn er auftauchte, dass er sie nie zu sich aufs Zimmer mitnahm. Ihre

Beziehung fand im Freien statt und lief quasi unter Ausschluss der Öffentlichkeit. Anna tröstete sich damit, dass es wohl auch besser wäre, dass es vorerst keiner mitbekam, wenn ein Flüchtlingsmädchen mit einem deutschen Soldaten ging.

Was Anna nicht wusste, war, dass trotzdem im Dorf getuschelt wurde und diese merkwürdige Freundschaft Anlass zu Spekulationen gab. Soldatenliebchen oder Landserbraut hörte man von hier und dort. Anna war sich aber sicher, dass alles gut werden würde.

»Lass die Leute nur reden«, gab ihr Gustav mit auf den Weg, dann verabschiedete er sie sich mit den Worten: »Bis morgen.«

Wie immer war Anna erwartungsvoll und pünktlich an verabredeter Stelle. Sie schlenderte auf und ab, den Blick in die Richtung, aus der sie ihren Gustav erwartete. Die Zeit verging, von ihrem Gustav keine Spur. Sie suchte schnell nach einer Erklärung, die ihr helfen sollte, an nichts Schlimmes zu denken.

Dann nahm sie den Weg über den Sandberg an der alten Mühle vorbei. Dort verharrte sie einen Augenblick, betrachtete die Baukunst der Handwerker, die diese riesigen Flügel gebaut hatten und die dann unter Nutzung des Windes sinnvoll für die Menschen eingesetzt wurden.

Sie hoffte immer noch, dass er sich nur verspätet hatte. Da sie von hier oben die Felder und den Ort gut überblicken konnte, verharrte sie noch einige Zeit. So nach circa einer Stunde begab sie sich auf den Rückweg ins Dorf hinab. Diesmal erwartete sie Meta bereits vor der Haustür und begann sofort mit ihr zu schimpfen. Was denn nun mit dem Kerl wäre und warum sie dauernd weg wäre und überhaupt. Die Leute im Dorf hätten ihr gesagt, dass dieser deutsche Soldat zu den Russen gehörte. Alle Soldaten, die in dieser Region stationiert waren, müssten wieder zurück. Auch ihr Gustav gehöre in die sowjetisch besetzte Zone und würde nicht wieder herkommen dürfen. Meta ergoss sich in Vorwürfen und Anna stand steif und respektvoll vor ihr und hoffte, dass sie bald aufhören würde.

»Das ist alles nicht wahr!«, hätte sie am liebsten ganz laut herausgeschrien, aber sie schwieg und dachte nur, ihr Gustav würde sie nicht im Stich lassen, denn schließlich hatte er was von ihr, das sie Meta auf keinen Fall erzählen durfte.

Tage und Wochen vergingen. Anna quälte sich mit ihren Gedanken, und die Bauern im Ort stellten sich langsam auf die Herbstarbeiten ein. Spätsommer in der Heide. Meta und Anna gingen weiter mit auf die Felder. Inzwischen waren sie für die Bauern feste und billige Arbeitskräfte. Schließlich mussten sie sich auch dankbar dafür zeigen, dass sie Unterkunft hatten und im Dorf jetzt nicht nur geduldet, sondern auch akzeptiert wurden.

Anna hatte wieder mit Martha Kontakt. Martha erzählte ihr öfter, dass sie auch gern einen Freund und einen Mann hätte. Das Besondere der Frau würde sie sich für den Mann aufheben, der es ernst mit ihr meinte, denn schließlich gehörte es sich ja, unberührt in die Ehe zu gehen. Anna gingen viele Gedanken durch den Kopf. Gesundheitlich ging es ihr in letzter Zeit auch nicht mehr so gut, das Wetter veränderte sich und damit erklärte sie sich ihr Unwohlsein.

Immer wieder, wenn sie mit Martha durchs Dorf und dann die größere Runde an der Alten Mühle vorbeigingen, schweifte ihr Blick zu der Stelle, wo mal das Korn gestanden hatte und Gustav mit seinen großen Stiefeln die Liegestatt festgetreten hatte. Sollte es tatsächlich so sein, dass er weg war?

Konnte er, oder wollte er nicht zurück, sollte Meta doch Recht behalten? Schließlich hatten sie ja von einer gemeinsamen Zukunft geträumt. Was heißt geträumt, er hatte sie ihr versprochen, denn nur unter dieser Voraussetzung hatte sie sich ihm hingegeben. Und auch ein gemeinsames Kind?

Sie brachte diesen Gedanken nicht zu Ende, denn bei dem Gedanken Kind, durchzuckte es sie wie ein Blitz. Ihr Unwohlsein in der letzten Zeit, diese Traurigkeit, die sie manchmal überkam, ach was. Schnell verwarf sie diesen Gedanken wieder, denn es würde und durfte nicht sein.

Martha spürte ihre Abwesenheit und fragte: »Was ist mit dir? Kommst du morgen Abend wieder?«

Anna nickte nur und ging ohne Verabschiedung nach Hause.

Es ging ihr wirklich nicht gut, und das konnte sie sich noch nicht erklären. So setzte sie sich noch einige Zeit wortlos auf den Trittstein und begab sich wieder in die Vorstellung ihrer gemeinsamen Zukunft mit Gustav.

Jäh wurde sie aus ihren Gedanken geholt, als Meta oben das Fenster aufriss und kurz, etwas keifend rief: »Hochkommen, es ist schon spät.« So oder so ähnlich vergingen die nächsten Tage und Wochen. Anna hatte Meta nicht erzählt, dass sie keine Regelblutungen mehr hatte. Dass die erste ausblieb, begründete sie mit der Veränderung, die Gustav an ihr vorgenommen hatte. Das zweite Ausbleiben erklärte sie sich mit der klimatischen Veränderung und der harten Feldarbeit, die sie so nicht gewohnt war, denn sie steckten jetzt voll in der Kartoffelernte. Sie wurde als volle Arbeitskraft eingesetzt. Jeweils zu zweit arbeiteten sie mit einem circa sechzig Zentimeter langen Holzknüppel, jeder der beiden hatte ein Ende in der Hand. Darauf wurde der volle Kartoffelsack gekippt und dann mit einem »Hauruck!« auf den Leiterwagen gehievt..

Abends fiel sie immer todmüde ins Bett. Zeit zum Nachdenken hatte sie nicht mehr. Meta machte dann noch einige Flickarbeiten an den Kleidern oder stopfte Strümpfe.

Die Erntearbeit ging ihrem Ende entgegen. Anna fühlte sich immer schlechter und langsam reifte in ihr der schreckliche Gedanke, dass sie wohl doch schwanger sein könnte. In unbeobachteten Momenten schaute sie an sich herunter, ob man schon eine

Wölbung ihres Bauches erkennen konnte, denn das Reißen und Ziehen in ihren Brüsten waren deutliche Anzeichen dafür, dass das, woran sie nie glauben wollte, und was nie passieren sollte, jetzt bestätigte Gewissheit war. Angst und Panik überkam sie. Meta würde sie erschlagen, wenn sie erführe, was mit ihr los war. Ich muss zu Gustav, dachte sie. Aber wie? Außer seinem Namen, und dass er irgendwo in der Nähe von Ostberlin lebte, wusste sie nichts. Sie hatte kein Geld, ein Kind im Bauch und Angst vor allem, was nun käme.

Montagmorgen.

Meta wartete bereits, doch Anna kam nicht hoch. Schließlich erreichte sie der aufkommende Zorn. »Steh endlich auf!« Das klang wie eine Drohung. Anna wollte nur noch ihren Kopf unter die Decke stecken, um nichts mehr hören und sehen zu müssen. Sie ahnte schon, dass es gleich zu einer Explosion kommen würde. Im selben Moment überkam sie heftige Übelkeit. Sie stürzte aus dem Zimmer in den Flur. Hinter einem Vorhang in der Ecke stand der Patscheimer, in den übergab sie sich. Als sie sich umdrehte, war Meta hinter ihr. Anna starrte sie mit hochrotem Kopf und Schweißperlen auf der Stirn an und sagte dann mit bebender Stimme: »Mutter, ich bekomme ein Kind.« Für diesen Augenblick wählte sie die Anrede Mutter, denn sonst nannte sie ihre Mutter immer nur Meta, denn die Mutter Kind Beziehung war seit Langem nicht mehr sehr emotional, sondern eher distanziert. Meta starrte sie aus festen Augen an. Fast schien es, als wollte sie die Hand heben und zuschlagen. Wie hatte sie doch gesagt: »Wenn du mir mit einem Balg nach Hause kommst, dann schlage ich dich tot.« Nun war die Situation da.

Meta reagierte mit Zorn und Wut. »Schande«, schrie sie, ich habe es geahnt. Du bringst Schande über uns. Die Leute werden mit Fingern auf uns zeigen. Das darf nicht sein, das Kind muss weg!« Während sie das sagte, sah sie sich um, als ob sie sich vergewissern wollte, dass keiner mitgehört hatte. Dann zog sie Anna am Ärmel zurück ins Zimmer. Ihre anfänglich wütende Haltung wurde scheinbar fürsorglich.

»Das Kind hat keinen Vater und wir haben kein Geld«, überlegte sie laut, »wir müssen das Kind wegmachen lassen.«

Anna war völlig verzweifelt. »Was heißt hier wegmachen, und wie?«, dachte sie. Vielleicht würde Gustav ja doch wiederkommen, oder sie würde mit dem Kind zu ihm fahren.

In diese Überlegungen platzte Meta mit dem Vorschlag: »Ich werde mich erkundigen, wie wir das Kind wegmachen können. Es darf um Himmelswillen keiner wissen, dass du ein Kind von diesem russischen Soldaten bekommst.«

»Gustav ist kein Russe«, widersprach sie heftig, doch es nützte nichts. Meta machte sich auf die Suche nach einer Lösung.

Während der Erntearbeiten war Meta eine Frau aufgefallen, die äußerlich etwas Skurriles hatte. Leicht gebückter Gang, immer ein Kopftuch auf und beim Gehen von einer Krücke gestützt. Sie verband mit dem Aussehen dieser Frau die Hoffnung, dass sie ihr vielleicht helfen könnte. Sie kannte ihren Namen nicht und wusste nur, dass sie zwei Kilometer vom Ort entfernt in einem kleinen Häuschen wohnte und sie nahm Kontakt zu ihr auf. Als sich die Tür öffnete, blickte Meter in ein faltengegerbtes Gesicht, aus dem sie zwei blitzende klare Augen anfunkelten. Meta sagte kurz: »Die Anna bekommt ein Kind.«

Eine Geste deutete ihr hereinzukommen. Sie setzte sich auf einen alten Schemel aus Holz, die Frau saß ihr nun gegenüber und hatte immer noch nichts gesagt.

Metas fragender Blick führte zu der Aussage der Frau: »Ich kenne jemanden, die kann euch helfen.«

Fast schien es so, als huschte ein Lächeln über Metas Gesicht, zumindest entspannten sich ihre angestrengten Gesichtsmuskeln.

»Wo finde ich diese Frau?«, fragte Meta.

»Die hat früher mal als Krankenschwester gearbeitet und hat auch die nötigen Geräte dafür. Zu der müsst ihr gehen. Sie wohnt sechs Kilometer von hier. Sagt ihr, ich habe euch geschickt.« Dann gab sie Meta noch eine detaillierte Wegbeschreibung. Meta verabschiedete sich, bedankte sich förmlich und hörte die Frau noch sagen: »Versuch es erst mal mit einem ganz heißen Bad und lass die Anna danach mehrere Male von der Treppe springen.«

Anna war verzweifelt. Sie saß am Küchentisch, den Kopf in beide Hände gestützt, als Meta ins Zimmer kam. Auch jetzt hob sie nicht den Kopf. Den Abend verbrachte Meta mit den Gedanken, ob es gelänge, das Kind auch ohne Eingriff aus der Anna herauszubekommen. Sie heizte den Herd an, füllte die alte Zinkwanne mit heißem Wasser, in das sich Anna dann eine halbe Stunde setzen musste. Dann, nachdem sich Anna notdürftig bekleidet hatte, ging sie mit ihr um das Haus zur alten Speichertreppe. Von der dritten Stufe musste Anna dann springen. Meta stand daneben und hoffte, dass diese Prozedur zum Erfolg führte. Zwischendurch fragte sie Anna immer wieder: »Und, spürst du was?« Mehrmals sagte sie: »Spring noch mal.« Es klang, wie die Aufforderung eines Trainers, der seinen Schützling zu Hochleistungen anspornte. Anna konnte nicht mehr. Meta erkannte schließlich, dass dieser Weg wohl nicht zum Erfolg geführt hatte. Erschöpft und müde fiel Anna nach dieser Prozedur ins Bett.

Meta war besessen von dem Gedanken, dass das Kind weg müsste. Gleich am nächsten Tag machte sie sich auf den Weg zu dieser Engelmacherin. Eine kleine dickliche Frau mit einem liebevollen Lächeln empfing sie. Ganz das Gegenteil von dieser Hexe, die sie zuvor besucht hatte.

Ein kurzes Gespräch über die Problemlage und man verabredete sich für den nächsten Tag. Als Meta Anna diese Entscheidung mitteilte, überkam Anna der Gedanke, dass sie jetzt nur noch abhauen könnte. Doch sie war zu schwach und bisher war es immer so gewesen, dass sie Anweisung und Entscheidungen ihrer Mutter widerspruchslos hinnahm. Sie schlief die halbe Nacht nicht. Meta auf der anderen Seite im Zimmer schlafend, wirkte fast erleichtert und schlief deutlich erkennbar ruhiger. Der nächste Tag sollte die so wichtige Entscheidung bringen.

Wortlos gingen sie die sechs Kilometer nebeneinander. Manchmal verlangsamte Anna den Schritt und trottete einige Meter hinter ihr her. Dann drehte sich Meta um und forderte: »Nun komm schon, wir haben keine Zeit zu verlieren. Angekommen wurden beide freundlich begrüßt und hereingebeten. Anna wurde in einen kleinen Nebenraum geführt, in dem nur ein altes Sofa stand. Auf den Fensterbänken standen Gläser mit unterschiedlichem fraglichem Inhalt, Tuben, Watte und Tücher lagen auf der anderen Fensterbank. An der Wandseite stand ein kleiner Tisch, auf dem Instrumente, die teils wie Haken und Rohre aussahen, etwas Drahtartiges hatten, ähnlich wie Stricknadeln. Auf der unteren Ablage lagen Handtücher und Laken. Als Sitz diente ein alter Holzhocker. Das war alles, was Anna in diesem Zimmer sah. Sie setzte sich auf das Sofa und wartete. Sie glaubte zu hören, dass Meta und diese Frau über Geld sprachen. Dann kam die Frau freundlich auf sie zu, Meta musste draußen bleiben.

Die Frau wies Anna an, sich rücklings auf das Sofa zu legen, die Beine über das Kopfende zu hängen und mit dem Hintern direkt auf einer Kopflehne liegen zu bleiben. Anna zog ihren Schlüpfer aus und folgte den Anweisungen der Frau. Dann schloss sie die Augen. Die Frau zog sich den Hocker direkt zwischen Annas Beine, legte ein nicht mehr ganz sauberes Laken über den Bauch und begann sich mit Annas Unterleib zu beschäftigen. Sie spreizte Annas Beine so weit, dass sie mit dem Hocker dazwischen saß.

Anna spürte die Hände der Frau, die jetzt mit einer übel riechenden Flüssigkeit und verschiedenen Salben hantierte. Sie spürte, dass die Frau mit den Fingern ihren Schoß öffnete und ein stechender Schmerz durchfuhr ihren Körper. Wahrscheinlich eines der Rohre oder ähnlicher Gegenstand, die Anna auf dem kleinen Tisch gesehen hatte. Sie biss die Zähne zusammen, Tränen rannten ihr aus den Augenwinkeln über die Wangen, als der Schmerz zunahm. Dann machte sich die Frau, vermutlich durch das eingeführte Rohr, mit etwas Spitzem in ihrem Unterleib zu schaffen. Das muss einer dieser drahtartigen Haken oder stricknadelähnlichen Dingern gewesen sein. Anna spürte eine Flüssigkeit aus sich herauslaufen, die immer wieder von dieser Frau abgetupft wurde. Der Schmerz wurde heftiger und nahm kein Ende. Als Anna einmal den Kopf hob, sah sie in ein angestrengtes, mit Schweißperlen bedecktes Gesicht. Dann legte sie den Kopf wieder zurück, denn sie war der Ohnmacht nahe.

Nach einiger Zeit schob sich die Frau auf ihrem Hocker zurück, tropfte das Blut ab und zog das Laken weg. »Fertig«, sagte sie nur. Es klang allerdings etwas resignativ. Anna muss noch einige Zeit auf dem Sofa gelegen haben, als sie wankend, auf Meta gestürzt, die inzwischen neben ihr im Raum stand, nach draußen ging. Die frische Luft tat ihr gut, doch die Schmerzen waren unerträglich. Beim Weggehen drückte die Frau Anna noch einige Lappen und etwas Watte in die Hand. »Zum Abwischen«, sagte sie knapp. Dann trat Anna mit schmerzverzerrtem Gesicht, Schleier vor den Augen und leichtem Blutrinnsal an ihren Oberschenkeln, den Heimweg an.

Der Weg erschien ihr endlos. Ab und zu kamen einige Militärfahrzeuge vorbei. Anna schaute dann sehnsuchtsvoll den Autos hinterher, so, als wenn sie sagen wollte: »Auf einem der Wagen sitzt bestimmt mein Gustav.«

Wie lange sie für den Rückweg gebraucht haben, weiß sie nicht mehr. Erst nach zwei Tagen war sie wieder in der Lage, ihren häuslichen und persönlichen Dingen nachzugehen. Als ihre Gedanken wieder klarer wurden und sie zu glauben begann, dass sie nun kein Kind mehr unter dem Herzen hätte, normalisierte sich das Leben wieder. Die Übelkeit war vorbei, der Herbst neigte sich dem Ende entgegen, und der Winter stand vor der Tür. Anna und Meta gingen sehr distanziert miteinander um. Beide waren mit ihrer Lebenssituation nicht zufrieden. Es wurde früher dunkel, die langen Abende wurden mit Stricken, Nähen und Stopfen gefüllt. Sie hatten gerade nur das Nötigste, um über die Runden zu kommen, aber was sie nicht hatten, war ihre eigene Zufriedenheit. Anna wurde das Gefühl nicht los, dass der Eingriff bei der Engelmacherin erfolglos war. Es war etwas in ihr, dass sich wie Leben anfühlte. Vorsichtig und ängstlich sprach sie eines Abends Meta darauf an: »Mutter«, so nannte sie sie wieder einmal, »ich glaube, ich bekomme das Kind doch.«

Meta, die gerade den Stopfpilz in eine Socke gesteckt hatte, blickte über den Brillenrand hoch und meinte: »Das kann nicht sein, ich habe Geld dafür bezahlt, dass sie es dir wegmacht.«

»Aber ich spüre Leben in meinem Bauch«, antwortete Anna ängstlich.

»Dann werden wir morgen zu einem Arzt oder einer Hebamme gehen. Ich will diese Schande mit einem Kind nicht erleben.« Dann widmete sie sich weiter ihrer Nadelarbeiten. Anna zog sich wieder in sich zurück und konnte im Moment ganz schlecht mit sich umgehen. Wortlos gingen sie so Abend für Abend zu Bett.

Der versuchte Abbruch war schon vier Wochen her. Meta fuhr mit Anna in die Kleinstadt zu einem Arzt und schilderte ihm kurz den vermuteten Zustand. Der Arzt, Doktor Habermann, ließ Meta stehen und nahm Anna mit in ein Untersuchungszimmer. Dort forderte er sie auf, sich hinzulegen. Sie entledigte sich ihrer Kleidung, die inzwischen durch die kältere Jahreszeit etwas umfangreicher war, und legte sich auf eine mit Leder bezogene Holzpritsche. Doktor Habermann, ein großer stattlicher Mann mit einer riesigen Hornbrille, betastete den Bauch, hörte sie ab, richtete sich dann auf und sagte mit fester Stimme: »Kein Zweifel, Mädchen«, so nannte er sie in diesem Moment. »Du bist schwanger. Es muss so Ende des dritten Monats sein. Der voraussichtliche Geburtstermin ist Anfang Sommer kommenden Jahres.«

Anna blickte ihn mit starren Augen an. »Aber ich habe doch …«, setzte sie an, als Doktor Habermann sie unterbrach: »Freue dich auf das Kind und mache nie wieder so einen Blödsinn, du hättest der Pfuscherin auch unter den Händen sterben können.«

Er verließ den Raum, Anna kleidete sich an und ging nach draußen. Ihr Gefühl hatte sie nicht betrogen, doch dieser Zustand sollte ja nicht sein. Was hatte diese Frau da mit ihr gemacht? Sie überlegte kurz, nahm ihren ganzen Mut zusammen und kam zu dem Schluss: »Jetzt werde ich das Kind bekommen.« Diese Entscheidung teilte sie auch beim Verlassen des Hauses ihrer Mutter mit und nahm sich vor, entgegen aller Vorurteile und Widerstände das Kind von Gustav zu bekommen.

Der einzige Gedanke, der sie quälte, war, hoffentlich hat diese Frau nichts kaputt gemacht. Sie hatte sich jetzt entschieden, das Kind von Gustav zu wollen und Meta kam schlecht damit zurecht. Die Angst, was die Leute wohl sagen würden: Ein uneheliches Kind, Flüchtlinge, der Vater hat sich aus dem Staub gemacht. Lauter moralische Bedenken, vor denen sich Meta fürchtete.

Nach einigen Tagen der Ruhe sagte sie jedoch zu ihrer Anna: »Wir werden es schon schaffen.«

Diese Aussage überraschte Anna zwar, machte ihr gleichzeitig Mut und bestärkte sie in ihrer jetzigen Entscheidung.

Das Ende des Jahres erlebten beide mit einem Tannenzweig und einer Kerze darauf, es war ein sehr tristes Weihnachtsfest. Die Jahreszeit kam Anna zugute, denn durch die Winterkleidung konnte sie den langsam wachsenden Bauch kaschieren. Erst als der Frühling nahte und die Außenaktivitäten zunahmen, war es dann ein offenes Geheimnis im Dorf. Die Anna bekommt ein

Kind. Es wurde zwar geredet, doch ganz so schlimm und verächtlich wie sie sich das vorgestellt hatten, war es doch nicht. Man wusste ja, dass beide nichts hatten und die ersten Babysachen wurden abgegeben. Eines Abends hing an der Türklinke ein großer Leinenbeutel, gefüllt mit Babysachen und Spielzeug. Es gab stille und auch anonyme Anteilnahme oder war es auch ein bisschen Mitleid?

Als der Frühling vorüber war und Anna sich nur noch mit sich beschäftigte, entwickelte sie immer mehr Ängste. Ob es ein gesundes Kind würde? Ihr Bauch hatte wohl eine kleine Wölbung, doch sie war schon Ende des sechsten, Anfang des siebten Monats. Man müsste schon viel mehr sehen. Was wäre, wenn das Kind behindert wäre, wenn die Engelmacherin doch etwas kaputt gemacht hätte, wieder waren die Zweifel da. Sie kam aus der Angst und Sorge nicht heraus. Alles, was sie zurzeit tun konnte, war, sich selbst zu beruhigen und abzuwarten.

Meta hatte den Verlauf der Schwangerschaft eher wortlos begleitet. Manchmal hatte Anna sogar das Gefühl, dass die anfängliche Wut und der Zorn sich in Fürsorge veränderten. Sie sah ja, wie Anna kämpfte, sie keinen Menschen hatte, und alles allein machen musste. Außer Martha, die ihr zur Seite stand. Zwischendurch kam bei Martha fast so etwas wie Eifersucht durch. Öfter hat sie Anna Mut gemacht und gemeint, wenn sich jemand finden würde, der sie zur Frau nehmen würde, dem würde sie gerne ihre Unschuld geben und auch sofort Mutter werden. Anna war sehr zufrieden, dass aus der einstigen Rivalin und Kritikerin nun doch eine gute Freundin geworden war, die ihr half, wo es ging. Es gab keine Sticheleien und Bemerkungen mehr. Nur Meta war immer noch etwas zweigeteilt.

Das Gefühl von Anspannung und Sorge blieb, aber es gab auch Momente, in denen Freude aufkam. Ja, manchmal freuten sie sich richtig auf das Kind. Auf die Aufgabe, und dann stellte sie sich die

Frage, wem es wohl ähnlicher sähe. Dabei war Anna in Gedanken wieder bei ihrem Gustav. Doch sie mochte diese Freude und ihre Überlegungen auch keinem mitteilen, und sie dachte an Meta, deren bisheriges Ziel war, das werdende Leben in ihr zu verhindern. Konnte sie ihr jetzt glauben? »Wie wird das erst, wenn das Kind da ist, wird sie es erneut versuchen?«, fürchtete Anna.

Der Frühling war vorüber und Anna machte sich erstmals Gedanken, wie das Kind heißen sollte. Sie war sich sicher, dass es ein Mädchen würde, und konzentrierte sich deshalb ausschließlich auf Mädchennamen. Martha hatte ihr einmal gesagt, dass man an der Wölbung des Bauches erkennen könne, ob Junge oder Mädchen. Wenn Frauen einen Jungen bekämen, wäre der Bauch groß und rund, bei Mädchen eher klein und etwas spitz, so wie bei ihr. Sollte die Kleine also auch Anna heißen, oder Margarete - Ilse wäre auch nicht schlecht. Eine frühere Freundin aus der BDM-Zeit in Ostpreußen hieß Marianne, auch diesen Namen fand sie nicht schlecht. Es waren also mehrere Mädchennamen, die zur Auswahl standen und die sie auch gut fand. Wenn es dann so weit sein würde, würde sie schon den richtigen Namen für ihre Tochter finden.

Anfang Mai 1946, der errechnete Geburtstermin rückte näher. Anna fühlte sich durch die immer noch sehr kleine Wölbung ihres Bauches nicht sehr eingeschränkt. Meta ließ sie weitgehend in Ruhe und so konnte sie mit Martha viel spazieren gehen. Sie kamen oft an der Stelle vorbei, wo sie mit Gustav zusammen gewesen war und dann sinnierte sie lautlos vor sich hin: »Ach ja, Gustav, was würde er wohl sagen, wenn er wüsste, dass er Vater ist, oder weiß er es etwa, hat er es geahnt, und mich deshalb im Stich gelassen?« Etwas sehnsüchtig waren ihre Gedanken durchaus, wenn sie diesen Weg ging. Die große Runde, wie sie es nannte. Immer wieder an der alten Mühle vorbei, über den Sandberg. Der Rundumblick ins Dorf und über die Felder. Dort unten war es passiert, da hatte sie von einer gemeinsamen Zukunft und einer Familie geträumt.

Erste Maiwoche 1946.

Anna bekam Wehen. Eine aus dem Nachbarort benachrichtigte Hebamme stand ihr zur Seite, und da keine Komplikationen zu erwarten waren, bereitete man sich auf eine Hausgeburt vor. Eine Woche wechselten sich Schmerz und Ruhephasen ab. Dann wurden die Wehen heftiger und kamen rasch hintereinander. Es begann die Endphase. Die Hebamme war vor Ort, der Muttermund war bereits geöffnet, Anna erwartete unter Schmerzen ihr Mädchen. Die Hebamme leitete den Geburtsvorgang ein, alles Weitere lief ohne Komplikationen. Selbst Meta stand in diesem Moment auf der Seite ihrer Tochter und machte nötige Handreichungen, sie tropfte ihr sogar die Schweißperlen von der Stirn. Dann war es so weit. Das Kind war auf dem Weg nach draußen. Ein Klaps, ein Schrei. Bevor Anna der Hebamme sagen konnte, dass sie sich für Ilse entschieden hätte, hörte sie die Hebamme sagen: »Es ist ein Junge, klein aber gesund.«

Manfred hatte das Licht der Welt erblickt.

2. Kapitel

Ungewolltes Leben

Der 14. Mai 1946 war ein Sonntag.

Ich bin ein Sonntagskind, das in der Nachkriegszeit unter nicht ganz günstigen Umständen geboren wurde. Da ich als Mädchen auf die Welt kommen sollte und damit die erste Enttäuschung verursachte, weil ich ein Junge war, hat man mir deshalb gleich zwei Vornamen gegeben Manfred Herbert. Warum, hat mir meine Mutter nie sagen können.

Jedes Mal, wenn Anna in das Gesicht dieses kleinen Jungen sah, überkam sie ein Gefühl von Schuld und Angst, aber sie war auch ein bisschen stolz. Sie war jetzt fest entschlossen, diesem Kind mit allen ihren Möglichkeiten eine gute Mutter zu sein. Doch bereits wenige Tage nach der Geburt begannen die ersten Schwierigkeiten. Der Kleine bekam Fieber und es war nicht zu schaffen, ausreichend Nahrung in dieses Kind zu bekommen. Er schrie nur noch und wurde immer schwächer.

Kurz entschlossen packten Anna und Meta den Kleinen in den Kinderwagen, der einige Tage zuvor im Flur des Hauses abgestellt wurde. Anna fühlte sich noch zu schwach, den Kleinen in den nächsten Ort zum Arzt zu schieben.

Meta war weiterhin eher distanziert geblieben, aber jetzt musste sie mit der Situation umgehen. Sie wurde den Gedanken trotzdem nicht los, dass es besser wäre, wenn es dieses Kind nicht gäbe. Immer wieder erwischte sie sich bei solchen Überlegungen, die jederzeit auch in einen Plan umkippen könnten: Wäre es nicht sowieso besser, wenn dieser Schwächezustand in der jetzigen Situation dazu führen würde, dass das Kind nicht überlebte?

Mit diesem Gedanken schob sie den Kleinen die sechs Kilometer ins nahe gelegene Krankenhaus. Dort wurde ihr das Kind sofort abgenommen. Man erklärte ihr den gefährlichen Gesundheitszustand des Kleinen, und sorgende Blicke der zuständigen Ärztin vermittelten ihr das Gefühl, vielleicht ist es ja schon zu spät. Die notwendige medizinische Versorgung mit den zu der Zeit kargen und begrenzten Mitteln wurde sofort begonnen. Man sagte Meta, dass sie nach Hause gehen sollte, und dass ab morgen die Mutter des Kindes erforderlich sei. Meta wusste auf dem Rückweg nicht so recht, welche Gedanken oder Wünsche sie zulassen sollte. Diese innere Zerrissenheit sollte sie noch lange begleiten.

Am nächsten Tag marschierte Anna ins Krankenhaus. Muttermilch wurde abgepumpt und die Zwangsernährung des kleinen Manfred setzte sich fort. Das Fieber war leicht zurückgegangen und als Diagnose wurde Gelbsucht genannt. Mit jedem weiteren Tag stabilisierte sich der Zustand des Kleinen, sodass sie ihn nach sieben Tagen wieder mit nach Hause nehmen konnte.

Die Anteilnahme im Dorf war unterschiedlich. Von vorwurfsvollen Blicken mit spitzen Bemerkungen, aber auch Mut machende Äußerung erlebte Anna alles. Sie gab sich viel Mühe, um dieses kleine Wesen anzunehmen, zu versorgen und auch zu mögen. Manchmal fühlte sie sich selbst noch nicht so richtig erwachsen, aber ihr Status war Mutter. Ihre Gedanken gingen oft zu »ihrem« Gustav. Sie lebte jetzt nur mit dem Kind, denn ihre Vorstellung, eine richtige Familie zu haben, zu der auch ein Vater gehörte, wurde mit jedem weiteren Tag unrealistischer.

Eines Tages verließ Anna das Haus, um mit dem kleinen Manfred den üblichen Spaziergang zu machen, da sie ja jetzt ausreichend Zeit hatte. Fast täglich ging sie ihre große Runde, am Wald vorbei über die Anhöhe mit der alten Mühle und dann über die alte Dorfstraße zurück. Wo ihre Gedanken waren, konnte man vermuten, denn da sie ständig allein war, hatte sie viel Zeit, sich immer an den bestimmten Stellen die Erinnerung zurückzuholen.

Daheim angekommen stand eine Frau vor der Tür. Eine schlanke, größere Frau mit strengem Gesichtsausdruck. Die Haare zum Knoten gesteckt, auffällig waren die hageren langen Finger und der viel zu lange Übergangsmantel.

Sie stellte sich als Elisabeth Knopf vor. »Ich bin vom zuständigen Jugendamt. Wir müssen etwas besprechen.«

Angst kroch in Anna hoch, sie fühlte sich ungeschützt, denn Meta war noch auf dem Feld. Würden sie ihr jetzt das Kind wegnehmen? Beide gingen nach oben in die Einzimmerwohnung. Frau Knopf sah sich prüfend um, bevor sie sich an den Tisch setzte. Mahnend stellte die Vertreterin des Amtes fest: »Das Kind hat keinen Vater, es ist unehelich. Das Jugendamt muss die Vormundschaft übernehmen. Sie müssen sich regelmäßig bei uns melden und einmal im Monat komme ich vorbei, um zu prüfen, ob Sie es allein mit dem Kind schaffen.«

In Anna regte sich Widerstand. »Erstens bin ich nicht allein, sondern lebe mit meiner Mutter hier und zweitens hat das Kind einen Vater. Es ist der Gustav Wotzke, er wird wiederkommen und wir wollen heiraten.« Während Anna sich weiter rechtfertigte und auf die Frau einredete, machte diese fleißig Notizen. Dann sagte sie: »Das Gericht wird die Vormundschaft festlegen und Sie melden sich wie besprochen.« Sie erhob sich und verließ wort- und grußlos das Zimmer.

Wenig später war Anna mit dem kleinen Manfred wieder auf ihrer Runde und gab sich ihren Erinnerungen hin. Abends erzählte sie Meta von diesem unerfreulichen Besuch. Der einzige Kommentar dazu war: »Das hast du nun davon.«

Der kleine Manfred hatte es geschafft zu überleben, er war zwar schwächlich und zart, aber soweit ganz gesund. Anna präsentierte sich nun offen den Dorfbewohnern als fürsorgliche Mutter. Martha war jetzt auch wieder öfter an ihrer Seite. Beide verschlossen sich nicht mehr den üblichen Kontakten und Gemeinsamkeiten mit den Dorfbewohnern. Der Gedanke an ihren Gustav war zwischendurch nur dann verstärkt wieder da, wenn sie mit dem Jugendamt konfrontiert wurde.

Bei ihren vielen Spaziergängen lernte sie den Knecht vom Nachbarhof, Erwin, kennen. Sie gingen dann schon mal gemeinsam die Straße runter. Erwin hat auch die ersten Fotos vom kleinen Manfred gemacht. Er besaß eine Agfa Box, die beim Fotografieren vor den Bauch gehalten wurde, dann schaute man von oben über ein Glas durch die Linse, um das Objekt zu fixieren. An der rechten Seite dieser Box befand sich eine Spule, um den Film manuell wieder ins Gesichtsfenster zu drehe, und darunter ein rechteckiger Hebel als Auslöser. Auf diesen drückte er, als sich Anna mit dem kleinen Manfred auf eine alte Decke hinter dem Haus gesetzt hatte. Mit leichter Hilfestellung von Anna hinter dem Rücken des Kleinen neben ihr konnte der auf der Decke sitzen. Das erste Foto von Mutter und Sohn war entstanden, Erwin war sehr interessiert und auch ganz nett, doch Anna war, was Männer anging, noch zu enttäuscht. Außerdem war er kein Soldat.

Der Herbst kam, die Aktivitäten von Meta beschränkten sich in dieser Jahreszeit auf das Einbringen der Kartoffeln und Rüben von den Feldern.

Der Winter kündigte sich an. Die Zeit der Langeweile mit den langen Abenden begann. Meta verbrachte ihre Abende wieder ausschließlich mit den schon bekannten Flick-, Stopf- und Strickarbeiten, Anna beschäftigte sich mit dem Aussticken von Handtüchern und Kopfkissenbezügen. Ihr Lieblingshandtuch entstand, an welches sich Manfred noch lange erinnern konnte. Der gestickte Spruch auf dem Handtuch lautete: »Rote Rosen, rote Lippen, roter Wein«

Sehnsüchtig warteten beide auf das Frühjahr. Mit der Schneeschmelze und der hochkommenden Sonne unternahm Anna wieder ihre obligatorischen Spaziergänge. Der kleine Manfred saß schon in einer Kinderkarre, die Anna von der Tochter eines Bauern geschenkt bekommen hatte. Anna musste den Kleinen trotz seiner zehn Monate in der Karre festbinden, denn der Junge wirkte ständig unruhig und überaktiv. Was auffiel, waren die wachen blitzenden leicht ins grünlich, gehende Augen.

Anna musste in den nächsten Monaten dem Kleinen zur Nacht die Hände mit einem Lappen oder mit Handschuhen verbinden, denn die Unruhe des Jungen führte zu heftigen Kratzattacken mit blutigen Striemen. Sie entschloss sich, das Kind untersuchen zu lassen. Sie suchte mit ihm das nahe gelegene Krankenhaus auf und berichtete von den Symptomen. Die dortige Ärztin, Frau Doktor Quante, konnte aber nach eingehender Untersuchung nichts feststellen. Wies sie aber noch darauf hin, dass die Nägel ganz kurz gehalten werden sollten, und dass es sich wohl um eine Form von süßem Blut handelte. Mit dieser Information, die er nicht viel weiter half, begab sie sich auf dem Rückweg.

Manfred näherte sich seinem einjährigen Dasein und übte seine ersten wackligen Schritte in diesem Leben. Meta war nach wie vor durchgängig unzufrieden. Oft konnte sie durch das Gequengel des Kleinen nicht richtig schlafen, und schon deshalb vermied sie auch weiterhin, Nähe zuzulassen oder Gefühl zu zeigen. Das einzige Gefühl, mit dem sie sich ständig auseinandersetzen musste, waren ihre Aggressionen. Um etwas mehr Ruhe zu erreichen und besser schlafen zu können, ließ sie sich vom Arzt Medikamente verschreiben. Die Tage verbrachte sie weiter mit der Arbeit beim Bauern. Anna ging jetzt schon mal mit Martha an den Wochenenden für einige Stunden allein weg. Dann wurde es für den kleinen Manfred immer gefährlich. Besonders am späten Samstagnachmittag. Baden war angesagt. Der Herd in der Einzimmerwohnung wurde hoch gefeuert, auf zwei Stühlen stand mitten im Zimmer eine Zinkwanne, die dann mit heißem Wasser gefüllt wurde. Während dieser Vorbereitung überkamen Meta ganz oft schlimme Gedanken, besonders, wenn sie die Nacht davor wieder nicht richtig geschlafen hatte. Der Kleine könnte ja aus Versehen in das heiße Wasser gefallen sein, oder hineinstolpern, wenn sie die Wanne nicht auf die Stühle stellte. Während Meta dann den Kleinen in der Wanne badete, konnte sie nur schwer ihre Gedanken, Gefühle und Impulse kontrollieren. Immer wieder sagte ihr eine innere Stimme: »Drück ihn doch unter Wasser, es sollte ihn sowieso nicht geben.« Anna bekam von diesem Teufelskreis in Metas Gefühlswelt nichts mit. Auch nach über einem Jahr mit dem Jungen hatte sich an Metas Verhältnis zu ihm nichts Wesentliches verändert. Anna gab sich weiterhin Mühe, mit den vorhandenen Möglichkeiten und Bedingungen ein erträgliches Klima zu schaffen. Trotzdem kam immer wieder die Angst vor dem Jugendamt in ihr hoch, und das verstärkte wiederum den Wunsch, einen Vater für das Kind haben zu wollen.

Die Engländer und die Amerikaner waren als Besatzungsmacht für diese Region zuständig. Wenn sie mit ihren Autos und Lkws über die Bundesstraße ins nahe gelegene Lager fuhren, schaute Anna sehnsüchtig den Männern in Uniform hinterher. Der Mann, mit dem sie vielleicht doch einmal wieder zusammen sein wollte, müsste Soldat sein, kräftig, und in einer Uniform stecken, das war ihr Idealbild eines Mannes, so wie damals ihr Gustav dieser Vorstellung entsprochen hatte. Sie wusste aber auch, dass dieser Anspruch ihr schon einmal Schwierigkeiten bereitet hatte. Und dass die Leute im Dorf eine besondere Einstellung zu den Mädchen und Frauen hatten, die sich mit Soldaten einließen, hatte sie bisher mehr als einmal zu spüren bekommen.

Circa zwei Kilometer vom Ort entfernt gab es noch zwei alleinstehende Bauernhöfe. Jeden Abend kam von einem dieser Höfe ein Pferdefuhrwerk vorbei und tausche die Milchkannen der Bauern. Der Kutscher stellte leere Milchkannen in der gleichen Anzahl der vollen auf die an der Straße vorgesehenen Bänke. Ein Pferdefuhrwerk wurde von Anna besonders aufmerksam beobachtet, war es doch eine Abwechslung im tristen Dorfalltag. Der Kutscher ging neben dem Gespann her und konnte so schon mal mit dem einen oder anderen Passanten ein paar Worte wechseln. Die Pferde kannten die Stopps und blieben ohne Kommando stehen.

Anna saß auf der Veranda des Bauernhauses, neben sich auf der Bank den kleinen Manfred. Einmal marschierte eine Gruppe amerikanischer Soldaten auf dem Bürgersteig Richtung Ortsausgang. Plötzlich scherte einer aus der Gruppe aus, ging geradewegs auf Anna zu, nestelte an seiner Brusttasche und holte eine kleine Schokolade heraus. Mit breitem Grinsen sagte er: »For your Baby!« Baby verstand Anna, den Rest nicht. Dann war er auch schon wieder in der Gruppe und marschierte weiter. Er drehte sich noch einmal um, ein kurzer Gruß, das war's. Anna war völlig überrascht von der Aktion. Sie starrte erst auf die Schokolade, dann auf den neben ihr sitzenden Manfred und dann sehnsüchtig in die Richtung, in die sich die Gruppe entfernt hatte. Das wäre der Traummann gewesen, dachte sie. Kräftig, groß und er trug eine Uniform. Wenn sie die Chance bekäme, dann würde sie sich auch über alle moralischen Widerstände hinwegsetzen und einen Soldaten zum Mann nehmen.

In diese Gedankenwelt platzte das Getrampel des Pferdefuhrwerks. Der Kutscher ging neben dem Wagen her, einige Bauern hatten jeweils vier bis fünf gefüllte Milchkannen. Es war schwere

Arbeit. Bei jedem Stopp zog der Kutscher die leeren Kannen vom Wagen und tausche sie gegen volle. Er bedachte Anna mit einigen freundlichen Worten und zog weiter. Hatte er womöglich Interesse an ihr? Sie hatte ein uneheliches Kind, das hatte er schon gesehen - würde das Interesse trotz des Kindes bestehen bleiben? Sie wusste nicht so recht, wie sie sein Lächeln deuten sollte.

Die an den Straßen aufgestellten Stellmöglichkeiten für die Milchkannen eigneten sich auch ideal als Sitzbänke, um am Abend mal ein Stündchen nur die Straße entlangzuschauen.

Heute saß Anna wie so häufig auf der Veranda vor dem Haus und beobachtete das Geschehen. Der Kutscher sprang vom Bock, tauschte zwei Kannen, lächelte sie wieder an und zog weiter zur nächsten Wechselstelle.

Am nächsten Abend saß Anna nicht auf der Veranda, sondern absichtlich auf der Milchkannenbank. Der Abend hatte angenehme Temperaturen und die Sonne bewegte sich mit rötlichem Schimmer dem Horizont entgegen. Bereits am Ortseingang sah sie, wie sich das Pferdefuhrwerk näherte. Der Kutscher sprang direkt neben ihr vom Bock, tauschte wieder zwei Kannen und sah sie dabei lächelnd an. Anna erwiderte dieses Lächeln und dann sagte er: »Ich bin der Walter. Ich wohne draußen auf dem Hof.« Dabei zeigte er in die Richtung, aus der er gekommen war. »Du bist die Anna«, sagte er. »Ich habe mich bei den anderen Bauern nach dir erkundigt. Wenn du Lust hast, können wir mal spazieren gehen.« Anna starrte ihn überrascht an, drehte sich abrupt um und ließ ihn wortlos stehen.

»Was will der von dir, spazieren gehen? Damit hatte es schon einmal angefangen«, dachte sie und schließlich waren ihre Erfahrungen nicht die besten gewesen. Wie hatte Meta gesagt: »Das hast du nun davon!« Und überhaupt, ihr nächster Mann sollte doch Soldat sein! Denn damit verband sie auch die Hoffnung, aus diesem Kaff wegzukommen. Außerdem, es könnte doch sein, dass ihr Gustav eines Tages noch auftauchte. Sie wusste nicht so recht, wie sie mit dem Interesse des Kutschers umgehen sollte. Trotzdem saß sie am nächsten Abend wieder vor der Haustür, absichtlich nicht bei den Milchkannen. Walter, der Kutscher, kam, tauschte die Kannen, entfernte sich von seinem wartenden Gespann und kam auf sie zu. Dann sagte er: »Hast du es dir überlegt, ich habe morgen frei. Ich könnte dich abholen«

Diesmal fühlte sie sich leicht geschmeichelt, ein Lächeln entglitt ihr und sie sagte: »Gut, morgen Abend, drüben an der alten Mühle können wir uns treffen.« Etwas überrascht von ihrer spontanen Zusage war sie schon, aber sie hatte sich auch geschmeichelt gefühlt, dass sich ein Mann für sie interessierte. Der Walter setzte seine Pferde wieder in Gang, sprang auf den Bock und verschwand ortsauswärts.

Am nächsten Abend. Anna belog Meta. Sie sagte ihr, sie wollte mit Martha noch einen Spaziergang machen. Sie wusste ja nicht, dass immer, wenn Meta mit dem kleinen Manfred allein war, es durchaus zu brenzligen Situationen kommen konnte.

Erst vor einigen Tagen, als Anna nicht im Hause war, musste Meta krampfhaft das Sofakissen weglegen. Wäre sie ihren Gedanken gefolgt und hätte sie den Impuls nicht unterdrücken können, dann wäre es für den Kleinen zu spät gewesen. Eine innere Stimme bedrängte sie immer wieder: »Drück ihm das Kissen auf den Kopf!«

Als Anna das Haus verließ, hörte sie: »Aber um zehn bist du zu Hause.« Dabei hatte sie sofort wieder den Satz im Ohr, den Meta ihr damals hinterhergerufen hatte: »Komm bloß nicht mit einem Balg nach Hause.«

Walter wartete auf sie am verabredeten Treffpunkt und begrüßte sie. »Schön, dass du gekommen bist, sollen wir erst einmal hier sitzen bleiben oder etwas spazieren gehen?«

Dieses »erst einmal« störte Anna sofort. »Es ist doch immer das

Gleiche«, dachte sie. »Der will doch auch nur das eine.« Sie konnte diesen Gedanken nicht zu Ende führen, denn er nahm sie bei der Hand und zusammen gingen sie in Richtung Wald und der Panzerrampe. Walter erzählte, dass er auch geflüchtet wäre. Dass er seit einem halben Jahr hier wäre und froh wäre, bei Bauer Wroogemann untergekommen zu sein. Seine Eltern wären noch in Litauen. Er wüsste nicht, ob sie noch lebten und ob sie auch geflüchtet wären. Seine beiden Brüder wären auch irgendwo im Westen gelandet.

Anna stellte während des Gesprächs viele Gemeinsamkeiten fest. Und obwohl er ja genau wusste, dass sie ein Kind hatte, erstaunte es sie, dass er sie nicht danach gefragt hatte. Weder wer der Vater war, noch wie es dazu gekommen war, auch von ihrer Familie wollte er an diesem Abend nichts wissen. Als Anna dann abends im Bett lag, neben sich den kleinen Manfred, stellte sie so etwas wie Sympathie für diesen Walter fest. War er doch ein ganz Netter, vielleicht war er sogar auch ehrlich und freundlich zu ihrem Kind. Mit diesen Gedanken versank Anna in den Schlaf.

Die Treffen mit Walter wurden regelmäßiger. Meta blieb auch das nicht verborgen und Anna stellte fest, dass es Meta so ganz recht war. Ein Mann, der sie auch mit Kind haben wollte! Meta drängte auf Vorstellung und auch die verlief harmonisch und fand ihre Zustimmung. So ergab es sich, dass der Walter in Zukunft regelmäßig in der kleinen Einzimmerwohnung zu Gast war, dann und wann auch schon mal übernachtete und circa ein Jahr später mit in dem einen Zimmer lebte.

Ich muss zu der Zeit so etwa zwei bis zweieinhalb Jahre alt gewesen sein. Die nachfolgenden Schilderungen, was mein Erleben und Empfinden angeht, schreibe ich aus eigener Erinnerung.

Meinen leiblichen Vater habe ich nie kennengelernt. Er war der Soldat Gustav, der in der Lüneburger Heide stationiert war. Meine Mutter erzählte mir erst viel später, dass er verheiratet war, Vater von drei Söhnen und eine richtige Familie in der Nähe von Ostberlin hatte. Wahrscheinlich erfuhr auch er erst später, dass er mich nach seinem Militäreinsatz in der Heide zurückgelassen hatte.

Meine Mutter, die für die Versorgung und unser Auskommen zuständig war, habe ich in den ersten Jahren sehr wenig gesehen. Sie ging früh aus dem Haus und kam spät wieder, oft schlief ich dann schon. Sie musste täglich mit dem Fahrrad circa zehn Kilometer nach Belsen zur Arbeit in die Gärtnerei Fettrich fahren. Die Obhut und Erziehung meines Kleinkinddaseins oblag meiner Oma, einer immer unzufriedenen, kleinen dicklichen Frau, mit streng nach hinten gekämmten Haaren, die zum Knoten gebunden waren. Wie ich erst später erfuhr, war sie damals schon von Tabletten abhängig. Meine Oma machte mir von morgens bis abends klar, wie schwer sie es mit mir hätte. Leider, aus ihrer Sicht, war es ihr nicht gelungen, mein Dasein zu verhindern. In ihrer Haltung steckte auch der Vorwurf an ihre Tochter, die das Ganze ja verursacht hatte.

Wardböhmen, ein kleines Dorf in der Lüneburger Heide. An der alten B3, zwischen Soltau und Celle. Dazwischen Bergen mit jenem Krankenhaus, durch dessen Ärzte ich damals am Leben geblieben war.

Der Ort Bergen wurde und wird fast immer noch im Zusammenhang mit dem Konzentrationslager Belsen genannt, um eine bessere geografische Zuordnung zu haben. Bergen war die kleine Stadt, und Belsen das Lager, sieben Kilometer voneinander entfernt. Wardböhmen, 300 Einwohner, soll sich ursprünglich abgeleitet haben von »Wartebäume« oder später »Wartebohmen«. Rund um den Ort gab es ein großflächiges Moor. Um die Umgebung zu kontrollieren, hatte man Pfähle in den Boden geschlagen, auf denen dann Beobachtungsposten saßen, auf diese Weise, so überliefert es die Sage, sei der Ort Wardböhmen zu seinem Namen gekommen.

Der Ort selbst. Eine Gaststätte, ein Kaufmannsladen, der Dorfpolizist, die beiden Dorfschullehrer sowie der Bürgermeister waren die wichtigsten Institutionen.

Der Ort Wardböhmen ist später in den neunziger Jahren noch einmal bundesweit in Zusammenhang mit der Reemtsma-Entführung in den Schlagzeilen gewesen. Damals wurde der ganze Ort von vorn bis hinten durchsucht und jedes Haus kontrolliert. Herr Reemtsma, der sich bei seiner Entführung in einem Kofferraum eines Autos befand, hatte sich erinnert, dass es nach der Autobahnabfahrt circa 20 Kilometer geradeaus ging, weil er die Zeit mitgezählt hatte und so die circa zwanzig Kilometer geschätzt hatte. Er hatte sich nur in der Richtung geirrt. Zwanzig Kilometer weiter in der anderen Richtung war er gefangen gehalten worden. In Garlstedt, einem Ort, in dem ich Jahre später gewohnt habe. Den Kellerraum des Hauses habe ich mir anschauen dürfen, weil Bekannte das Gebäude später gemietet hatten.

Nachdem es mich nun gab und es auch gelungen war, mich am Leben zu halten, war das mit dem Sonntagskind auch nicht mehr zu ändern. Ich war ein Junge, auch wenn meine Mutter lieber ein Mädchen gehabt hätte, und so ging man auch mit mir um. Ich kann mich erinnern, dass ich bis zu meinem vierten Lebensjahr lange blonde Locken trug und da ich von Gestalt auch zart und klein war, passte die Rolle des Mädchens auch optisch zu mir.

Anna fuhr täglich in die Gärtnerei, Oma ging zwischendurch zum Bauern aufs Feld. Die Arbeit dort war ihr ja bekannt, und da sie sehr fleißig war, wurde sie oft von den Bauern für die Feldarbeit eingesetzt. Ich wurde dann bei Hilmers Marlene abgegeben. Das war eine kleine, gutmütige Frau, heute würde man sie mit dem alten Begriff »alte Jungfer« bezeichnen. Sie lebte ohne Mann mit ihrer Mutter beim Stellmacher Röper zur Untermiete. Dadurch hatte ich früh die Möglichkeit, als kleiner Junge in der Stellmacherei zu spielen und dem Stellmacher bei seinen handwerklichen Tätigkeiten zuzuschauen. Das Wort Stellmacher kommt von »Gestelle«, unter anderem wurden dort Leitern, Heuwagen Wagenräder und Fässer hergestellt. Schräg gegenüber wohnte Tischler Brammer, der ist mir besonders in Erinnerung geblieben, weil es dort die einzige überdachte Schaukel im Dorf gab. Unter dem riesigen Vordach der Tischlerei war sie am Dachbalken befestigt, und so war das auch bei schlechtem Wetter der ideale Spielplatz für uns Kinder.

Da ich tagsüber bei der Marlene war, nutzte ich die Nachbarschaft der Handwerksbetriebe, um dort zu spielen. Marlene hatte mich ja im Blick. In Zeiten der Ernte sah ich Oma erst abends und Anna ganz selten. Wir wohnten bei Margarete Brammer. Sie bewirtschaftete mit einem Verwalter den Bauernhof. Lisa und Margret waren ihre Töchter, ihr Mann war im Krieg gefallen. Es gab zu der Zeit einen Erlass, dass alle, die nach Ansicht der Behörden, Wohnraum zu viel hatten, diesen an Flüchtlinge abgeben mussten. Der Ortsvorsteher Busch hatte Oma und Anna bei der Familie Brammer zwangsuntergebracht. Wir als Flüchtlinge waren keine gern gesehenen Untermieter bei den Bauern im Dorf. Das uns zugewiesene Zimmer war im Giebel des Bauernhauses mit Blick auf die alte B 3 und dem auf der anderen Straßenseite liegenden Dorfteich.

Neben uns wohnte die Familie Schneeberger. Auch Flüchtlinge aus dem Wartegau. Frau Schneeberger, zu der ich später Mama sagte, und ihr Mann Gustav hatten fünf Kinder. Siegfried war der älteste. Dass ich ihm viele Jahre später im Landeskrankenhaus Lüneburg wieder begegnen sollte, war sicher auch kein Zufall. Herbert war sechs Monate jünger als ich. Wir spielten viel zusammen, später heckten wir Streiche aus, bis unsere Gemeinsamkeiten durch einen Umzug unterbrochen wurden. Viele Jahre später hatten wir wieder Kontakt, diesmal allerdings schon beim Bier in der Dorfgaststätte.

Unsere Einzimmerwohnung habe ich noch gut in Erinnerung. Wenn ich aus dem Fenster sah, hatte ich unseren kleinen Dorfteich gegenüber im Blick. Der Straßenverkehr war zu der Zeit sehr mäßig. Das machte es uns möglich, auf der B3 zu sitzen und zu spielen. Kreidekästchen war das beliebteste Spiel. Vor dem Haus führten drei Stufen auf eine überdachte Veranda, dahinter befand sich der riesige gefliese Flur mit einem typischen Sonnenschrank an der Wand. Gleich daneben war die Eingangstür zu Margaretes guter Stube. Links unter der Treppe nach oben ging es in die Diele, von da aus in die große Bauernküche mit Ausgang zum Garten. In meiner Erinnerung war diese Küche immer dunkel und voller Fliegen. Dahinter befand sich der Kühlraum für die Milchkannen und daneben die Toilette. Diese durften wir als Flüchtlinge aber nicht benutzen. Hinter der Küche gab es noch eine andere Toilette, im Anschluss daran kam man zum Viehstall. Auf der anderen Seite der Diele war noch je ein Zimmer für die Magd und den Knecht.

Die Diele führte zum Hof. Mehrere Stallungen und Unterstände grenzten an das Grundstück. Im hinteren Teil des Schweinestalls gab es noch ein richtiges Plumpsklo. Das war für die Flüchtlinge. An die Wand hatte man einen eisernen Haken angeschraubt, auf dem, wenn man Glück hatte, Zeitungspapier hing. Vom Seiteneingang des Hauses führte eine kleine, unscheinbare Treppe auf den Heuboden. Der hatte für uns Kinder eine besondere Faszination, regelrecht etwas Geheimnisvolles.

Im Haus vorn wohnte noch die Familie Wenzlaf. Aus dem Flur führte eine massive Holztreppe nach oben. Ein großer Vorraum mit Vorhängen und Abstellmöglichkeiten. Links ging es zu den Schneebergers, die hatten zwei Zimmer und rechts war unsere Eingangstür.

Das benötigte Wasser holen wir unten aus der Diele. Die dort stehende Schwengelpumpe musste vorher mit Wasser aufgefüllt werden, weil der Wasserpegel meistens abgesunken war und durch das von oben nachgefüllte Wasser wurde die Luft herausgedrückt und die Pumpe zog wieder Wasser an. Man musste also immer, wenn man einen Eimer Wasser gepumpt hatte, den danebenstehenden Eimer mit Wasser füllen und stehen lassen. Im Winter war die Pumpe oft tagelang eingefroren. Oben neben unserer Eingangstür war eine kleine Ecke mit einem Vorhang abgeteilt. Da stand der »Patscheimer« in den kam alles, was nicht ins Zimmer gehörte. Abfälle, Abwasser und meine Pipi. Ich habe zwar nie mitbekommen, ob Oma und Anna auch auf den Eimer ging, aber ich durfte es. Wenn man in unser Zimmer kam, stand gleich hinter der Tür rechts ein Holzhocker, auf dem der Eimer mit Frischwasser stand. Rechts daneben der Herd. Es war dieser alte Küchenherd mit den herausnehmbaren Ringen auf der Feuerstelle und der umlaufenden Stange. Auf dieser Stange hat Oma mir später im Winter immer meine Unterwäsche vorgewärmt. Über dem Herd hing der Handtuchhalter mit einem gestickten Überhang. An der langen Seitenwand stand das große Bett. In dem schliefen Oma vorn, ich in der Mitte und daneben Anna. Im rechten hinteren Eck stand eine Kommode und direkt unter dem Fenster eine Couch. An der langen Wand ein Kleiderschrank und in der Mitte zwischen Schrank und Bett ein massiver Holztisch mit drei Stühlen. Später kam dann noch eine Nähmaschine dazu, dass hatte einen besonderen Grund. Oma nannte ihn immer nur den Kleemann. Der schlief dann auf der Couch unter dem Fenster. Sie mochte ihn nicht, aber er war mit Beginn meiner Erinnerungen da. Später wurde er dann mein Stiefvater. Bezeichnend für das besondere Verhältnis zwischen Oma und Walter war, dass sie bis zu ihrem Tode »Sie« zu ihm gesagt hatte. Der Walter war der Milchkutscher, der beim Bauer Wroogemann in Seelhof angestellt war. Oma erzählte mir später, dass sie zu der Zeit ganz froh war, dass die Anna einen abgekriegt hat, der sie mit einem unehelichen Kind genommen hat. Somit gehörte der Walter von Anfang an zu meinem Leben.

Ich hatte schon als kleiner Junge das Gefühl: »Was will der hier?« Nur ein Zimmer, drei erwachsene Leute und ich. Walter schlief auf der Couch unter dem Fenster. Aber das war mein Platz, weil ich vom Fenster aus alles beobachten konnte. Wenn der Walter da war, habe ich diesen Platz gemieden. Wir waren Flüchtlinge, ein uneheliches Kind, eine nicht legitimierte Beziehung meiner Mutter und über allem, das Familienoberhaupt Oma Meta. Eine zu der Zeit moralisch verwerfliche Konstellation.

Bis zu meinem Schulbeginn habe ich noch so einige bedeutsame Erlebnisse in meinen Erinnerungen. Ich muss so etwa zweieinhalb Jahre alt gewesen sein, mein Kindertraum war ein Holzroller. Einige Kinder in der Nachbarschaft hatten schon einen. Mein Wunsch blieb Walter nicht verborgen. Eines Tages kam er tatsächlich mit einem Holzroller an. Obwohl es mein sehnlichster Wunsch war, so einen Roller zu besitzen, habe ich ihn abgeschlagen. Später gab es mal eine ähnliche Situation mit einem Fahrtenmesser. Was diese Ablehnung später noch für weitere Konsequenzen hatte, war mir natürlich nicht bewusst. Meine Mutter war Frau Schneeberger. Bei denen war ich sehr oft. Herbert sagte Mama, also sagte ich auch Mama zu ihr. Sieglinde war ein Jahr älter als wir, dann kam Lene. Mit Sieglinde bin ich später zur Handelsschule gegangen, an Lena habe ich wenig Erinnerung. Die beiden Jungen waren Reinhold, der intellektuelle und Siegfried, das schwarze Schaf der Familie. Siegfried mochte mich. Er war ein Sonderling. Keine Lehre gemacht, beim Straßenbau beschäftigt, rauchte und trank. Aber er war musikalisch. Abends saß er oft vor dem Haus und spielte auf seiner Mundharmonika oder auf dem Quetschkasten. Siegfried war es, der mir im zarten Alter von fünf Jahren das Mundharmonikaspielen beigebracht hat. Das erste Lied, das ich spielen konnte, war das ›Deutschland Lied‹. Es war typisch für Siegfried, denn seine musikalische Vorliebe galt dem Marsch. Wenn er mal wieder betrunken war, und das sehr oft, legte er Marschmusik auf und marschierte strammen Schrittes durch das Zimmer. Soldaten waren seine Ideale.

Bei Schneebergers gab es oft Kohlsuppe. Es war wohl weniger die Suppe als mehr das familiäre Gefühl, wenn mehrere Leute am Tisch gemeinsam aßen. Das kannte ich nicht. Reinhold, der Intellektuelle spielte oft nächtelang mit Walter Schach. Siegfried, der Hauer war der Kartenspieler und Kneipengänger. Von ihm habe ich früh Skat spielen gelernt. Überhaupt waren die Schneeberger Kinder alle sehr unterschiedlich. Siegfried und Reinhold haben sich nie gemocht. Ich erinnere mich, dass sie sich auch mal geprügelt haben. Lene und Sieglinde waren auch wie Feuer und Wasser.

Die ersten Jahre meiner Kindheit waren sehr eng mit dem Familiengeschehen der Schneeberger verbunden. Die andere Zeit war ich entweder bei Hilmers Marlene oder auch schon allein auf Achse. Reinhold habe ich nie wieder gesehen, er ist als Architekt nach Hannover gegangen. Lene habe ich viele Jahre später in Bremen getroffen. Sieglinde begleitete mich ein Jahr auf der Handelsschule in Soltau, mit Herbert hat es später noch mal kurze gemeinsame Etappen gegeben und Siegfried - dazu später mehr.

Außer zu den Schneebergers gab es keine Kontakte zu anderen Leuten im Dorf. Die Bäuerin Margarete erlebte ich als abweisend und gehässig. Ihre beiden Töchter durften nicht mit uns spielen, denn so ganz einverstanden war sie mit der Zuweisung der Flüchtlinge nicht. Der Umgang ist erst viele Jahre später freundlicher geworden. Den ganzen Bereich unten, die Wohnung von Margarete, hat auch nie einer von uns gesehen. Auch den bäuerlichen Außenbereich durften wir nicht überall betreten und benutzen. Nur Wasser und die nötigsten Dinge zu holen war uns erlaubt. Gärten und Stallungen waren tabu.

Im hinteren Bereiche des Hofes hatten wir einen kleinen Holzschuppen, das war meistens auch unsere Spielecke. Gegenüber das besagte Plumpsklo. Der morsche Holzdeckel, der die Jauchegrube darunter abdeckte, war gleichzeitig die Eingangsstufe. Mit einem eisernen Haken ließ sich die Tür von innen versperren. Wenn Oma oder Anna abends aufs Klo mussten, sind sie immer zusammen gegangen. Eine war mit einer Taschenlampe ausgerüstet und sicherte das Abenteuer vor der Tür wartend ab. Auch am Tage war der Gang über den Hof nicht ganz ungefährlich. Ein ständig unter Strom stehender Hahn kontrollierte den Hof und griff jeden Fremden sofort an. Vor diesem Hahn fürchteten sich alle. Ich erinnere mich, dass er auch mich in Ängste versetzte und ich in dieser Zeit begann, aufkommende Angst durch aggressives Verhalten zu bekämpfen. Ich konnte die Konfrontation mit dem Hahn allerdings meistens vermeiden, denn es gab ja für mich oben auf dem Flur den Patscheimer. Der wurde dann, wenn er voll war, entweder von Oma oder von Anna hinter den Schweinestall auf den Misthaufen gekippt.

Samstag war Badetag. Irgendwie hatte ich immer so ein komisches Gefühl, wenn Oma die Prozedur mit dem Baden an mir vornahm. Mit meinem Badewasser haben sich dann noch Oma und Anna gewaschen. Vor dem Baden war meistens Haare schneiden angesagt. An dieses Ritual erinnere ich mich heute noch mit Grauen. Ich musste rüber zu Schneebergers. Gustav setzte mich auf einen Stuhl, Oberkörper frei, und dann legte er los. Um den Haarrand sauber hinzukriegen, zog er mir vorher ein Wegglasgummi über den Kopf, richtete das Gummiband aus und schnitt alle unter dem Gummi befindlichen Haare ab. Dazu benutzte er eine Handschneidemaschine, die vorn Zacken mit einem Messer hatte und hinten mit zwei Hebeln durch ständiges Zusammendrücken und loslassen bedient wurde. Mein Kopf wurde dann von Oma noch festgehalten, wenn mir die Schere blutige Stellen in die Kopfhaut riss. Dieses Ritual musste ich jeden Samstag ertragen, danach ging es dann ins Bett. Ein Trauma fürs Leben war jedoch vor der ersten Schur entstanden, als Gustav mir meine langen blonden Locken abschnitt.

Mein Schlafplatz war immer noch in der Mitte des großen Doppelbettes. Meistens spielten die anderen drei am späten Abend Karten, oder Oma strickte, und Anna flickte Klamotten. Das bedeutete für mich, dass ich grundsätzlich mit Licht einschlafen musste. Jahre später merkte ich, dass ich nur mit Licht einschlafen konnte und Dunkelheit mir Angst machte. Nachts bekam ich oft mit, dass Walter sich zu Anna legte. Morgens lag er dann wieder auf seiner Couch. Oma gab dann auch ihre demonstrative Bettlage, Gesicht zur Wand auf, denn sie konnte es ja nicht ändern. Aber nicht nur deshalb blieben die beiden wie Katze und Hund. Sie hat die Beziehung der beiden nur toleriert.

Walter hatte inzwischen seinen Job als Milchkutscher aufgegeben und schneiderte im Zimmer. Ich sehe ihn noch heute auf dem Küchentisch im Schneidersitz, daneben ein gepresstes mit Stroh gefülltes Bügelkissen und nun kam auch noch eine Nähmaschine ins Zimmer. Die Trittplatte der Nähmaschine war ein beliebter Spielplatz für mich. Das große Rad unten, über das der Treibriemen lief, war mein Steuerrad. Manchmal hängte ich mir auch eine Decke davor, dann sah mich keiner, denn in dieser Höhle fühlte ich mich wohl. Aber ich spielte nicht nur. Ich zerschnitt sehr gerne Sachen, besonders wenn sie von Walter waren. So zerschnitt ich ihm einmal in einer lang angelegten Aktion unter der Nähmaschine seine Sockenhalter in akribischer Kleinarbeit in millimeterkleine Stücke. Oma brachte mich dann vor Walters Wutattacke in Sicherheit. An die traute er sich nicht heran. Ist auch schwieriger, wenn man per »Sie« ist. Das Einzige, was er versuchte, war mich zu treten, oder er schrie lauthals, dass dieses Russenbalg ihm seine Sockenhalter zerschnitten hätte.

Walter verdiente sich seinen Lebensunterhalt durch die Schneiderei. Anna musste ihm abends zur Hand gehen, abstecken, bei der Anprobe helfen, Nähte ausbügeln. Dabei eignete sie sich so viele Fertigkeiten an, dass sie sich selbst ihre Kleider nähen konnte. Die Einnahmen aus der Schneiderei hat Walter als sein eigen angesehen. Zur Haushaltsführung steuerte er nie etwas bei. Anna verdiente ihr Geld bei der Gärtnerei Fettrich und Oma bekam eine kleine Rente. Davon wurde alles bezahlt. Oma grollte öfter vor Zorn, wenn ihre Rente wieder nicht reichte und sie auch noch Walter mit durchfüttern musste. Auch später, bis zu ihrem Tode, hat er nie etwas zur Haushaltsführung dazugegeben. Er war immer der Meinung, es wäre für alle ausreichend, wenn er nur da wäre, und dann müsste man auch für ihn sorgen.

Dann gab es noch diesen Hestermanns Erwin. Schneider wie Walter und ein ausgemachtes Schlitzohr. Walter und Erwin brannten nachts Schnaps zu Hause. Ich habe noch schwache Erinnerungen an komische Gefäße und Kupferdrähte bei uns im Zimmer.

Meine erste Konfrontation mit Schnaps war sehr schmerzhaft: Unser Küchentisch war sehr hoch. Ich angelte mir ein an der Kante stehendes Glas, dieses kippte um und der Inhalt des Glases floss über den Kopf in mein rechtes Auge. Ein bis heute bestehender Schaden erinnert mich an diese Situation.

Erwin und Walter blieben nachtaktiv. Nachkriegszeit, der Schwarzmarkt und der Handel blühten.

1949. Es ist weiter nie darüber gesprochen worden, aber die beiden hatten plötzlich ein Schwein geschlachtet. Unser Dorfpolizist Busch hatte wohl etwas geahnt, aber er konnte ihnen nichts nachweisen. Auch von Mehldiebstählen war mal die Rede. Eines Tages kam Walter mit einer nagelneuen 98er Fox an. Siegfried und Walter standen unten vor der Haustür und bestaunten das neue Ding. Es war schon etwas Besonderes, zu dieser Zeit ein neues Motorrad zu haben (erst ein Jahr später hatte Siegfried dann eine NSU Quickly). Die beiden überlegten, wie es nun weitergehen sollte. Schnell war man sich einig, dass man die Maschine nicht draußen stehen lassen könnte. Gesagt, getan. Alle verfügbaren Männer packten mit an, und die Fox wurde die Treppe rauf nach oben ins Zimmer getragen. Sie wurde direkt vor die Couch von Walter gestellt. Oma verstand die Welt nicht mehr, und Anna sagte wie immer nichts. Vielleicht war sie auch insgeheim ein bisschen stolz auf Walters Errungenschaften und Machenschaften. Ich kann mich nur noch erinnern, dass dieses chromblitzende Ungeheuer dann täglich rauf und runter getragen wurde und nachts weiterhin bei Walter vor der Couch stand. Nach gut einem Monat war Margarethe wohl von dem Hin- und Herschleppen genervt, und Walter durfte dann die 98er Fox bei ihr in die Scheune stellen. In der Folgezeit wurde die Fox bewundert und geputzt und an Wochenenden machten Anna und Walter Landausflüge mit dem Ding. Geschäftstüchtig war er ja, der Walter, und organisieren konnte er auch gut, was immer das heißen mochte. Die Fox war das erste Motorrad im Dorf. Genauso ging das mit einem Radio. Plötzlich hatten wir ein Radio, später, es muss so 1955 gewesen sein, bekamen wir den ersten Schwarz-Weiß-Fernseher und dann auch noch den ersten Volkswagen, olivgrün mit Brezelfenster.

Mit dem Käfer kann ich mich an eine Aktion erinnern, bei der mir zugutekam, dass ich zart und klein war. Walter hatte den Wagen von innen verriegelt und die Tür zugeschlagen. Die Türen waren geschlossen und ließen sich nicht mehr öffnen. Alle standen nun auf dem Hof bei Margarete herum und überlegten, wie man wohl in das Innere des Autos kommen könnte. Walter hatte dann die Idee, das Brezelfenster aus dem Gummiring zu drücken und mich durch die Öffnung ins Innere des Autos zu schieben. Es klappte, und die ganze Aktion lief ohne weiteren Schaden ab. Ich kann mich noch an die Winker dieses Autos erinnern, wie sie damals hießen, links und rechts am Mittelholm angebracht. Mittels eines Drehknopfes konnten sie in die gewünschte Richtung aufgeklappt werden. Auch die obligatorische Blumenvase am Armaturenbrett durfte nicht fehlen. Während dieser Zeit müssen sich Anna und Walter dann auch verlobt haben. Oma lag Anna ja dauernd in den Ohren, dass man dieses unmoralische Verhältnis so nicht leben dürfte, weil die Leute, besonders die Einheimischen, darüber redeten. Walter wohnte ja nun schon einige Zeit bei uns in unserm einzigen Zimmer in Wardböhmen, Hauptstraße 3.

3. Kapitel

Eine fast normale Kindheit

Inzwischen näherte ich mich altersmäßig der Schulpflicht. Nach der Anmeldung ergab der erste Termin in der Schule: »Der Junge ist noch zu klein und zu schwach, den nehmen wir erst nächstes Jahr.«

Ein Jahr später. An meinen ersten Schultag erinnere ich mich noch ganz genau. Ich trug ein kariertes Oberhemd, darüber einen selbst gestrickten rostbraunen Westover und von Walter selbst genähte dunkelbraune kurze Hosen mit Bügelfalte. Die Hosen hingen an Gummihosenträgern und darunter saßen karierte Kniestrümpfe. Meine Füße steckten in festen hohen Schuhen, einer Art Skischuhe. Die mussten sein, denn dies war das einzige Paar Schuhe, das ich besaß. Natürlich hatte ich auch eine Schultüte. Über den Inhalt kann ich nur noch vermuten, dass ein paar Süßigkeiten darin waren. Das obligatorische Foto vom ersten Schultag entstand vor Zechlaus Garagentor, gegenüber der Einfahrt von Margaretes Hof. In dieser Garage hatte Walter auch seinen VW-Käfer untergestellt. Meine Haare kurz, den Nacken von Gustav Schneeberger frisch rasiert, das Haupthaar zur rechten Seite hin mit geradem Scheitel gekämmt. Um sicheren Halt zu gewährleisten, wurde das Ganze mit einer Haarspange fixiert. Da stand ich nun, fein zurecht gemacht, artig voller Erwartung, was die Schule wohl bringen würde. Selbst Anna hatte sich an diesem denkwürdigen Tag freigenommen und war anwesend. Wir hatten am ersten Schultag nur eine Stunde. Das Beisein der Eltern an diesem Tag hatte den Zweck, dass man sich den Schulweg merken musste, denn ab dem zweiten Tag ging's dann allein zur

Schule. Mit der Zeit entwickelte ich mich zu einem schwierigen Kind, wenn ich es nicht schon vorher gewesen war. Vielleicht war's auch schon der Anfang des Versuchs, mich selber besser und anders wahrzunehmen. Aber dies gelang nur bedingt, Oma hatte feste Vorstellungen, wie ich als Junge zu sein hätte, zumal wir ja auch aus ihrer Sicht unter der kritischen Beobachtung der Leute im Dorf standen.

Walter arbeitete mit seinem Freund Erwin in einer Schneiderei in Bergen. Abends und an Wochenenden schneiderten sie bei uns in der Wohnung. Anna nutzte ebenfalls ihr Talent fürs Schneidern, und so war jede freie Minute mit der Herstellung irgendwelcher Klamotten ausgefüllt. Dies alles in der Enge eines einzigen Zimmers zu erleben, sowie Omas ständig nörglerische Art mit mir umzugehen, hielten mich unruhig und überaktiv. Sie war ständig in ärztlicher Behandlung, ließ sich andauernd Tabletten verschreiben und hatte in regelmäßigen Abständen ihre Gallenkoliken. Ich war Omas Eigentum und diente ihr zur Regulierung ihres Wohlbefindens. Wenn es Rente gegeben hatte, war Oma oft tagelang gut drauf. Mit diesem bisschen Geld hatte sie eine gewisse Freiheit und Macht. Aber regelmäßig ab Mitte des Monats, wenn das Geld ausging, wurde sie unleidlich. Sie wurde dann zu einer cholerisch frustrierten Frau, die nie überwunden hatte, dass ihr Mann im Krieg geblieben war, und dass sie nun unter diesen für sie unsäglichen Umständen leben musste.

Gustav Lewald wäre mein Opa gewesen. Sein Name stand auf der Ahnentafel unseres Kriegerdenkmals. Zweimal im Jahr musste ich mit Oma am Heldengedenktag und am Totensonntag zur Prozedur unter den Eichen am alten Hof in der Dorfmitte. Ein Posaunenchor spielte, und alle Anwesenden gedachten in einer Feierstunde der Gefallenen des Ersten und Zweiten Weltkrieges. Die Abschlusshymne »Ich hatte einen Kameraden« klang dann durchs Dorf. Walter saß bei diesen Feierlichkeiten lieber in der

Kneipe, Oma hätte es auch gar nicht gewollt, dass er mitgekommen wäre, denn die Gemeinsamkeiten der beiden begrenzten sich nur aufs Familiäre. Man musste ja miteinander auskommen.

Wie »gut« die beiden sich verstanden, belegt folgende Begegnung. Oma fuhr regelmäßig nach Bergen zu ihrem Arzt, der sie nach wie vor auf Gallensteine behandelte. Beeinträchtigt war jedoch die Leber, denn Oma hatte sich durch die vielen Medikamente einen nicht geringen Leberschaden eingehandelt. Entweder sie hatte kein Geld mehr, oder sie hatte den Bus verpasst. Nur zweimal am Tag fuhr der Bus zwischen Berg und Wardböhmen, und eine Fahrt kostete 0,30 DM. Bei dieser Begebenheit war Oma zu Fuß unterwegs, um die sechs Kilometer nach Hause zu laufen, und wie es der Zufall wollte, kam Walter Kleemann vorbei. Er hatte inzwischen seinen zweiten VW-Käfer, silbergrau, Kennzeichen CE- AA-417. Für Oma bedeutete das Kennzeichen trotzdem (Celle: Armes Arschloch). Dieser Käfer war die neuere Version, hatte schon eine durchgehende Heckscheibe und ein Röhren Autoradio, das die Röhren unter der Motorhaube hatte. Walter hielt an und machte Zeichen, dass er bereit sei, sie mit nach Hause zu nehmen. Omas Kommentar war trocken aber bestimmt. »Mit Ihnen fahre ich nicht!«

Es war Winter. Und dann setzte sie ihren Fußmarsch fort. Es konnte kommen, was wollte. Oma ist bis zum Ende ihres Lebens nie zu Walter ins Auto gestiegen. Selbst als sie mit großen Schmerzen zu Hause lag, lehnte sie den Transport durch Walter ins Krankenhaus ab.

Der neue und schon komfortablere Käfer diente jetzt auch zu Wochenendausfahrten und Ausflügen. Besonders beliebt war der Sonntagsausflug in die Heide. Ich muss so sieben oder acht Jahre alt gewesen sein. Anna machte mich und sich fein. Walter wollte mit uns nach Bad Pyrmont in den Palmengarten fahren. Ich saß auf der Rückbank. Neben mir lag ein Kissen, auf das Anna auf die eine Seite das Kennzeichen gestickt hatte und auf die andere Seite ihren beliebten Sinnspruch »Rote Rosen, rote Lippen, roter Wein.« Die Ablage zierte eine Klorolle mit gehäkelter Ummantelung.

Vor Antritt der Fahrt hatte Anna noch eine frische Blume in die Vase am Armaturenbrett gesteckt. So waren wir auf dem Weg nach Bad Pyrmont. Unterwegs hielt Walter plötzlich an, um eine Anhalterin mitzunehmen. Eine mittelalterliche, gepflegte Frau mit dem gleichen Ziel saß hinten neben mir. Es war auffällig, dass diese Frau während der Fahrt fast nichts gesagt hatte. In Bad Pyrmont angekommen hielt Walter auf dem rechten Seitenstreifen und ließ die Frau aussteigen. Als sie neben dem Auto stand, beugte sie sich noch mal zu mir in den Wagen und steckte mir ein zwei D-Mark Stück zu. Ich hatte so eine hässlich graublaue Strickjacke mit zwei aufgenähten Seitentaschen an. In die Rechte dieser Taschen steckte sie das Geldstück. Ich habe nicht gesehen, wie viel Geld das war. Im Palmengarten angekommen, machten wir uns auf den Rundgang. Walter trat neben mich und meinte, dass die zwei D-Mark sicherlich als Benzingeld gedacht wären, und griff mir in die Tasche, um sich das Geldstück zu nehmen. Anna sagte kein Wort. Ich fühlte mich von Walter bestohlen und von Anna verlassen. Seit dieser Zeit wurde mir Anna immer gleichgültiger, an Walter rächte ich mich in der Folgezeit auf meine Art. Auf der Rückfahrt habe ich kein Wort gesagt und wortlos die Brücken gezählt, unter denen wir durchgefahren sind.

Etwa Anfang bis Mitte der Fünfzigerjahre gab es regelmäßig Tanzabende im Dorfgasthaus und einmal in der Woche Kinovorführungen. Walter und Anna gingen oft dorthin. Auch zum Tanzen in Bahrs Kaffeegarten erschienen sie regelmäßig. Tanzen und trinken konnte Walter gut, und Anna musste mit. Das Geld, das er durch die Schneiderei nebenbei verdiente, erlaubte ihm diese

Vergnügungen. Wo getrunken wurde, durfte auch Schneebergers Siegfried nicht fehlen. Nur mit dem Unterschied zu anderen hat er nicht nur hin und wieder getrunken, er war immer betrunken. Er war auch der Einzige aus der Familie Schneeberger, der stets auf Dorfveranstaltungen und Festen auftauchte. Seltsamerweise hatte Walter sich zu dieser Zeit von Siegfried ferngehalten, obwohl sie Nachbarn waren. Einmal sagte Siegfried zu Anna: »Wenn du den Manfred nicht mehr willst, ich nehme ihn, das ist ein pfiffiges Bürschchen.« Anna hat später oft Bezug auf diese Aussage genommen. Wenn's mal wieder schwierig wurde, sagte sie nur: »Geh doch zu deinem Ernährer, der will für dich sorgen.«

Wie das zu jener Zeit so üblich war, gab es auf Veranstaltung oft Schlägereien. Siegfried war der, der immer verprügelt wurde. Er hat sich aber auch nie gewehrt und die anderen haben sich einen Spaß daraus gemacht, »den Schneeberger« zu vermöbeln.

Wie ähnlich mein weiteres Leben in einigen Bereichen später verlaufen sollte, ahnte ich zu der Zeit noch nicht. Ich wusste auch nicht, warum Siegfried immer Prügel bekam, besonders von einem, Gustav Cohrs, genannt Guschi. Er war der Onkel meiner späteren Schulfreundin Margita, in die ich, soweit es zu der Zeit möglich war, verliebt war. Zu Margitta hatte ich noch lange freundschaftlichen Kontakt. An Guschi habe ich später selbst Hand angelegt, um Siegfried zu rächen. Denn Siegfried war einige Jahre für mich sehr wichtig, ich habe einiges von ihm gelernt und er war einer der wenigen Menschen, die mich mochten. Das war das für mich das Entscheidende und sollte es auch bleiben. Das Ende von Siegfried habe ich dennoch nicht so recht mitbekommen. Er hatte seinen Job im Straßenbau verloren, lungerte nur noch herum und soff. Seine Eltern schämten sich für ihn, versuchten vieles zu deckeln und zu ignorieren. Trotzdem lief sein Leben aus dem Ruder. Eines Tages soll Siegfried dann, so wurde erzählt, durchgedreht sein. Er fuhr wie ein Irrer mit seinem Mofa bei Margarete auf dem Hof stundenlang in der Runde und schrie wirres Zeug. Von dem Tag an wurde er nicht mehr gesehen. Er verschwand im Landeskrankenhaus Lüneburg. Trotz späterer Nachfragen war es nicht möglich, mehr über Siegfried zu erfahren. Auch sein Bruder, mein Kumpel Herbert, wusste es nicht oder durfte uns nichts sagen. Ich sehe Siegfried heute noch vor dem Spiegel stehen. Bevor er wegging, kämmte er sich immer die Haare stramm nach hinten, drückte mit beiden Händen eine Tolle ins Haar. Um die Form zu stabilisieren, benutzte er die Haarcreme Brisk, die auch Walter benutzte, wenn er sich eine Welle ins Haar drückte. Das war zu dieser Zeit wohl modern. Dass ich Siegfried viele Jahre später in Lüneburg in der Psychiatrie wieder traf, kann, muss aber kein Zufall gewesen sein.

Ich gehörte zum letzten Jahrgang der damaligen Volksschule. Ein Jahr später wurde sie durch die Änderung des Schulsystems zur Hauptschule. In unserer wurde in zwei Räumen unterrichtet: Das heißt: Ein Klassenraum war für das 1.-4. Schuljahr, vom 5.-8. Schuljahr kam man in den Raum für die Größeren. Meine ersten Schreibübungen begann ich noch auf einer Schiefertafel mit einem Griffel, die Schrift konnte man mit einem feuchten Schwamm korrigieren oder ganz wegwischen. Ein Jahr später durften wir dann auch mit Bleistift schreiben. Allerdings noch nicht im Heft, sondern auf eine weiße feste Tafel. Das hatte den Vorteil, dass diese Tafel bruchfest war und Korrekturen mit einem Radiergummi möglich wurden. Im Jahr darauf kam dann das Fach Schönschrift dazu, es begann die Zeit der Tinte. In den klassischen alten Schulbänken war vorn in der Mitte ein Tintenfass eingelassen. Die erste Tintenschrift fertigte man noch mit dem Federhalter an. Einzelne kleine Schreibfedern wurden in einen Halter gesteckt, in die Tinte getaucht und der an der Innenseite der Feder gespeicherte Inhalt dann verschrieben. Der

Federhalter wurde ab der vierten Klasse durch den Füller ersetzt. Schönschrift war eines meiner Lieblingsfächer, auch insgesamt gehörte ich immer zu den Besten der Klasse. Mein Klassenlehrer für die Klassen 1-4 hieß Fritz Ungermann, ab der fünften Klasse war es »der Evert Kurt«, wie er von uns genannt wurde. Die Namen seiner ersten Lehrer vergisst man wohl nie. Außer guten Zensuren hatte ich in jedem Zeugnis den Vermerk: »Ist vorlaut, stört den Unterricht. Die Note drei für Betragen war die schlechteste und die hatte ich durchgängig bis zum Schluss. Am Ende des vierten Schuljahres stand die Entscheidung an, Mittelschule oder Gymnasium. Das hätte für mich bedeutet, täglich sechs Kilometer nach Bergen zur Schule zu fahren. Einige aus meiner Klasse, die leistungsmäßig schlechter waren als ich, durften gehen. Es hätte ein Antrag gestellt werden müssen, denn die Aufnahmeprüfung für die Realschule oder das Gymnasium wäre für mich keine Hürde gewesen. Als ich Anna darauf ansprach, dass ich auch gern auf eine höhere Schule gehen würde, hatte sie sich verspätet mit dem Herrn Ewert in Verbindung gesetzt. Sie wollte wissen, ob es noch die Möglichkeit der Nachmeldung gäbe. Herr Evert setzte sie davon in Kenntnis, dass die Aufnahmeprüfungen gelaufen wären. Er wisse auch nicht, ob man im Nachhinein noch was machen könnte, und es wäre ihm auch recht, wenn ein guter Schüler bei ihm auf der Volksschule bliebe. Das schmeichelte Anna sogar, und damit war das Thema höhere Schule für mich erledigt. Es ging weiter in der fünften Klasse. Morgens bei Schulbeginn mussten wir Nachrichten hören, dass interessierte zwar niemanden, doch unser Kurt Evert wollte das so.

Nach den Nachrichten: »Alle aufstehen.« 5.-8. Klasse, Kettenaufgaben. $6 \times 8 + 1$ geteilt durch $7 \times 3 + 4 - 5 - 10$ geteilt durch zwei. Wer am schnellsten war, durfte sich hinsetzen. Das System der Aufgaben hatte ich schnell durchschaut, und so gehörte ich, obwohl ich erst in der fünften Klasse war, meist zu den Schnellsten. Nur Helga Brammer aus der achten Klasse war manchmal schneller als sich.

Die morgendlichen Nachrichten nutzte ich, um meine Hausaufgaben zu machen. Wir mussten viel auswendig lernen, das erledigte ich auf dem Weg zur Schule. Diese Zeit reichte mir. Leistungsmäßig hatte ich überhaupt keine Probleme. Ich war der Einzige, der aus der sechsten Klasse die Diktate der siebten und achten Klasse mitschreiben musste, weil ich mit dem Lehrstoff der unteren Klassen unterfordert war. Leistung war meine Stärke, Verhalten meine Schwäche. In der Schule als auch Zuhause wurde ich nicht müde, immer wieder deutlich zu machen, dass ich mit dem Verbleib an der Volksschule nicht einverstanden war. Oma reagiert auf mein Verhalten hilflos und aggressiv. Für sie war es inzwischen »Pflicht« geworden, mich mindestens einmal am Tag zu verprügeln. Sie hatte hinter dem Vorhang auf dem Flur ihren Rohrstock, der zur Züchtigung und Erziehung gleichermaßen diente. Oft machte sie sich nicht mehr die Mühe, ihn zu holen, weil sie wusste, dass ich ihn vorher versteckt hatte. Dann schlug sie unvermittelt mit ihren »Latschen« zu. Das war der ostpreußische Ausdruck für Pantoffel und es waren etliche, die sie auf mir zerschlagen hat. Recht oder Unrecht war ihr zu jener Zeit egal und ich spürte oft, dass sie das auch gar nicht mehr unterscheiden konnte. Sie ließ ihren Aggressionen freien Lauf und ich hatte mich inzwischen daran gewöhnt, verprügelt zu werden.

Viele Jahre später setzte sich dies in anderen Zusammenhängen fort. Ich rächte mich auf meine Art bei ihr. Regelmäßig klaute ich Geld aus ihrem Portemonnaie im Küchenschrank. Das ging aber nur bis zur Hälfte des Monats, denn dann hatte sie auch keines mehr und schlug nur noch mehr auf mich ein. Anna bekam diese besondere Art der Erziehung von Oma nur am Rande mit. Auf Drängen von Oma suchte sie dann eines Tages den Lehrer auf, weil Oma mit mir nicht mehr zurechtkam. Heute würde man sagen, zum Elterngespräch. Sie autorisierte den Lehrer Ewert mit den Worten: »Herr Evert, wenn sie mit dem Bengel auch nicht zurechtkommen, dann dürfen Sie ihn mit meinem Einverständnis schlagen.« Davon machte Kurt dann in der Folgezeit auch reichlich Gebrauch, denn Anlässe lieferte ich laufend. Ich erinnere mich, dass eines Morgens die Mutter von Helmut Bendler in der Schule auftauchte. Sie stürmte in die Klasse und schrie Ewert vor allen Schülern an, dass er es nicht noch einmal wagen sollte, ihren Sohn zu schlagen. Sie drohte ihm regelrecht. Das hat uns allen mächtig imponiert, aber mir hat es nichts genutzt. Dazu muss man sagen, dass der Helmut strohdoof war. Er blieb bis zum Ende der Schulzeit in der fünften Klasse. Von den Bendlers gab es insgesamt fünf, alle nicht unbedingt intelligent. Es war zu der Zeit keine Ausnahme, vier bis sechs Kinder zu haben. Die Familie Blanke hatte elf Kinder und die Kesebergs sogar dreizehn.

Ich ließ keine Gelegenheit aus, um weiter auf mich aufmerksam zu machen, denn mein Einfallsreichtum was Streiche und Blödsinn anging, war unbegrenzt. Im Klassenzimmer hatten wir vorn eine grüne Tafel, über die ganze Länge ausklappbar. In der kleinen Klasse hatte es noch eine drehbare Tafel auf einem Holzgestell gegeben. Die Schüler hatten im Wechsel Tafeldienst: Abwischen, Säubern und Einklappen. Natürlich fiel mir wieder etwas Besonderes ein. Ich füllte mir zu Hause eine kleine Menge von Walters Nähmaschinenöl ab. Dieses Öl träufelte ich auf den Schwamm und reinigte damit die Wandtafel. Die sah jetzt sehr sauber aus, aber sie wurde nicht mehr trocken. Alle Versuche, auf der Tafel zu schreiben blieben erfolglos. Das anfängliche Wundern ging dann in allgemeines Gelächter über. Der Lohn für diesen Husarenstreich waren zehn Stockhiebe auf den Hintern. Dazu musste ich mich vorn über den Tisch legen, und die ganze Klasse musste laut mitzählen. Ich habe mich auch nicht getraut, zu Hause von dieser erzieherischen Maßnahme zu erzählen, in der Schule passierte schließlich auch nur das, was ich genauso zu Hause erlebte.

Nachmittags nach der Schule sofort umziehen, dann Schularbeiten machen und erst dann ging's nach draußen. Die Schularbeiten waren bei mir ruck zuck fertig, denn den Rest machte ich ja morgens bei den Nachrichten oder auf dem Schulweg. Herbert und ich strolchten gerne hinten auf dem Bauernhof herum, meist heimlich, denn Margarete wollte die Flüchtlingskinder nicht auf ihrem Anwesen haben.

Eine beliebte Beschäftigung war für uns »Bude bauen«, wir versteckten uns dann in unserer Bude und belauschten die Mädchen. Schneebergers hatten am Ende des Gartens vor den Wiesen einen kleinen Hühnerstall und einen Holzschuppen. In dem ungefähr einen Meter breiten Zwischenraum bauten wir unseren Verschlag. Wir sammeln Platten und Bretter, schlichen zu Margarete in die Scheune und holten uns Hammer und Nägel. In diesem zusammen gekloppten Bretterverhau saßen wir dann stundenlang und hofften darauf, dass die Mädchen uns nicht bemerkten und wir Geheimnisse von ihnen erfahren würden. Das weibliche Geschlecht war für uns ja sowieso noch ein Geheimnis, und wenn Sieglinde, Lisa und Margret in der Nähe waren, verhielten wir uns mucksmäuschenstill und lauschten. Wenn die Mädels nicht zu sehen waren, bin ich zu Margarete in den Keller geklettert, und habe ein Glas Eingemachtes oder Obst besorgt, das wir dann in der Bude genüsslich verzehrt haben. Es war unsere Art der Selbstversorgung manchmal von den Bauern Essbares zu besorgen, denn zu Hause satt essen war nicht immer möglich. Es klingt unglaublich, aber ich war zu der Zeit so klein und so gelenkig, dass ich durch das Hühnerloch in den Stall klettern konnte, dadurch kamen wir auch in den Besitz von Eiern. Einmal hatten wir die Idee, uns mit den gestohlenen Eiern selbstständig zu machen. Herbert meinte, dazu würden die Eier nicht reichen, sondern wir bräuchten auch die Hühner dazu. Wir holten heimlich Hühner aus dem Stall und wollten sie bei uns in der Bude einsperren und auf die Vermehrung warten. Da Hühner aber nicht so lautlos sind wie Eier, erwischte mich der Verwalter von Margarete, und der schlug richtig zu. Aber das kannte ich ja, mir war es letztlich egal, von wem ich meine Prügel bezog. Der Verwalter von Margarete war ein ganz harter Hund, er hat uns nicht nur einmal, sondern des Öfteren verprügelt und sehr oft mit einem Stock über die Wiese getrieben, sodass wir uns nur retten konnten, indem wir über den Stacheldrahtzaun gesprungen sind. Außerdem ist er dann sofort entweder zu Oma oder zu Schneebergers gerannt und hat berichtet, der Rest ist bekannt.

Der Hof blieb weiterhin reizvoll für uns. Herbert hatte zum Geburtstag einen Ballonroller bekommen. Mit dem unternahmen wir häufig Erkundungen im Ort. Er fuhr, und ich saß und auf dem Trittbrett, die Hände an den Seitenverstrebungen, die Beine abgewinkelt in die Ecken des Rahmens gestellt. Auf einer unserer Touren fanden wir eine leere Frisco Flasche. Sofort hatten wir eine gute Idee. Wir fuhren durch das Dorf und suchten noch andere Jungs aus unserer Klasse. Jeder musste in die Flasche pinkeln, bis sie voll war. Die alten Frisko Flaschen hatten noch einen Karabinerverschluss mit Gummiring, der fest an der Flasche war. So, glaubten wir, kann man nach dem Füllen die gelbliche Flüssigkeit auch als Brause ansehen. Wir stellten die verschlossene Flasche auf ein Brett neben unserer Bude und warteten. Wir waren fest davon überzeugt, dass die Mädchen sich über eine Flasche Frisco Brause freuen und auch davon trinken würden. Unsere Geduld wurde aber derart strapaziert, dass wir bald nicht mehr an den Erfolg unserer Aktion glaubten. Also musste uns etwas Besseres einfallen. Wir holten uns eine Handvoll Stachelbeeren. Die schnitten wir in der Mitte durch und kratzten den inneren Teil heraus. Die ausgehöhlten Hälften füllten wir nun mit

Hühnerkacke und setzen sie wieder zusammen. Die legten wir nun anstelle der Frisko Flasche auf das Brett. Wieder verbrachten wir Stunden damit, die Mädchen zu belauschen und auf den Verzehr der Stachelbeeren zu warten. Nach einigen Tagen gaben wir wieder auf.

Mit den Stachelbeeren in der Tasche fuhren Herbert und ich auf dem Ballonroller ins Dorf und suchten nach Opfern. Ich mag's nicht sagen, aber es gelang uns, dem kleinen Kunkel eine der Stachelbeeren anzudrehen. Als er gerade dabei war, das Ding in den Mund zu stecken, haben wir uns schnell verdrückt. Die Konsequenz war, dass Herbert und ich von dem großen Kunkel böse was auf die Ohren gekriegt haben.

Diese Zeit habe ich als recht unbeschwert in Erinnerung. Das Wetter hielt sich noch an die Jahreszeiten und welche es gerade war, alles, was nach der Schule ablief, fand draußen statt. Im Sommer zog ich es sowieso vor, aus Omas Blickfeld zu sein. Die anderen Kinder kannten sie auch, und so machten sie sich oft einen Spaß daraus, mich zu hänseln oder zu attackieren. Dann kam Oma angeschossen. Ich musste dann sofort nach Hause, und das Gelächter der anderen Kinder tat mit zusätzlich weh.

Im Winter waren die Möglichkeiten wetterbedingt doch etwas eingeschränkter. Wir hatten aber unseren Wald und der Dorfteich lieferte auch im Winter besonderen Spaß. Wenn ich auf der Couch unter dem Fenster stand, hatte ich auf der anderen Straßenseite alles im Blick, was dort so ablief. Schneeschuh fahren, Rutschbahnen, Schlittschuh laufen und Schlitten drehen. Inmitten des Teiches stand ein Pfahl, an dem der Tischler Brammer eine Scheibe mit einer langen Stange montiert hatte. Die Stange ließ sich dadurch drehen. Am Ende der Stange wurden Schlitten angebunden und aus der Mitte heraus gedreht. So bekamen die äußeren Schlitten eine recht beachtliche Geschwindigkeit, was nicht selten zu einem Wegschleudern führte.

Ich stand wieder einmal auf der Couch und beobachtete das Treiben auf dem Dorfteich. Da ich keine Schlittschuhe hatte, war ich auch nicht so gerne auf dem Teich. Ich wusste außerdem, dass Oma alles beobachtete und bei der kleinsten Streiterei oder Rauferei das Fenster aufriss und die anderen beschimpfte. Ich schaute auf den Teich und war traurig. Gerne wäre ich auch Schlittschuh gelaufen. Es war später Sonntagnachmittag. Walter ist meine Traurigkeit nicht verborgen geblieben. Ich sah aus dem Fenster, wie er seinen Käfer von drüben aus der Scheune holte und Richtung Bergen fuhr. Etwa eine Stunde später kam er zurück. Er hatte mir tatsächlich Schlittschuhe geholt. Ich machte mir wenig Gedanken darüber, wie er dazu gekommen war. Ich weiß auch nicht, ob ich »Danke« gesagt habe, jedenfalls traute ich mich jetzt auf den Teich. Ich nahm meine Schlittschuhe unter den Arm, setzte mich drüben an die Böschung und schraubte sie unter. Seitlich auf den Kanten stehend machte ich die ersten Fahrversuche. Auf den Kanten anlaufen und dann auf den Kufen auslaufen lassen, so fing es an. Es wurde dunkel, und erst als Oma das Fenster aufriss und brüllte, musste ich diesen Tag abbrechen. Von da an verbrachte ich die meisten Nachmittage auf dem Eis. Ich lernte schnell und gut laufen, wir machten Mannschaften, und obwohl Oma nach wie vor hinter der Gardine stand und alles beobachtete, ließ ich mir meinen Winterspaß nicht verderben. Wir sorgten auch dafür, dass wir in Frostzeiten immer frisches Eis hatten. Neben dem Teich stand der Feuerwehrhydrant. Da Tischler Brammer auch Brandmeister war, hatte er Zugang zum Hydranten. Spät abends flutete er den Teich mit Löschwasser, und am nächsten Tag hatten wir wieder eine spiegelglatte Eisfläche. Aber warum hatte Walter mir Schlittschuhe gekauft, und warum hatte ich sie genommen? Hatte ich doch früher immer seine Geschenke abgelehnt. Während der Woche und nachmittags nach der Schule hatte ich nur mit Oma zu tun. An den Wochenenden, wenn bei

Margarete auf dem Hof mal wieder Schrauben und darüber Diskutieren angesagt war, was man an einem VW-Käfer noch zusätzlich anbauen könnte und wie man eine NSU Quickly schneller machen könnte, waren wir Kinder den Erwachsenen immer im Wege. Bei Walter musste ich besonders aufpassen, denn in unbeobachteten Momenten versuchte er immer mich zu treten. Da ich aber recht fix und wendig war, erzielte er nicht so sehr oft einen Treffer. Deshalb habe ich mich auch lange danach gefragt, warum ich die Schlittschuhe von ihm angenommen habe.

Der Frühling kam. Und somit begannen auch die ersten Ballspiele auf der Straße und auf den Wiesen. Da ich nach allem trat, was auf dem Boden lag, hatte ich ständig meine Schuhspitzen abgescheuert. Sehr zum Leidwesen von Oma, denn ich hatte ja nur das eine Paar Schuhe. Und die waren für die Schule. Später dann, als es wärmer wurde, wurde sowieso barfuß gelaufen. Der Dorfteich hatte auch für uns Kinder im Sommer seine Reize.
Bis zum Truppenübungsplatz waren es ungefähr zwei Kilometer. Am Ende des Dorfes, in Richtung Wald, wurde das freie Betreten durch einen Schlagbaum kontrolliert. Ein kleines Schrankenwärterhäuschen war mit einem Schrankenwärter besetzt. Wir mussten uns an ihm vorbeischleichen, denn wenn auf dem Truppenübungsplatz geschossen wurde, war das Betreten des Geländes hinter der Schranke verboten. Nur die Leute »vor dem Holze« die direkt am Wald wohnten, hatten freien Zugang. Es war eine kleine Wohnsiedlung mit circa 4-5 Häusern. Wir sind dann nach der Schule mit Günter Cohrs mitgegangen, der vor dem Holze wohnte, und somit waren wir legal auf dem Gelände des Truppenübungsplatzes Bergen-Belsen.
Dort herumzustromern hatte den Reiz des Verbotenen. Wir suchten das Gelände nach allen möglichen Dingen ab. Bevorzugt waren leere Benzinkanister. Die schleppten wir nach Hause, ban-

den sie an den Griffen in der Mitte zusammen und schon hatten wir ein Floß. Damit schipperten wir dann auf dem Dorfteich herum. Ein Floß zu besitzen war schon etwas Besonderes, denn es war ja bekannt, dass es gefährlich war, Benzinkanister vom Schießplatz zu holen. Der Truppenübungsplatz hatte aber auch für die Erwachsenen besondere Reize. Der Bruder von Horst Rogge hat auf dem Platz Schrott gesammelt. Er hat von den abgefeuerten Panzergranaten die Messingringe abgeschlagen und verkauft. Zu jener Zeit wurde mit allem gehandelt, was brauchbar war. Nur eine dieser Granaten hatte noch einen nicht ausgelösten Zünder. Und beim Abschlag des Ringes ist sie explodiert. Das hat er nicht überlebt. Für mich war das aber keine Warnung, denn immer wenn es meine Zeit zuließ, strolchte ich auf dem Truppenübungsplatzgelände herum.

Es war Vormittag, ein herrlicher Sommertag ich stand wieder auf meinem Platz unter dem Fenster auf der Couch. Herbert nutzte die Stunde vor der Schule, in dem er drüben auf meinen Kanistern über den Teich schipperte. Ganz einverstanden war ich wohl nicht, denn ich machte das Fenster auf und rief rüber: »Herbert, es ist Zeit, wir müssen zu Schule.« Er ruderte an die Böschung, wohl in Sorge, tatsächlich die Zeit verpasst zu haben, rannte die Böschung hoch, ohne nach links und nach rechts zu schauen, und auf der Hälfte der Straße lief er direkt in einem VW-Käfer. Zu dieser Zeit fuhr höchstens alle halbe Stunde mal ein Auto, aber ausgerechnet jetzt kam eines vorbei und in das ist er gelaufen. Er lag da, alles voller Blut. Aus den umliegenden Häusern kamen die Leute. Sein linker Arm war fast abgerissen, vermutlich durch den Türgriff. Sie trugen ihn zu Brammers ins Haus und von da wurde er nach Bergen ins Krankenhaus gefahren.

Immer wieder stellte ich mir die Frage, ob ich Schuld hatte an diesem Unfall, denn schließlich hatte ich ihn ja gerufen. Ich hatte es auch niemanden erzählt. Herbert war über zwei Monate im Krankenhaus. Außer großflächigen Narben ist Gott sei Dank nichts zurückgeblieben.

Ich blieb das zarte schwierige Bürschchen. Oma fuhr ständig mit mir nach Bergen zu Frau Doktor Quante, ich war durchgängig blass und hatte immer Hautjucken. Frau Quante sagte Oma genau das Gleiche, was sie Anna nach meiner Geburt gesagt hat, es wäre sehr selten, aber ich hätte wohl süßes Blut und das führte zu diesem ständigen Hautjucken. Von heute her betrachtet kann ich mit Sicherheit sagen, dass es eine leichte Form von Neurodermitis war. Oma und Anna waren auch ständig besorgt, dass die Leute im Dorf über sie reden würden. Da ich so blass und so zart war, könnte man ja sagen, der Junge kriegte nicht genug zu essen.

Die Nachkriegszeit bot auch nicht immer die Möglichkeit, sich satt essen zu können. Ein Brot mit Zucker bestreut war manchmal meine Nachmittagsration (passend zum Hautjucken). Frau Quante verschrieb mir Lebertran. Diesen fettigen, öligen Transaft. Diesen musste ich mir dann reinwürgen. Nur außer Ekel hat es nichts gebracht. Als alles nichts half, mich größer und dicker zu kriegen, wurde ich zur Erholung nach Langeoog geschickt. Davor hatte ich Angst, denn ich war immer noch Bettnässer. Anna ignorierte es, und Oma hatte mir in dem großen Bett in die Mitte eine Gummimatte untergelegt. Trotzdem musste ich allein zur Erholung nach Langeoog. Ich erinnere mich noch, dass Walter irgendwie daran beteiligt war, dass ich nach Celle zum Zug kam. Ich hatte ein Schild umgehängt bekommen und kam auch dort an. An die Zeit auf der Insel habe ich so gut wie keine Erinnerung, ich erinnere nur, dass ich dort immer weg wollte. Ich bin ständig über die Insel gelaufen mit einer Agfa Box vor dem Bauch, die mir Anna, bevor ich in den Zug stieg, umgehängt hatte. Was die Zeit auf Langeoog letztlich für meine Entwicklung gebracht hatte, ist mir nie klar geworden. Trotzdem kam ich nach vier Wochen mit einem Kilo Mehrgewicht nach Hause.

Meine erste Begegnung zu Hause hatte ich, wie immer, mit Herbert. Subjektiv hatte ich das Gefühl, durch die Erholung stärker geworden zu sein. Wir hatten uns umarmt und gingen bei Margarete durch die Diele. Plötzlich wollte ich ihm unbedingt beweisen, wie stark ich geworden bin, und provozierte einen Ringkampf. Ich nahm ihn unvermittelt in den Schwitzkasten, drückte ihm die Luft ab und schleuderte ihn zu Boden. Das war's fürs Erste. Unser Wiedersehen endete damit, dass Herbert mich ungefähr zwei Wochen mit Verachtung strafte und keinen Kontakt mit mir wollte. Das tat mir leid und war sehr schlimm für mich, denn er war mein einziger Freund.

Auf der Diele bei Margarete standen ungefähr 20 Kühe. Die mussten morgens in den »Bruch« gebracht und abends wieder reingeholt werden. Der Bruch war ein großes Wiesengelände, das circa zwei Kilometer vom Bauernhof entfernt war. Herbert und ich waren an den gesamten Abläufen des Bauernhofes beteiligt. Wir häckselten die Rüben für das Vieh, fütterten die Pferde und halfen auch bei anderen Arbeiten. Ich übernahm die Kühe. Jeden Tag vor der Schule musste ich sie morgens auf die Wiese treiben und abends zurückholen. Dafür bekam ich von Margarete 50 Pfennig in der Woche. Mein erstes, selbst verdientes Geld. Da ich ja meine Erfahrung mit den zwei D-Mark gemacht hatte, habe ich keinem etwas von diesem Geld gesagt und habe mir die ersten Zigaretten gekauft.

Man konnte Zigaretten noch einzeln oder zu viert in einer Packung kaufen. Sioux hießen die Dinger. Später gab's dann fünf Stück für 40 Pfennig, das war die Marke Lloyd. Die erste größere Packung Filterzigaretten war die Marke Astor, zuerst in Sechser-Verpackung, dann in Zehner. Herbert und ich versteckten uns im Schweinestall und pafften. Danach stanken wir nicht nur nach Schwein, sondern auch nach Rauch. Oma reagierte auf den Gestank wie immer mit Schlägen, allerdings mit der Aufstockung, eine Woche Stubenarrest. In dieser Woche musste ich mich dann anderweitig beschäftigen.

Walter schneiderte weiter bei uns zu Hause. Ich durfte, oder musste, nach einer Anprobe die gehefteten Nähte von links glattbügeln. Vielleicht ist da meine Leidenschaft fürs Bügeln entstanden. Denn bis heute bügele ich gerne und alles. Erwin, der weiterhin bei uns herumsaß, kommentierte meine Eigenmächtigkeiten immer mit den Worten: »Lass das« und »musst nicht«. Später hieß Erwin dann immer bei mir »musst nicht Erwin«

Walter reagierte auf meinen Ungehorsam nie mit Schlägen, dafür war Oma zuständig, vielleicht war er sich zu schade dafür, denn er trat nur nach mir, so wie nach einem Hund der ständig im Wege ist. Er ließ auch keine Gelegenheit aus, Anna und Erwin gegenüber des Öfteren zu erwähnen, dass aus dem Russenbalg sowieso nur ein Verbrecher werden würde.

Anna arbeitete nicht mehr bei Fettrich in Belsen. Sie hatte einen Job im Lager bekommen. Vom Anfahrtsweg her noch drei Kilometer weiter, aber sauberer und leichter. Irgendetwas im Rotkreuzkrankenhaus. Das Lager Belsen bot vielen anderen aus der Umgebung Arbeitsplätze. Auch Walter gelang es, einen Job als Heizer zu bekommen. Geschneidert wurde dann nur noch abends und an Wochenenden. Wenn ich wieder einmal Stubenarrest hatte, wurden die Enge und die damit verbundenen Spannungen noch deutlicher. Deshalb war ich immer heilfroh, wenn ich draußen unterwegs sein konnte. Teich, Wald, Wiesen, Sportplatz. Was sollte ich auch zu Hause? Ich blieb meistens so lange draußen, bis es dunkel wurde und Oma dann irgendwann auftauchte und mich lauthals nach Hause brüllte.

Da ich mit Anna wenig zu tun hatte und sie recht selten sah, stellte ich auch ihre Veränderung nicht fest. Anna wurde rundlicher. Eines Tages sagte sie zu mir: »Du bekommst ein Geschwisterchen.« Damit konnte ich gar nichts anfangen, denn Familie,

Geschwister, Walter, Anna, Oma waren nur Namen für mich. Gut, es war eben so und so nahm ich es hin.

Deutschland wurde Fußball-Weltmeister in Bern. Ich spielte Fritz Walter und Helmut Rahn: Entweder ballerte ich mit dem Ball gegen irgendein Scheunentor, oder ich war auf dem Sportplatz hinter der Schule. Trotzdem blieben mir die häuslichen Spannungen nicht verborgen. Oma wetterte, dass zu all ihrem Unglück nun auch noch diese Schwangerschaft von Anna dazu käme. Was die Leute wohl sagen werden. Noch ein uneheliches Kind. Die zeigen jetzt schon mit Fingern auf uns!«, hörte ich sie sagen. Dass es eine Schande wäre, und alle in einem Zimmer. Oma drängelte so lange, bis Walter die hochschwangere Anna geheiratet hat. Auch dieses Ereignis ist irgendwie an mir vorbeigelaufen. Ich kann mich nur an eine Feier erinnern, das muss wohl diese Hochzeit gewesen sein. Anna gab mir dann einen Zettel für die Schule mit. Den gab ich vor dem Unterricht bei Klassenlehrer Kurt Ewert ab. Nach den obligatorischen Nachrichten stellte sich Ebert dann vor die Klasse und teilte allen mit: »Der Lewald heißt jetzt Kleemann.« Auf diese Weise habe ich auch erfahren, dass ich von da an einen anderen Namen trug. Walter hatte mich auf seinen Namen umschreiben lassen. Als Lewald gab's jetzt nur noch Meta. Auch nach der Heirat ließ sie sich von Walter nicht duzen. Die nächste Veränderung war dann der Umzug in eine neue Wohnung. Das Dasein in nur einem Zimmer hatte nun ein Ende. Neben der Dorfkneipe, in Richtung Becklingen, zogen wir bei Heini Chors ein. Für mich bedeutete dies ein eigenes Bett. Das Zimmer musste ich mir mit Oma teilen. Eine große Küche, ein Wohnzimmer und das Elternschlafzimmer machten die Wohnung komplett. Fließendes Wasser hatten wir hier auch noch nicht, der Patscheimer wurde weiter benutzt. Er stand im Abstellraum neben der Küche. Neben uns wohnte das Ehepaar Glodde. Auch Flüchtlinge aus Ostpreußen. Noch heute kann ich mich gut an dieses breite, ostpreußische Platt erinnern. Frau Glodde wog ungefähr drei Zentner, ihr Otto hatte nicht mal die Hälfte. Die meiste Zeit verbrachten die beiden oben am Fenster, beobachteten von morgens bis abends alles, was sich draußen abspielte. Man könnte glauben, dass sie die vorbeifahrenden Autos zählen würden. Wenn sie nicht beide in dem Fenster hingen, saßen sie vor dem Haus auf der Bank. An eine Bemerkung von Frau Glodde kann ich mich noch ganz gut erinnern. Ein vorbeifahrender DKW, der optisch etwas flacher aussah, kommentierte sie: »Otto kick mol, der fährt mit dem Norsch direkt of der Stross.« So belustigend einige Aussagen von Frau Glodde auch waren, umso wichtiger wurde diese Frau in einer anderen Situation für mich.

Einige Monate später. Oma hatte immer mehr Schwierigkeiten mit mir klarzukommen, denn ich versuchte ab und zu, schon mal meinen eigenen Willen durchzusetzen. Ich war dauernd weg, klaute ihr nach wie vor kleine Geldbeträge. Meistens, wenn sie mich mal wieder verprügelt hatte. Nichts wurde für sie besser mit mir, was sie zweifelsfrei anstrebte. Ich brachte sie oft an ihre emotionalen Grenzen. Walter kümmerte sich einen Dreck um die Familie und versoff sein Geld in der Dorfkneipe. Anna hieß jetzt Kleemann. Ich bekam aber mit, dass sie zu dieser Zeit vermehrt Medikamente nahm. Viele Jahre später erfuhr ich, dass es Antidepressiva gewesen waren. Ein Dauerzustand bei uns zu Hause war, dass immer alles zu wenig war. Geld, Nahrungsmittel, Kleidung usw. Oma entwickelte nun zu ihrer allgemeinen Unzufriedenheit cholerische Züge. Ich glaube mich zu erinnern, dass Anna zu dieser Zeit irgendwo in psychiatrischer Behandlung war. Es wurde nie darüber gesprochen, jeder versuchte auf seine Weise, das Beste daraus zu machen und dem einen war egal, was mit dem anderen geschah. Anna arbeitete nicht mehr. Walter gab nichts ab. Omas Rente reichte wie immer nur bis zur Hälfte des Monats. Indirekt wurde ich aufgefordert zu stehlen. Anna wies mich aber darauf hin, dass es nur niemand sehen dürfte, wenn ich etwas mitnähme. Oma legte besonderen Wert auf Nahrungsmittel vom Bauern. Kartoffeln und Steckrüben durften es sein, für die ich dann abends unterwegs war. Ganz besonders peinlich war für mich, dass Oma mich immer zu Luhmann in den Edeka Laden schickte, wenn kein Geld mehr da war. Ich musste dann sagen: »Oma kommt später und bezahlt.« Ich lehnte mich auf und weigerte mich, anschreiben zu lassen. Dann wurde sie besonders ungehalten. Ich weiß heute, dass ihre ganze Wut Walter und Anna galt, aber ich war greifbar und bekam es ab. Oft hat sie mich angebrüllt und deutlich und lauthals gesagt: »Hätte ich dich als Kind doch nur in der Wanne nach unten gedrückt, dann wäre uns vieles erspart geblieben.« Ihre Hilflosigkeit mir gegenüber nahm ständig zu. Sie drohte dauernd, mich in ein Heim zu stecken.

Eines Morgens, es war draußen kälter, bestand Oma darauf, dass ich lange Strümpfe anziehen sollte. Erstens waren diese Dinger unschön und kratzten, und zweitens mussten sie irgendwo festgemacht werden. Dazu musste man ein Leibchen anziehen. Dieses wurde über das Unterhemd gezogen und hinten zugeknöpft. Da ja Frühling war, glaubte ich, dieses Leibchen nun endlich nicht mehr anziehen zu wollen, denn meine Mitschüler hänselten mich inzwischen wegen dieses unmodischen Unterteils. Aber Oma bestand darauf, dass ich dieses Ding trug. Ich aber wollte endlich mal eine eigene Entscheidung durchsetzen. Es war keiner bei uns zu Hause, aber wenn, hätte ich auch keine Unterstützung erwarten können. Es kam zwischen Oma und mir zu einer heftigen Auseinandersetzung. Sie wollte mich mit körperlicher Gewalt zwingen, in dieses Korsett zu steigen. Ich schlug um mich und versuchte zu entkommen. Nun war dieses Zimmer nicht sehr groß und Oma versperrte mir durch ihre Statur den Weg nach draußen. Ich sah in ihren Augen, dass sie irgendwie anders aussah. Sie kam auf mich zu, legte ihre dicken, fleischigen

Finger um meinen Hals und drückte mich mit ihrer ganzen körperlichen Fülle aufs Bett, ihre Finger zogen sich langsam zusammen. Obwohl Frau Glodde selten bis nie zu uns in die Wohnung kam, in diesem Moment stand sie plötzlich in der Tür und schrie voller Entsetzen: »Meta, lass den Jungen los!« Vermutlich hatte Oma sich über das Auftauchen und den Schrei der Frau Glodde so erschrocken, dass sie von mir ließ. Ich spürte, dass die Umklammerung an meinen Hals sich löste, rutschte unter ihr durch und rannte aus dem Zimmer.

Ob ich nun mit oder ohne Leibchen zur Schule ging, weiß ich nicht mehr. Ich glaube, dass mir auch gar nicht bewusst war, was da gerade passiert war. Denn danach ging's weiter wie immer. Es wurde nie darüber gesprochen, mit wem auch. Es kann sogar sein, dass Anna bis heute nichts von diesem Vorfall weiß. Fast wäre mein Leben da schon wieder zu Ende gewesen, doch ein Neues kam dazu.

Klaus Walter Jürgen wurde geboren. Oma verhielt sich so, als ginge sie das alles nichts an. Das war der Sohn von Walter. Mit ihrer Haltung machte sie klar, dass sie es ja nicht gewollt hatte und nun auch nichts damit zu tun hatte. Anna war wieder zu Hause. Da sie ja nun auch nichts mehr verdiente, wurde das Geld noch knapper. Um wenigstens das Nötigste zum Essen zu haben, bestellte Oma bei Luhmann einmal im Jahr ein halbes Schwein. Schlachten im Winter war zu der Zeit üblich im Dorf. Für uns Kinder war es auch immer was Besonderes. Der Name Schlachtfest drückt ja auch die Besonderheit dieses Ereignisses aus. Geschlachtet wurde bei Luhmann auf dem Hof, ich hörte dann das Quieken der Schweine, denn sie spürten, was da mit ihnen passieren würde. Ich stand oben am Fenster und beobachtete den Vorgang auf der anderen Straßenseite. Es war Winter und hatte frisch geschneit. Die B3 lag unter einer neuen weißen Schneedecke. Das Schwein wurde auf den Steckstuhl gezogen und Oma machte sich auf den Weg nach drüben, um das frische Blut nach dem Stechen zu rühren, damit es nicht gerinnt. Bei dieser Prozedur durften Kinder nicht dabei sein. Unser Dorfschlachter Karl Kruse, der sich im Winter sein Geld mit Hausschlachtung verdiente und im Sommer im Straßenbau tätig war, stach das Schwein an. Das erste herauslaufende Blut ließ er sich in eine Tasse laufen und trank sie genüsslich aus. Er war der Meinung, dass das sehr gesund wäre und dass man danach mehr Doppelkorn vertragen würde. Bei einer Schlachtung war es für Karl normal, eine Flasche Korn zu leeren. Oma kniete davor und hielt die Schüssel mit der linken Hand, mit der rechten rührte sie das Blut, der Rest wurde zum Verarbeiten zurückgestellt. Mit der Schüssel unter dem Arm und ihren kaputten, ausgeleierten Pantoffeln überquerte sie die Straße. Mitten auf der Straße stolperte sie und fiel hin. Das frische Blut bereitete sich in Sekundenschnelle zu einem riesigen roten Flecken aus. Dieses Bild werde ich mein Leben lang nicht vergessen. Neuschnee, alles weiß, Oma inmitten einer riesigen, roten Blutlache auf der B3. Sie rappelte sich hoch und versuchte, den verbliebenen Rest aus der Schüssel zu retten. Aus dem kärglichen Rest kochte sie sich dann ihren »Schwarzsauer«. Eine Suppe, aus Mehlklößchen und Backpflaumen, aufgekocht mit Blut und Wasser. Der Topf mit ihrem Schwarzsauer stand dann auf dem Küchenherd in der Ecke. Da kein anderer davon aß, reichte das ungefähr eine Woche. Ich ekelte mich davor, schon wenn ich nur den Topf sah. Und der Gedanke, dass da Blut drin war, brachte mir immer dieses Bild von der Straße zurück, als sie inmitten dieser Blutlache im Neuschnee lag.

Der nächste Frühling kam, und mit den ersten schönen Tagen zog es mich auf die Wiesen und den Sportplatz. Dass ich einen kleinen Bruder oder Halbbruder hatte, veränderte für mich nichts. Wenn es um Fußball ging, war ich nicht zu bremsen. Ich war zwölf Jahre alt im Mai, dann dreizehn. Da ich keinen eigenen

Fußball hatte, aber ständig spielen wollte, musste ich mir immer jemanden suchen. Entweder lieh ich mir einen Ball aus oder ich motivierte die anderen Jungen zum Mitspielen. Einen richtigen Lederball, davon hatte ich oft geträumt. Ich schaffte es, in unserem Dorf eine Mannschaft zusammenzustellen und organisierte Spiele gegen die umliegenden Dörfer. Mit den Fahrrädern ging es in die Nachbarorte. Ich hatte auch kein Fahrrad, das wollte ich mir in diesem Sommer mit den Blaubeeren verdienen. Mit dem Ball unter dem Arm saß ich bei irgendeinem anderen Jungen auf dem Gepäckträger. Ich fühlte mich ein bisschen stolz, die Fußballspiele organisiert zu haben. Das war auch die Zeit, als ich das erste Mal bewusst Anerkennung und Lob von anderen erlebte.

Der Sommer kam, die Natur und der Wald wurden viel mehr als heute genutzt, Blaubeeren, Kronsbeeren, Sauerampfer, Pilze, Brennnessel, alles wurde gesammelt und verwertet. In den Ferien ging ich mit Oma jeden Tag in den Wald, um Blaubeeren zu sammeln. Ich hatte mir eine leere Milchdose um den Bauch gebunden, sodass ich in gebückter Haltung mit beiden Händen pflücken konnte. Wenn die Dose voll war, wurde sie an einer zentralen Stelle in ein größeres Behältnis gelehrt. Von morgens bis abends waren wir im Wald. Am Ende des Tages stand am Ausgang des Waldes ein Aufkäufer. Die Beeren wurden gewogen und nach Sauberkeit beurteilt und danach bezahlt. Es gab Leute, die kämmten die Beeren, die wurden dann billiger verkauft, da sie mit vielen Blättern vermischt waren. Ich schaffte es, mir in den Ferien so ungefähr 70 DM zu verdienen. Das war viel Geld. Ich war ehrgeizig, ich wollte ja mein eigenes Fahrrad haben. Ich hatte mir beim Händler Drews in Bergen schon eins ausgesucht. Ich wartete auf den Tag, an dem ich endlich mit einem eigenen Fahrrad nach Hause kommen konnte. Nach Bergen zum Baden, zu den Fußballspielen, nicht mehr auf dem Gepäckträger eines anderen sitzen zu müssen. Die Zeit mit dem Ballonroller fiel mir wieder ein. Auch da wurde ich ja nur mitgenommen. Nun hatte ich das Geld, aber die Rechnung ohne den Wirt gemacht. Es war wieder einmal Monatsende. Walter gab nichts ab, Anna konnte nichts beisteuern, Klaus Walter Jürgen war auch da, und Omas Rente war aufgebraucht. Wir brauchten etwas zu essen und bei Luhmann gegenüber standen wir schon länger in der Kreide. Also hat Oma kurzerhand entschieden, dass mein Geld für das Fahrrad erst einmal für die Versorgung der Familie genutzt werden muss. Das war's. Mein Traum vom Fahrrad zerplatzte wie eine Seifenblase. Oma sagte zwar, dass ich es nächsten Monat wieder bekommen sollte, aber wie? Ich durfte ja nicht aufmucken. Gefühle zu zeigen oder verletzt zu sein, interessierte sowieso keinen. Ich unterdrückte es und es ging weiter. Mein erstes Fahrrad bekam ich dann erst mit 15. Das Geld dafür hatte ich mir beim Bauer Teschner in den Herbstferien verdient. Auf dem Feld Kartoffel aufsuchen. Diesmal hatte es mir nicht wegnehmen lassen denn ich hatte es heimlich gemacht.

Der Winter hatte nicht nur die Freuden von Eis und Schnee. Tagelang ging es in den Wald, um die Holzvorräte für das nächste Jahr zu sichern. Baumstämme wurden mit der Schleppsäge aufgearbeitet. Mit dem Handwagen wurden sie nach Hause gebracht und gelagert. Im Frühjahr ging's dann weiter: Sägen. Hacken. Stapeln. An meine erste bleibende Erfahrung mit dem Beil erinnert eine circa drei Zentimeter lange Narbe am linken Bein.

Langsam kam ich in die Pubertät. Siebte, achte Klasse der Volksschule. Das mit dem Rauchen hatte ich ja schon sehr früh ausprobiert. Jetzt wurde richtig geraucht. Wir trafen uns immer am selben Platz im alten Hof hinter Habermanns Scheune. Es war unsere Raucherecke. Auch die Mädchen aus unserer Klasse tauchten hier auf. Es begann die Zeit der Heimlichkeiten, der Geheimnisse, die ersten Neckereien mit dem anderen Geschlecht. Mein Favorit war Margitta, aber die interessierte sich mehr für den Carsten Cornils. Ich fand aber auch Brigitte Krause nicht schlecht. Wir verstanden uns ganz gut. Und ich genoss es richtig, wenn so Andeutungen kamen wie: »Ihr wart wohl wieder im Hühnerstall.« Entrüstet wurde dann dementiert, aber ich fand es toll.

Wenn wir im Winter mit den Schlitten ins ›Tiefen Tal‹ gingen, waren die Mädchen meist dabei. Jeder wollte natürlich auf seine Art imponieren. Ich konnte nicht nur Musikinstrumente bauen, sondern auch Pfeifen aus Weidenholz. Der Kopf wurde mit einem Taschenmesser geschnitzt, der Schaft mit einer heißen Stricknadel durchgebrannt und dann wurden beide Teile zusammengesetzt. Damit konnte man richtig rauchen. Getrocknetes Farnkraut diente als Tabak. Einmal muss ich wohl zu viel geraucht haben, denn es ging einiges in die Hose. Ich schlich mich nach Hause, wusch meine Unterhose in einer Wasserpfütze aus und zog sie nass wieder an. Diese Aktion war so gelungen, dass Oma nichts gemerkt hat. Ich trieb mich weiter viel herum, und versuchte immer so spät wie möglich zu Hause zu sein. Dann war nur noch Waschen und ins Bett gehen angesagt. Bis zu meinem 13. Lebensjahr habe ich mir die Fingernägel nicht nur abgekaut, sondern bis auf die Nagelsäume blutig gebissen. Das gefiel mir nicht mehr. Da ich ja nun schon mal zum anderen Geschlecht schielte, schaffte ich es mit eiserner Disziplin, meine Fingernägel wachsen zu lassen. Mein Eitelkeitssymbol war, einen ganz langen Nagel am kleinen Finger zu haben.

Unser Gastwirt im Dorf hieß Raddatz. Hans Günter war einer von uns. Wenn wir bei ihm waren und die Eltern außer Reichweite, dann genehmigten wir uns auch schon mal ein Bier, aber so richtig geschmeckt hatte das Zeug noch nicht. Das Ende der Volksschule nahte. Es verging kaum ein Tag, an dem ich nicht eine zusätzliche Strafarbeit machen musste. Dann hörte ich meist: »Kleemann, du schreibst bis morgen 50-mal: ›Ich werde nicht dauernd den Unterricht stören.‹ Da ich das grundsätzlich während des Tages schaffte, haben Helga und Margitta morgens während der Nachrichten für mich geschrieben. Unser Schreibstil war ziemlich ähnlich, sodass Kurt es durch seine dicke Hornbrille nicht bemerkte. Er hat dann nur durchgezählt, ob es auch fünfzigmal war.

Wir waren in der achten Klasse nur noch zu dritt. Margitta, Jürgen Ohlhoff und ich. Die Aufnahmeprüfung für die Handelsschule in Soltau stand an. Diesmal hatte ich selber entschieden, dass ich auf eine höhere Schule gehen würde. Für Margitta und mich war es nur Formsache. Jürgen musste seine aktive Schulzeit nach der achten Klasse beenden. Er war zwar jedes Mal versetzt worden, war aber, das muss man leider sagen, doof wie Brot. Dafür war er der Sohn des Bürgermeisters. Jeden Morgen hat Kurt vor der Schule frische Milch und Eier von Jürgen vor die Tür gestellt bekommen. Er hätte es nie gewagt, den Sohn des Bürgermeisters auch nur einmal sitzen zu lassen. Das Einzige, was Jürgen konnte, war zeichnen, der Rest war ungenügend. Doch sein Abschlusszeugnis hat er bekommen. Meine beiden anderen Spezies, Muchel und Knilch, getauft als Horst und Burkhard, sind mit einem Abgangszeugnis zu Maurermeister Günter Borchardt nach Bergen in die Lehre gegangen. Sie wohnten beide in der Mietskaserne an der Hauptstraße. Dort wohnte unter anderem auch der alte Raddatz. Das war ein etwas eigenartiger sonderlicher Mensch. Der bastelte und schraubte immer hinter verschlossenen Türen, keiner wusste so recht, was er machte und wovon er lebte. Man munkelte, dass er auch meistens nur nachts unterwegs wäre. Das bot sich für uns Bengels natürlich an. Wir versuchten, ihn aus dem Haus herauszulocken, spritzten Wasser in seine Bude oder ballerten mit dem Fußball gegen die Tür. Wenn er dann wutentbrannt aus seiner Blechhütte herausgerannt kam, schrie er nur: »Das werde ich meinem Willi sagen! Der wird euch geben!« Sein Sohn, der Willi, war in Wordböhmen unter dem Namen »Kohlenklau« bekannt. Er wiederum hatte zu Walter guten Kontakt, denn beide waren zur Schwarzmarktzeit zusammen aktiv. Aber sie hatten nicht nur diese Gemeinsamkeit. Die Eltern von Horst und Burkhard sowie »Kohlenklau« - er hieß nie anders - soffen und feierten auch zusammen. Über diese Familienfeiern hatten wir dann als Halbwüchsige auch die ersten Kontakte zum Alkohol. Dabei wurde mir oft deutlich, dass Walter im Umgang mit den anderen Jungs wesentlich annehmender und freundlicher war als zu mir. Ob die anderen dümmer, frecher oder auch dreister waren, egal, für ihn war und blieb ich der Versager. Selbst bei Fahrradreparaturen hat er mir nicht geholfen, das hat er dann bei anderen gemacht.

Inzwischen war ich Konfirmand. Der Konfirmationsunterricht fand in unserer Dorfschule im kleinen Klassenraum statt. Pastor Lange, von dem ich später noch über eine besondere Form der Zuwendung berichte, war nicht immer da. Als Vertretung kam Fräulein Gast. Die hatte ich besonders auf dem Kieker. Fast immer fiel mir zu Beginn des Unterrichtes etwas ein, das dann dazu führte, dass ich den Unterricht erst gar nicht beginnen musste. Sie war eine allein lebende Frau mit deutlichem Übergewicht, Pickelhaut und zum Knoten gestecktem Haar. Sie war so um die vierzig und kam immer mit einem langen Ledermantel auf ihrem Mofa zum Konfirmationsunterricht. Nachdem sie mich an die Luft gesetzt hatte, kümmerte ich mich um ihr Mofa. Ich zog den Kerzenstecker ab und wickelte oben um die Kerze etwas Silberpapier. Damit wurde verhindert, dass der Zündfunke übersprang, das Mofa sprang nicht mehr an. Sie versuchte dann nach dem Unterricht, durch kräftiges Treten das Ding zum Laufen zu bekommen, aber das Ende war immer, dass sie die sechs Kilometer nach Bergen treten oder schieben musste.

Sonntagvormittags mussten wir nach Bergen in die Kirche.

Dort trafen sich alle Konfirmanden aus dem Umkreis. Mich interessierte das allerdings nicht, denn ich war mit Hans Günter vorher in den Fußballverein eingetreten. Zur gleichen Zeit waren auch die Fußballspiele. Das wäre mir zu Hause nie erlaubt worden, also tat ich es heimlich. Meine Sportsachen hatte ich bei Hans-Günther deponiert, und da wir immer zur gleichen Zeit losfuhren und auch zurück waren, merkte Oma das nicht. Allen anderen wäre es sowieso egal gewesen. In der Woche war ich auch immer unterwegs. Entweder ins Freibad nach Bergen oder zum Training in die Sportanlage. Muchel hatte sich über seinen Schwager, den Fritz Niemeyer, beim BCB angemeldet. Boxclub Bergen. Training haben wir meistens zusammen gemacht. Er mit mir beim Fußball und ich mit ihm beim Boxen. Fritz war früher aktiver Boxer und hatte den Verein in Bergen aufgebaut. Mein Freund Muchel wurde später bundesweit bekannt. Nachdem sein Vater verstorben war, ging er mit seiner Schwester nach Berlin und hat dort im Bantam Gewicht bei den Amateuren einige Titel geholt. Jahre später habe ich ihn dann das letzte Mal im Fernsehen gesehen, als er von Ernst Mueller furchtbar verhauen wurde. Ich glaube, das war auch das Ende seiner Boxerlaufbahn. Burkhard Barnowski. Wir beide hatten noch weitere interessante Erlebnisse und Gemeinsamkeiten.

4. Kapitel

Schleichende Gefahr

Meine Konfirmation war vorbei, mein erster Vollrausch auch. Ein neuer Lebensabschnitt begann. Das obligatorische Geschenk zur Konfirmation war die erste Armbanduhr von den Paten. Meine Patentante war Tante Else aus Herne, eine dicke, immer lustige aber kranke Frau. Ihr Mann, Onkel Gerhard, war der typische Kohlenpottmensch. Herbe, mit Dialekt und trinkfest. So wie man sich einen Kohlenpottmenschen vorstellt. Weißes Unterhemd mit Ärmeln, kariertes Oberhemd und Manchesterhosen. Die andere Patentante war Lotte Liese. Ich weiß nicht, warum sie dieses Amt innehatte. Sie war weder verwandt mit uns, noch konnte ich sie im Bekanntenkreis unterbringen. Von ihr bekam ich jedes Jahr zu Weihnachten ein kariertes Oberhemd. Von Tante Else und ihrem Mann Gerhard gab's die Uhr. Irgendetwas gefiel dem Gerhard nicht an der Uhr. Er war der Meinung, dass der Verkäufer da noch etwas machen oder ändern müsse. Das hieß, er nahm die Uhr wieder mit, aber wieder bekommen habe ich die nie. Nach dem Mittagessen trafen wir uns bei Hans-Günther in der Gaststätte. Außer Sachgeschenken gab's zur Konfirmation auch Geld. Wir setzten uns stilvoll an die Theke. In der rechten Hand die Zigarette, in der linken ein Glas Bier. Richtige Erwachsene waren wir nun. So, wie Erwachsene es auch tun, rauchen und trinken. Nachdem wir einige Biere getrunken hatten, ging jeder zurück zu seiner Familienfeier. Onkel, Tanten und alles was zur Familie gehörte, saßen zusammen, aßen und tranken. Später zum Abend hin reduzierte sich die Anzahl der Feiernden auf die Trinkfesten. Dabei fiel es nicht weiter auf, dass ich als angehender Mann schon ordentlich wie ein Erwachsener mitgetrunken hatte. Auch der eine oder andere Schnaps war dabei, es war ja Konfirmation. Das Ende des Tages verblieb für mich sehr unklar.

Ich war nicht nur ein zartes Bürschchen, sondern auch ein ganz hübscher Bengel. Die ersten Fantasien über das andere Geschlecht entstanden, ich fühlte mich reif für den ersten richtigen Kuss. Inspiriert wurde ich durch die Fernsehsendung ›die Schölermanns‹. Da gab's den Jockel und in einer Szene auch den ersten Kuss. Der Jockel saß auf einer Kommode und vor ihm stand das Mädchen, mit dem es passieren sollte. Altersmäßig mussten die auch so um die 15 gewesen sein. Die beiden unterhielten sich angeregt, Jockel schaute so von oben auf sie herab, indem er sie mit den Augen fixierte, rutschte er langsam von der Kommode in den Stand, dabei fuhr er ihr, im richtigen Moment etwas innehaltend, über den Mund. Diese Szene hat mich beeindruckt. Wenn man es so clever machen würde, dann würde es auch klappen! So nahm ich mir vor, würde ich es auch machen.

Die Dorfschule war beendet. Ich war Schüler in der Handelsschule in Soltau, Außenhandelskaufmann wollte ich jetzt werden. Als einziger Junge mit den beiden Mädels Margitta und Sieglinde trabte ich jeden Morgen zum Zug. Sieglinde Schneeberger hatte ein Jahr früher in Soltau angefangen und musste die Klasse wiederholen. Margitta war nicht in meiner Klasse gewesen, sodass wir nur den Schulweg gemeinsam hatten. Irgendwie ergab es sich jetzt auch nicht, Margitta zu meiner Freundin zu machen. Mit Sieglinde konnte ich überhaupt nichts anfangen, die fand ich schon immer doof. Während meiner Rumtreibereien an den Nachmittagen lernte ich Ella kennen. Ella Marx aus Bergen, sie hatte immer so eine auffällige rosa Teddyjacke an. Mit dem Gedanken im Kopf: »Mach's wie Jockel«, verabredete ich mich mit ihr am Ortsausgang Bergen zu einem Spaziergang. Ich wartete auf Ella, aber ihre Schwester Elfriede kam, etwas kleiner, etwas jünger, entweder neugierig oder von Ella geschickt. Mir war es ehrlich gesagt egal, mit wem ich den ersten Kuss hinkriegte. Wir gingen kurze Zeit wortlos nebeneinander her, dann dachte ich: »Mach es jetzt!« Ich hatte ja Jockel im Kopf und die Vorstellung, dass es ganz einfach wäre. Ich hielt inne, wartete bis Elfriede mich ansah, und in diesem Moment versuchte ich sie zu küssen. Sie wusste aber nicht, was ich wollte, das kam ihr völlig fremd und unwirklich vor. Etwas versteift und mit einem zickigen Gesicht drehte sie sich ab und ging zurück in den Ort. Mein Gedanke war, was wird sie jetzt wohl Ella erzählen. Muchel war da schon weiter. Ich erzählte ihm von meinem Reinfall. Er gab mir den Tipp, doch mal mit Waltraud ins Kino zu gehen. Die würde nicht nur küssen, so wie ich das bei Jockel in zarter Form gesehen hatte, sondern schon richtig knutschen. Mund auf und mit Zunge hörte ich ihn sagen. Also habe ich mich mit Waltraud für Sonntagnachmittag verabredet. Kino, letzte Reihe. Ich war erwartungsvoll und vorbereitet. Es kam, wie Muchel mir gesagt hatte. Waltraud knutschte lange und ausgiebig. Sie merkte, dass ich neu im Geschäft war, und genoss es. Ich glaube mich zu erinnern, dass meine Zunge sich an ihren leider etwas sehr vorstehenden Zähnen wund gerieben hatte. Jedenfalls war ich jetzt mit der Fähigkeit ausgestattet, richtig knutschen zu können. Von nun an wurde der Sonntagnachmittag, Kino letzte Reihe, Pflicht, und es war nicht der Film, der interessierte.

Schützenfest in Bergen. Das Balzverhalten der angehenden Männer fand an der Raupe statt. Wir standen außen am Geländer und hielten Ausschau nach der nächsten Kandidatin. Und das wechselte ständig. Wenn eines der Mädchen die Raupe verlassen hatte und wieder im Pulk auf der anderen Seite stand, ging die nächste Anmache los: Wer würde mit wem das nächste Mal fahren? Die

Raupe war immer die Attraktion auf den Schützenfesten. Denn nirgendwo sonst konnte man in aller Öffentlichkeit mit Vergnügen und Geschwindigkeit knutschen. Es war eben einfach toll, wenn sich die Raupe schloss, die Musik lauter wurde und sie dann unter Gejohle und Gepfeife um die Bahn donnerte. Wir nannten sie auch deshalb die Knutschbahn. Hier lernte ich Brigitte kennen. Sie wohnte in Hasselhorst und war ständig mit Rosi und Mechthild zusammen. Rosi hatte mir Muchel abgenommen, aber Mechthild war überzählig. Sie hatte auch nichts Attraktives. Viel größer als wir, und was störte, sie sah immer so anständig aus. Wir nannten sie unsere aufpassende Bohnenstange. Brigitte war irgendwie anders. Ich entdeckte bei mir so etwas wie Gefühle für sie. Sie war zart, sah gut aus, und hatte, wie ich fand, eine liebevolle, anständige Art. Später lernte ich auch ihre Schwester Beate kennen. Wir mochten uns auf Anhieb, denn die war genauso. Sie half uns, wenn wir sie brauchten, oder verschaffte uns Alibis, wenn wir mal wieder abends an einer Ecke herumstanden und es später wurde als es erlaubt. Bei Brigitte spürte ich, dass sie mich auch mochte. Das Gefühl gemocht zu werden, kannte ich bisher nicht.

Konfirmandenfreizeit: Das zu konfirmierende Jungvolk aus den umliegenden Dörfern sammelte sich, und unter Leitung unseres Pastors Lange fuhren wir mit dem Bus in die Nähe von Soltau, dort war eine Jugendherberge oder ein Jugendfreizeitheim. Ein riesiges Anwesen mitten im Wald. Die üblichen Aufgaben, Verteilung der Geschlechter auf zwei Schlafsäle, Organisation, Planung und Freizeitgestaltung wurden besprochen. Der erste gemeinsame Spaziergang durch den Wald führte dazu, dass ich mit Brigitte etwas weiter hinten allein sein wollte. Wir zeigten offen unsere Freundschaft. Eng nebeneinander her gehend fanden sich unsere Hände. Ich genoss es, mit einer Freundin Hand in Hand durch den Wald zu gehen. Was störte, war wieder einmal Mechthild. Die wich nicht von Brigittes Seite. Ich merkte auch, dass es Brigitte diesmal gar nicht so recht war und ich wurde immer gereizter. »Diese dürre, lange Ziege«, dachte ich, »warum lässt die uns nicht mal allein?« Später beim Abendbrot waren Brigitte und ich in ständigem Blickkontakt. Danach gab es dann noch ein gemeinsames Miteinander mit Singen und Beten. Dann war ab 22:00 Uhr offiziell Bettruhe angesagt. Unsere Schlafsäle lagen nebeneinander. Brigitte und ich hatten ausgemacht, dass wir beide ein Bett an der Wand nehmen, weil wir uns mit Klopfzeichen verständigen wollten. Wir hatten vor, wenn alle schliefen, uns endlich allein zu treffen und nachts spazieren zu gehen. Es wurde ruhig in den Räumen, und voller Erwartung fieberte ich der Mitternacht entgegen. Ich lag lauschend in meinem Bett, und dann hörte ich von drüben die ersten zarten Klopfzeichen. Ich erwiderte die Zeichen und wartete noch einen Moment ab. Ich war mir sicher, dass sich Brigitte jetzt auch noch draußen schlich. Geräuschlos glitt ich aus dem Bett, zog meinen Trainingsanzug über und schlich über den dunklen Flur. Plötzlich stand mir eine Gestalt gegenüber. Im ersten Moment dachte ich: »Da macht es jemand genau wie du.« Scherzhaft flüsterte ich der Gestalt zu: »Ich bin ein Geist und komme von Gott.« In dem Moment spürte ich Gottes Härte, eine schallende Ohrfeige traf mich, ich hörte nur noch das Wort: »Zurück!« Ich taumelte zurück in den Schlafsaal. Nichts war's mit einem nächtlichen Date mit Brigitte. Am nächsten Morgen beim Frühstück, kein Wort nur ein strafender Blick. Ich glaube, dass ich der Einzige bin, der mal von einem Pastor eine Ohrfeige bekommen hat.

Seit April des Jahres war ich nun in Soltau auf der Handelsschule. Margitta, Sieglinde und ich sind jeden Morgen zum Bahnhof in Wardböhmen marschiert und dann mit der Bimmelbahn über Witzendorf nach Soltau gefahren. Vom Soltauer Bahnhof waren es noch mal etwa vier Kilometer durch den Böhmewald bis zu

Schule. Das Geld dafür hatte ich Oma abgenommen, bin aber zu Fuß gelaufen, stattdessen wurde auf dem Bahnhof in Soltau Bier getrunken, aber das Wichtigste waren die Zigaretten. Ich rauchte ja nun schon offiziell seit meiner Konfirmation so einiges am Tage weg.

Es lief alles ganz gut. Ich war stolz, auf eine höhere Schule zu gehen und es sollte ja auch einmal etwas Qualifiziertes dabei herauskommen. Zu Siegfrieds Zeiten war mein Berufswunsch noch Musiker gewesen, später hatte ich dann Friseur werden wollen. Nun wollte ich Großhandelskaufmann werden, völlig neue Fächer musste ich lernen: Schreibmaschine, mit einem Blatt über den Fingern verdeckt üben, erst die Buchstaben und dann blind schreiben. Kaufmännisches Englisch kam dazu, Stenografie, alles war neu für mich. Es gab zwei Klassen an der Schule. Eine für die Auswärtigen, die andere für die Soltauer. Die Auswärtigen hatten das Privileg, dass sie samstags nicht zur Schule gehen mussten. Der größte Streber in unserer Klasse war Hans-Jürgen Luttmann. Der schrieb nur Einser. Für uns war er ein angepasstes Muttersöhnchen, zu dem keiner Kontakt hatte. Jürgen Bleecke saß neben ihm und hatte ständig Ärger mit ihm, weil Jürgen öfter abschreiben wollte. Dass wir uns gegenseitig halfen, war für alle anderen klar, nur Luttmann hielt seinen rechten Arm immer vor das Schreibheft. Jürgen hatte einen besonderen Schreibstil. Es war eine Mischung aus Druckschrift und Schreibschrift. Frau Schulz, unsere Lehrerin, nörgelte dauernd an seiner Schreibweise herum und verwies auf Luttmann, der natürlich auch die beste Schrift aus der Klasse hatte. Ich saß hinter Luttmann und hielt zu Jürgen. Wir waren uns einig, dass wir diesen Streber bremsen mussten. Keile auf dem Schulweg war angesagt. Genutzt hatte es nichts, wir haben uns nur einen Verweis eingehandelt. Luttmann schrieb weiter Einser und wir rutschen langsam ans Klassenende. Meine spezielle Freundin war Fräulein Mohr, Stenografielehrerin. Die erste Arbeit ging noch ganz gut. Da konnte ich die geforderten Kürzel noch mit Bleistift auf den Tisch schreiben. Meine einzige Eins in der Schule und auch die letzte. Dann gab's nur noch Sechster. Lernen wollte ich sowieso nicht. Zumal Fräulein Mohr auch nicht mein Fall war. Sie erinnerte mich zu stark an Fräulein Gast, die Konfirmandenersatzlehrerin. Fräulein Mohr war so um die 40. Sie trug immer so hässliche hellgraue Nylonstrümpfe mit einer dicken Naht. Zu ihrem Geburtstag hatten Jürgen und ich ihr ein paar modische Strümpfe geschenkt. Nahtlos und farblos modern. Sie kommentierte die Aktion mit Ignoranz. Meine Englischlehrerin Fräulein Bertram war mir angenehmer. Da war ich auch gar nicht so schlecht. Mathe ging auch so. Doktor Kröger, ein stattlicher selbstsicherer Mann, der uns alle im Griff hatte. Ein Gräuel war mir Doktor Drescher in Buchführung, das lag mir überhaupt nicht. Meine Durchschnittsnote war und blieb eine Fünf. Er sah aus wie eine lebende Bilanz. Soll und Haben, Abgaben und Einnahmen trocken wie Stroh war diese Materie für mich. Lore aus Tewel hat mir bei der Buchführung geholfen, sie war zwei Jahre älter als ich, körperlich recht kräftig und was Reife angeht uns allen voraus. Sie war schon eine richtige Frau. Für mich hatte sie sogar etwas Mütterliches. Sie mochte mich und gab sich auch viel Mühe, mir zu helfen, aber es blieb, wie es war. Meine Leistung verschlechterte sich in den meisten Fächern und das Halbjahreszeugnis deutete schon an: Versetzung gefährdet. Ich schwänzte immer häufiger, nur im Sport konnte ich noch glänzen. Wir hatten eine Schülermannschaft im Hallenhandball. Ich stand im Tor und war auch nicht schlecht. Reaktionsschnell und ehrgeizig. Hier zeigte ich das, was ich im Unterricht vermissen ließ. Als Feldspieler hätte ich mich nicht geeignet, dafür war ich körperlich zu schwach, denn da waren teilweise schon recht bullige Typen dabei. In der Halle saßen wir in den Pausen an den Außenwänden auf den Holzbänken. Zufälligerweise saß ich immer neben Heike Kraschewski. Sie war aus der Parallelklasse, machte aber bei uns Sport mit. Wir saßen stumm und dicht nebeneinander. Hinter unserem Rücken trafen sich unsere Hände, und so saßen wir bis zur nächsten Aktion. Stumm und Händchen haltend. Nach der Schule trennten sich unsere Wege. Sie fuhr in Richtung Schneeverdingen nach Hause, ich in Richtung Celle. Wir haben nie klären können, warum das so war und ob vielleicht aus uns etwas geworden wäre. Ich habe sie auch nie wieder gesehen, aber oft an sie gedacht.

Dafür hatte ich bald einen neuen Freund. Konrad Bostelmann, gelernter Schmied und immer dreckige Fingernägel. Ein Hüne von einem Kerl und besonders geübt im Biertrinken und Kartenspielen. So recht Lust zur Schule hatte der auch nicht, und so passte es bei uns beiden ganz gut. Wenn wir morgens den dritten Mann zum Skat spielen hatten, zogen wir es vor, erst gar nicht in die Schule zu gehen. Wir spielten bis Mittag Karten auf dem Bahnhof, und wenn die anderen aus der Schule kamen, sind wir mit dem Zug nach Hause gefahren. Das ging so einige Zeit und es dauerte nicht lange, dann bin ich der Schule ganz fern geblieben. Ich fuhr zwar jeden Morgen noch nach Soltau, aber ich schlenderte durch die Stadt oder hing am Bahnhof herum.

Eines Tages kam ein Brief nach Hause. Nun lag es schriftlich vor. Ich war abgemeldet. Es war wie immer bei solchen Sachen, es wurde zur Kenntnis genommen. Ich glaube mich zu erinnern, dass Anna einmal sagte: »Nun musst du sehen, was du machst.« Keine Fragen, keine Erklärung. Ich war mir selbst überlassen und musste mir überlegen, wie es weitergehen sollte.

Brigitte hatte als Lehrling in Bergen bei Schlachter Kruse als Verkäuferin angefangen. Ich hatte jetzt viel Zeit. Brav fuhr ich jeden Tag mit dem Fahrrad nach Bergen. Ich wartete auf der anderen Straßenseite bei Üings vor dem Buchladen auf ihren Feierabend. Gemeinsam schoben wir dann unsere Räder nach Hasselhorst. Wir unterhielten uns über die Konfirmandenfreizeit und über Mechthild, außerdem konnte sie nicht glauben, dass unser Pastor Lange mir eine gescheuert hatte. So langsam näherten wir uns dem ersten Kuss. Brigitte war anders als die anderen Mädchen, mit denen wir uns im Kino trafen und schon mal beim Knutschen mit der Hand unter der Bluse fummelten. Wenn wir dann in Hasselhorst ankamen, wartete Beate schon auf uns, sie hat mich nett begrüßt und ich glaube, es war ihr auch wichtig, dass wir beide unsere erste Liebe so zart und behutsam begannen.

Zu Hause war alles beim Alten. Jeder kümmerte sich um sich, keiner um den anderen. Walter hatte bei Felzner in Bergen im Tiefbau angefangen. Er schleppte fast täglich Baumaterialien an und hortete sie hinter dem Haus. Er beabsichtigte, irgendwann ein Haus zu bauen. Heimlich, das erfuhr ich später, hatte er einen Bausparvertrag auf Omas Namen abgeschlossen und einen für sich. Anna wusste davon nichts. Tagsüber war er auf dem Bau und abends saß er drüben bei Raddatz in der Kneipe und ließ sich volllaufen. Wenn er dann so gegen Mitternacht »an die Burg« kam, schaffte er selten allein die steile Treppe nach oben zur Wohnung. Heini, unser Vermieter, hörte ihn dann, wenn er versuchte, auf allen vieren nach oben zu krabbeln. Kurzerhand packte er ihn, legte sich den vollen Walter über die Schulter und schleppte ihn hoch. Vor der Tür legte er ihn ab, damit wieder Ruhe im Haus war. Oma schloss dann sofort ihre Tür ab und mit meinem Schlaf war es auch vorbei. Anna sorgte dann dafür, dass er ins Bett kam, dabei gab es meistens auch noch Radau und Krach. Walter soff aber nicht nur in der Kneipe. An den Wochenenden nahmen die Trinkgelage auch zu Hause zu. Er schleppte seine neuen Baukollegen an, mit denen dann in der Wohnung gefeiert wurde. Anna hielt sich, was Trinken anging, zurück, musste aber immer dabei sein. Am nächsten Tag gab's dann noch mal Theater. Er beschimpfte Anna als Nutte und belegte sie mit weiteren Bezeichnungen aus dem Fäkalbereich. Immer wenn er getrunken hatte, unterstellte er ihr, dass sie mit einem seiner Kollegen etwas gehabt hat. Er entwickelte einen regelrechten Eifersuchtswahn. Es kam auch vor, dass er dann zuschlug. Sie hat sich nie gewehrt und alles in Demut über sich ergehen lassen. Ich höre Oma noch heute sagen: »Hätte ich ihn damals bloß liegen lassen.« Diese Aussage hatte folgenden Hintergrund: Es war Winter gewesen, mindestens minus zehn Grad Celsius. Walter war wieder einmal auf Tour und zur normalen Bettzeit nicht zu Hause. Oma wurde morgens gegen 4:00 Uhr wach. Sie hatte ein komisches Gefühl. Sie ging ins Wohnzimmer und schaute aus dem Fenster nach draußen. Dort lag er. Leblos im Schnee, einige Meter von der Haustür entfernt. Er hatte es nicht mehr geschafft, die kleine Anhöhe bis zur Tür zu bewältigen und war zusammengebrochen. Er hätte diese Nacht dort draußen nicht überlebt Oma trommelte Heini aus dem Bett und der schaffte ihn nach bekannter Art in die Wohnung. Bewusstlos, aber lebend wurde er von Heini aufs Bett geworfen. Oma hat sich wohl bis zu ihrem Ende gefragt: »Warum habe ich ihn nicht liegen lassen?«

5. Kapitel

Tödlicher Beginn

Wir sind im Jahre 1961. Ich hatte mich entschieden, nicht mehr nach Soltau zur Schule zu gehen. Da mich die Schule abgemeldet hatte, war Wiederholung der Klasse sowieso kein Thema mehr. Muchel und Knilch hatten ihre Lehre bei Günter Borchert in Bergen angefangen, sie wollten Maurer werden. Der Maurermeister Borchert war in Wardböhmen gut bekannt. Seine Ehefrau war eine geborene Habermann, ihr Bruder, der Ulli Habermann, war mit uns in die Volksschule gegangen, allerdings zwei Klassen vor mir. Es war früher auf dem Dorfe so, dass fast alle in irgendeiner Weise um mehrere Ecken miteinander verwandt waren. Wenn es im Dorf eine Feier gab, musste zwangsläufig das halbe Dorf eingeladen werden. So war Günter Borchert auch regelmäßig auf den jährlichen Schützenfesten vertreten. Muchel und Knilch achteten sehr darauf, dass sie von ihrem Lehrmeister nicht beim Biertrinken erwischt wurden.

Das Schützenfest war jedes Jahr das Highlight auf den Dörfern. Es gab einen festen Zeitrhythmus. In Wardböhmen feierte man es immer 14 Tage nach Pfingsten. Der Schützenkönig wurde allerdings schon vorher bestimmt, obwohl es am Vortage des Schützenfestes ein offizielles Königsschießen gab und danach der beste Schütze als neuer König bekannt gegeben wurde. Es ist einmal vorgekommen, dass man sich vorher auf den neuen König geeinigt hatte, Umtrunk und Tafel waren fertig, und dann hat der Auserwählte beim Schießen nicht mehr getroffen. Nach dem Ergebnis hätte ein anderer König werden müssen. Solche nicht geplanten Vorkommnisse wurden dann intern geregelt: »Dann bist du nächstes Jahr dran.« Es musste immer jemand sein, der sich das Königtum leisten konnte, und deshalb hatte es meist wenig damit zu tun, wer wirklich der beste Schütze war.

Unser Dorfschmied, Heidi Cohrs, genannt »Senne«, war als der größte Schläger in der Umgebung bekannt. Ein Schützenfest ohne Keilerei war kein Richtiges. Die Gegner waren entweder Soldaten aus der Kaserne in Belsen oder Leute aus den umliegenden Dörfern. Die Dorfmänner standen an der Theke und beobachteten trinkend das Treiben, die Frauen waren tanzend unterwegs, und wenn dann mal ein Fremder mit einer der Frauen zu intensiv umging, hieß es: »Unsere Hühner treten wir selber!«, und dann knallte es. Ich hatte ja noch »Putzers Guschi« auf der Rechnung, weil er den Siegfried früher immer verdroschen hatte. Ich hatte Siegfried noch als jemanden in Erinnerung, der mich mochte und von dem ich einiges gelernt hatte. Deshalb wollte ich ihn rächen. Ich war 15 und stand Bier trinkend an der Theke. Ein kleines Glas Bier kostete zu der Zeit 0,20 DM. Heini stand neben mir, und wir flachsten so herum. Wir tranken das eine und auch das andere Bier, und er fand es gut, dass die Dorfjugend schon so kräftig mitfeierte. Dann tauchte Guschi neben uns auf. Ich hatte einen Plan und war pfiffig genug, den weiteren Ablauf zu beeinflussen. Es gelang mir recht schnell, den Heini auf Guschi heiß zu machen. Dann dauerte es nicht lange, da hatte Heini »Guschi« am Kragen und schlug ihn vor der Theke zusammen. Ich stand daneben und hatte ein Gefühl der Genugtuung. Da lag er nun. Der, der den hilflosen Siegfried oft grundlos verprügelt hatte. Das Gleiche habe ich später dann mit Heini gemacht.. Einige Jahre später, nachdem ihm seine Frau weggelaufen war, hat er sich erschossen. Brutal, wie er im Leben war und wie er mit anderen umgegangen ist, so war der dann auch zu sich selbst.

Auf den Schützenfesten wurde in der Regel zwei Tage durchgehend gefeiert. Morgens so gegen vier sammelte sich der verbliebene Rest im Zelt und es ging los zum Eiersuchen. Die meisten der Bauern gingen sowieso nicht ins Bett, weil sie gleich früh morgens das Vieh versorgen mussten. So zogen wir dann von einem Bauern zum andern und sammelten Eier und Speck. Das war der Abschluss des ersten Tages, Frühstück mit Eier und Speck. Damit ging's dann morgens um sieben zum König. Walter und Anna waren auch regelmäßig an beiden Tagen auf dem Schützenfest.

Auf den Festen verstand ich mich immer recht gut mit Anna. Sie brachte mir das Tanzen bei, Foxtrott und Walzer hatte ich ganz schnell intus. Fasziniert und angetan war ich von dem Reigentanz »Hamburger Bunten«. Auf ein bestimmtes musikalisches Anblasen der Kapelle formierten sich zwei Kreise im Saal. Männer außen, Frauen innen. Dann legte die Musik los. Die Melodie habe ich bis heute im Ohr. Durch bestimmte Schrittpassagen und Wechsel der Partner ergaben sich immer neue Konstellationen und Figuren, alles nach System. So ein Tanz dauerte circa 20 Minuten und konnte bei guter Laune und Kondition beliebig verlängert werden. Dann ging's an die Theke.

Für die Kinder und das Jungvolk war der Umzug am Samstagnachmittag das Ereignis. Die Kapelle mit dem neuen König vorweg, dahinter die Minister und dann die Schützen. Der Rest des Dorfes schlenderte ohne Formation hinterher. Die Schützen hatten im Lauf ihres geschulterten Holzgewehres eine Blume. So sah das Ganze dann noch etwas lustiger aus. Karl Grahlher, unser Bahnhofswirt, trinkfest und Schützenmitglied, war etwas gehandicapt. Er hatte ein verkürztes rechtes Bein, Krieg oder Krankheit? Ich weiß es nicht. Jedenfalls marschierte Karl auch immer kräftig mit. Bei Gleichschritt und auf ebener Straße fiel Karl mit seinem kürzeren Bein auf. Er bewegte sich ja quasi rauf und runter beim Gehen. Aber Karl wusste sich zu helfen. Wenn es auf die Bundesstraße ging, sah man Karl im Gleichschritt und auf einer Ebene mit den anderen. Er setzte den rechten Fuß auf den Bordstein, und so konnte er unauffällig mitmarschieren. Walter war weder im Schützenverein noch in der Feuerwehr. Zu einem richtigen Dorfbewohner gehörte es normalerweise, dass man einem Verein angehörte. Er war eben anders und passte auch nicht in die Dorfgemeinschaft. Anna war dadurch zwangsläufig außen vor.

Ich hatte inzwischen meine musikalischen Talente weiter ausgebaut. Mit der Mundharmonika konnte ich, dank Siegfried, nach Gehör so ziemlich alles spielen. Ein Relikt aus meiner Handelsschulzeit war eine Gitarre. Ich hatte sie für zehn D-Mark dem Wilfried auf einer Klassenfahrt abgekauft. Das ist Walter nicht verborgen geblieben. Eines Tages fragte er mich doch tatsächlich, ob ich Gitarrenunterricht möchte, er würde das bezahlen. Das überraschte mich genauso wie das damals mit den Schlittschuhen, denn sonst hieß es bei ihm immer: »Hau ab, oder du taugst nichts, oder geh weg, das kannst du nicht.« Ich nahm sein Angebot verwundert an. Oben in unserer Dorfschule wohnte Frau Schulz. Sie war dafür bekannt, dass sie meinte, alles ginge sie etwas an und sie müsste auch alles wissen. Wir nannten sie »die Dorfzeitung« oder, angelehnt an ihren Gang »Schlotter Schulz für Neuigkeiten«. Ihre Tochter Ursel und Edda Pufahl waren Freundinnen. Sie hatten beide studiert und waren seit einiger Zeit wieder im Dorf. Nebenbei machten sie Musik. Ursel spielte Querflöte und Edda Gitarre. Sie wohnte schräg gegenüber bei ihrer Mutter. Edda war so Ende zwanzig, unbemannt und unauffällig, aber ehrgeizig und strebsam. Ich entschied mich für die Gitarre.

Walter bezahlte fünf D-Mark für eine Doppelstunde Gitarrenunterricht. Als Erstes lernte ich die Seitenbenennungen. Edda brachte mir den Satz bei: » Eine Alte Dumme Gans Hat Eine - EADGHE.« Wie immer war ich willig und wollte Gitarre spielen lernen. Edda nahm mich richtig ran, manchmal hatte ich das Gefühl, dass sie mich quälte. Meine Fingerkuppe war nach dem Unterricht oft durchgedrückt bis blutig. Aber ich wollte ja in kürzester Zeit Gitarrist sein. Ich übte Akkorde und Griffe. Nach einem dreiviertel Jahr konnte ich die üblichen Volks- und Wanderlieder begleiten. Das Liedgut der Mundorgel war mir vertraut. Zu Hause bastelte ich mir zusätzlich einen Drahthalter für die Mundharmonika und übte Stücke mit beiden Instrumenten gleichzeitig. Wie gesagt, Talent hatte ich immer zu vielem.

Die Zeit der Beatles und Rolling Stones begann. Ich ließ mir die Haare zwar noch nicht lang, aber länger wachsen. Ich traute mich, anders auszusehen. Den Gitarrenunterricht habe ich dann leider abgebrochen. Das habe ich viele Jahre bereut. Aber so war es schon damals in meinem Leben - ich traf spontane Entscheidungen und im Nachhinein stellte sich heraus, dass sie falsch waren. Edda habe ich manchmal im Dorf getroffen, sie wollte mich zum Weitermachen motivieren. Ich hätte Talent, meinte sie, aber damals interessierte mich das nicht, ich kümmerte mich lieber um unsere Freundinnen. Edda hat sich Jahre später umgebracht, Depressionen munkelte man im Dorf. Genaues wurde nie bekannt.

Meine Freundin Brigitte und Muchels Freundin Rosi, die in Hasselhorst nebeneinander wohnten, beschlossen, mit uns ein gemeinsames Wochenende zu verbringen. Rosi hatte Geburtstag und die Eltern waren verreist. Somit hatten wir sturmfreie Bude. Zu Hause meldete ich mich ab, ich sagte, ich würde zu Muchels Geburtstag fahren. Auf die Frage von Anna, ob ich dann auch ein Geschenk hätte, meinte ich nur, ich würde von unterwegs ein paar Blumen mitnehmen. Außer verwundert dreinzuschauen, reagierte sie nicht weiter, aber es war ja sowieso egal, wohin ich ging. Ich fuhr also mit dem Fahrrad nach Bergen zu Muchel und dann am Samstagnachmittag mit ihm nach Hasselhorst. Rosi war schon bei den Vorbereitungen. Es sollte eine schöne Fete werden. Salate, Salzstangen und anderes Gebäck, Cola und natürlich auch

Bier standen bereit. Rosi holte aus dem Keller noch eine Flasche Likör, die sie zu den Getränken stellte. So gegen Abend kam dann auch Brigitte dazu. Beate hatte die Aktion abgesichert, denn die Eltern von Brigitte durften auf keinen Fall wissen, dass wir nebenan allein feiern wollten. Es kamen noch einige andere Mädchen und Jungen aus Hasselhorst vorbei. Man gratulierte kurz, trank Bier oder Cola und verabschiedete sich dann nach einer Weile. Es war so gegen acht. Rosi, Muchel, Brigitte und ich waren allein. Die beiden bezogen das Kinderzimmer, Brigitte und ich blieb im Wohnzimmer auf der Couch. Brigitte war nicht davon zu überzeugen, Alkohol zu trinken. Sie blieb in jeglicher Hinsicht standhaft. Ich hatte schon so einige Bierchen weg und begann an ihr rumzumachen. Ich hatte ja meine Erfahrung mit Waltraud im Kino. Die konnte ich bei Brigitte aber nicht nutzen, denn sie wollte oder konnte den Mund einfach nicht öffnen. Wir hingen oft minutenlang mit geschlossenen Münden aneinander. Meine Hände fingen an, sie zu streicheln. Ich hatte so das Gefühl, dass heute auch etwas mehr passieren dürfte. Sie ließ alles mit sich geschehen, blieb aber steif sitzen und ich war einfach noch nicht so weit sie zu fragen, ob es Angst oder Nichtwollen bei ihr war. Als ich meine Hand an ihrem Oberschenkel nach oben bewegte, hielt sie auch nur still. Ich schob ihren Slip etwas an die Seite, um mit dem Finger an ihrer Scham zu spielen. Sie zeigte keinerlei Regung und blieb passiv sitzen.. Nun wusste ich auch nicht mehr weiter. In diesem oder ähnlichen Zustand verharrten wir in der Dunkelheit bis ca. 23:00 Uhr, dann verabschiedete sie sich und ging. Kurz vorher tauchte noch eine andere Freundin von Rosi auf. Vielleicht war das auch der Grund für Brigitte zu gehen. Inge war mit ihrem Freund Otto im Kino gewesen und anlässlich Rosis Geburtstag hat er sie bei uns abgesetzt. Inge Veith wohnte am Ende der Straße. Gesehen hatte ich sie vorher schon einmal, mir war auch bekannt, dass Inge schon reichlich erfahren war, denn ihr Freund, Otto Precht, war einige Jahre älter als sie. Otto war auch als Schläger nicht unbekannt. Und mit dieser Inge war ich jetzt allein. Muchel und Rosi tauchten nur kurzfristig auf und verschwanden wieder im Kinderzimmer. Inge trank mit mir Bier und genehmigte sich auch einen oder zwei Likör. Es dauerte nicht lange, da knutschen wir beide. Das war jetzt so, wie Waltraud es mir gezeigt hatte. Inge war aber fordernder. Diesmal hatte ich die passive Rolle, aber ich traute mich, ihre Brüste zu streicheln. Meine Hände bewegten sich weiter an ihr herunter. Während des Streichelns machte sie sich oben frei, sodass ich zum ersten Mal mit dem freien Oberkörper einer Frau konfrontiert wurde. Es war bei mir eine Mischung aus Angst und Neugier. Inge war mir mit ihren 17 Jahren und ihrer Erfahrung weit voraus. Ich war wie von Sinnen, eine fast nackte Frau lag auf mir. Sie nahm meine Hände, nestelte an meiner Hose herum, legte diese auf ihre Oberschenkel und schob ihre Hand in meine Hose. Ich konnte und wollte aber auch nicht den Ablauf jetzt abbrechen. Inge zog die Sache durch, aber sie spielte auch mit meiner Unerfahrenheit. Inge hatte sich von ihrer Hose befreit und zog meine bis an die Knie herunter. Sie sorgte dafür, dass mein Gefühl, woanders zu sein, jetzt Realität war. Da ich auch einige Biere getrunken hatte, weiß ich auch nicht mehr ganz genau, was noch im Detail passierte und wie weit Inge gegangen ist, oder es mit mir möglich war. Irgendwann schlief ich ein. Muchel und Rosi tauchten morgens auch wieder auf. Wir haben zusammen gefrühstückt. Ich war stolz wie Oskar, Inge wirkte überlegen und zufrieden. Muchel und Rosi machten auch keinen ausgeschlafenen Eindruck. So spielten wir bis nachmittags Familie und dann trennten wir uns.

Brigitte ist von Inges Verbleib tags drauf informiert worden. Was gleichzeitig das Ende unserer Freundschaft war. Schade, viele Jahre später war ich immer noch der Meinung, dass Brigitte gut zu mir gepasst hätte. Die Sache mit Inge hatte sich auch erledigt, denn wenn ihr Freund Otto erfahren hätte, was geschehen war, hätte es schlecht um mich gestanden. Also ist außer dieser einmaligen Erfahrung nichts geblieben.

Als ich nach Hause kam, es war das erste Mal, dass ich über Nacht weg war, teilte man mir zu meiner Überraschung mit, dass man sich Sorgen gemacht hätte. Meine Antwort war kurz und knapp, dass ich es nicht möchte, dass sich jemand Sorgen machen würde, und dass es auch normal in Zukunft wäre, wenn ich nachts manchmal nicht zu Hause wäre. Ich empfand mich jetzt irgendwie männlicher und war verwundert über die Klarheit in meiner Aussage.

Wenn ich mit Muchel zusammen war, fühlte ich mich bei seiner Familie mehr zu Hause, als es für mich bei meiner Familie jemals gewesen war. Nachdem ich immer wieder in Hasselhorst aufgetaucht war, um Brigitte umzustimmen, lernte ich Monika kennen. Sie war sehr hübsch, aber mir dann doch etwas zu pummelig. Außer einigen Treffs unter der Laterne, in der Nähe von Brigittes Elternhaus ist weiter nichts daraus geworden. Ich traf mich mit ihr ja auch nur, um in der Nähe von Brigitte zu sein.

Das Jahr ging zu Ende. So langsam wurde es Zeit, über meinen weiteren Werdegang nachzudenken. Irgendwann sagte Muchel zu mir: »Komm doch zu uns.« Damit meinte er, Maurerlehrling bei der Firma Günther Borchardt in Bergen zu werden.

Ich überlegte nicht sehr lange und dachte mir, als Maurer kann man bestimmt richtig Geld verdienen. Aber ich als kleines schwaches Männchen und dann Maurer? Und dann kannte ich auch noch den Spruch: »Mein Sohn wird Maurer, später kann er dann ja mal einen richtigen Beruf lernen.« Ich entschied mich, denn mich lockte das Geld. Als Maurer bekam ich 105 DM im Monat im ersten Lehrjahr. Tags drauf fuhr ich nach Bern zur Firma Borchardt. Ich betrat das Büro der Firma und Günther Borchardt persönlich kam mir entgegen. Ganz erstaunt sagte er: »Was willst du denn hier?« Er kannte mich aus Wardböhmen von den Schützenfesten, von Uli, von der Handelsschule und nun stand ich bei ihm im Büro. »Ich will Maurer werden«, war meine Antwort. Ich unterschrieb einen Lehrvertrag und ich begann eine Maurerlehre. So einfach war das zu der Zeit.

Es war 1962. Die Beatles waren das erste Mal im Fernsehen zu sehen. Gleich mit Beginn der Lehre begannen auch meine Probleme. Ich war ein Lehrling, der schon Bier trank, der rauchte, ich hatte mein Erlebnis mit Inge, und ich ließ mir die Haare wachsen. Ich unterschied mich auch äußerlich von den anderen. Weniger Ärger hatte ich dafür in der Berufsschule. Meine Lehrer Ackermann und Bernd waren von mir angetan. Ich war ein kleiner ausgebuffter Typ, der theoretisch alles im Griff hatte. Trotzdem war ich immer damit beschäftigt, die Balance zwischen Theorie und Praxis zu finden. In der Berufsschule war ich Klassensprecher. Während der Woche zitierte mich Günther Borchardt des Öfteren zu sich und offerierte mir, dass, wenn es mit mir nicht besser würde, er mich rausschmeißen müsste. Da ich aber gute Rückmeldungen aus der Berufsschule hatte, ließ er es dann bei diesen Aussagen bewenden. Auf den Baustellen gab es auch jemanden, mit dem ich gut klarkam, und er mit mir. Erwin Röhrs. Er war bei der Firma Borchardt als Polier angestellt und auch nicht unbedingt einer von der angepassten Sorte. Wir hatten so einige Gemeinsamkeiten. Erwin und ich waren auf Flick. Das waren die kleinen Arbeiten auf den Baustellen. Ein alter VW-Bus mit den nötigsten Materialien begleitete uns für diese kleineren Fummelarbeiten. Bei Erwin durfte ich auch mein Bier trinken und rauchen, er ließ auch nicht zu, dass ich auf den Großbaustellen der Macht und Brutalität der anderen ausgesetzt war. Er nannte mich liebevoll »Charlie« im Ort und in der näheren Umgebung wurde ich nur noch Beatle genannt. Ich wagte es, so herumzulaufen, wie es für die Erwachsenen unanständig und ungepflegt aussah. Keiner meiner Freunde und Bekannten sah damals so aus wie ich und ich nahm mir fest vor, die Beatles im Original sehen zu wollen. So war ich zwangsläufig bei vielen Gelegenheiten die Reizfigur. Ich kann nicht sagen, dass ich mich in dieser Rolle wohlgefühlt habe, aber es war meine eigene, von mir gewählte Rolle und der Einzelgänger und Provokateur bin ich lange geblieben. Ich glaubte zu der Zeit noch, dass ich bei einigen auch als Gegner auftreten könnte, aber so langsam entwickelte ich mich zum Opfer.

Das erste Lehrjahr bin ich mit dem Fahrrad zu den Baustellen gefahren. Mit meiner Werkzeugkiste auf dem Gepäckträger musste ich jeden Tag entweder direkt auf eine Baustelle, oder zuerst auf den Hof, wie das Gelände der Firma von uns genannt wurde. Von dort ging es mit Fahrzeugen auf die Baustellen im Landkreis weiter. Im Winter, wenn es sehr kalt war, hatte ich mir Zeitungen vor die Brust unter die Jacke gelegt. Die schützten gegen den kalten Fahrtwind.

Ich wurde 16.

Hans-Günther Raddatz und ich machten den Führerschein der Klasse vier. Wir durften von jetzt an Moped fahren. Omas Rente hatte sich inzwischen geringfügig erhöht. Vielleicht hatte sie ja doch noch ein schlechtes Gewissen, weil sie mir damals das Geld für das Fahrrad abgenommen hatte. Ich schaffte es, ihr Anfang des Monats 170 DM abzuluchsen. Das erste Moped war da. Eine Victoria Avanti. Ein kleiner roter, auf sportlich getrimmter Einzylinder, der in der Spitze 60 km/h lief. Das reichte mir natürlich nicht. Sofort wurde geschraubt, am Auspuff und Vergaser manipuliert, die Ritzel gewechselt und so kam ich schnell auf stolze 80 km/h. Jetzt konnte ich die Wege zu den Baustellen motorisiert zurücklegen. Ich hatte Oma zwar versprochen, das Geld in Raten zurückzuzahlen, aber dazu kam es nicht mehr. Oma starb vor

Gram und Kummer und an Leberzirrhose. Sie hatte sich mit der Einnahme der vielen Tabletten die Leber kaputtgemacht. Sie wurde nur 62 Jahre alt.

Immer wieder, wenn ich zu einer Baustelle musste, die in der Nähe von Hasselhorst lag, bin ich an Brigittes Haus vorbeigefahren. Ich sah sie nie, aber sie ging mir nicht aus dem Kopf. Viele Jahre später, auf einem Schützenfest in Bergen, traf ich sie. Wir waren sofort wieder sehr vertraut. Fast vorwurfsvoll kam: »Hättest du damals nicht ...« Es war wohl wie bei den Königskindern. Sie erzählte mir, dass sie unglücklich verheiratet wäre, dass ihr Mann, Spitzname »Gelle«, als Heizungsbauer bei der Firma Schiscale arbeitet. Sie sagte mir deutlich, dass sie an einen Alkoholiker geraten wäre. Sie bedauerte nochmals, dass das mit uns nicht geklappt hätte. Dieses Gespräch hatte mich sehr nachdenklich gemacht. Warum landete Brigitte bei einem Alkoholiker? Was wäre, wenn ich an ihrer Seite geblieben wäre, wenn sie es gewollt hätte? Brigitte ist im Alter von 33 Jahren an Krebs gestorben.

Mein zweites und drittes Lehrjahr war von andauernden Auseinandersetzungen und Schwierigkeiten geprägt. Es gelang mir nicht, in meinem Tun und Handeln einen Sinn zu finden. Ohne es zu merken, hatte ich mich schon verlaufen. Regelmäßig nach der Arbeit ging ich in die Dorfkneipe, und das Wort regelmäßig bekam langsam in Bezug auf Alkohol eine andere Bedeutung. Seit Omas Tod hatte ich das Zimmer für mich allein.

Fast regelmäßig musste Anna mich morgens aus dem Schlaf holen, abends musste mir das Bier in den Schlaf helfen. Ich konnte nicht im Dunkeln einschlafen. Also sorgte ich immer dafür, dass ich das Einschlafen nur noch spät und nur nach etlichen Bieren hinter mich brachte. Die erste Funktion des Alkohols war da. Meine Trinkgewohnheiten stabilisierten sich und nahmen zum Teil schon besorgniserregenden Charakter an.

Es kam das Schützenfest in Bleckmar. Ein Fußmarsch war angesagt. Der harte Kern der Dorfjugend sammelte sich bei Luhmann vor der Tür. Hans Pahl hatte den Schnaps dabei und auch das Kommando. Er war über ein Jahr älter als wir und bereits im dritten Lehrjahr bei der Firma Borchardt. Er war bekannt für seine große Fresse, und mit der marschierte er an der Spitze der Gruppe. Im Wardböhmer Schützenverein schlug er die Pauke, das passte zu ihm. Wir waren so 8-10 Jungmännlein. Es war Pflicht, auch an den Schützenfesten der umliegenden Dörfer teilzunehmen. So marschierten wir über Seelhof an der B3 weiter Richtung Bleckmar. Vor dem Abmarsch nahm erst einmal jeder einen kräftigen Schluck aus der Kornbuddel, und gestärkt marschierte ich los. Bis zur Hälfte des Weges habe ich noch Erinnerungen. Die zweite Hälfte absolvierte ich schon mehr im Kriechgang. Immer wieder stürzte ich, rappelte mich auf und weiter ging's. Die große Fresse hatte mich bewusst abgefüllt. Das war aber auch gar nicht so schwer, denn immer wenn er mir die Flasche hinhielt, habe ich getrunken. Halb kriechend kam ich trotzdem in Bleckmar an. Nur den Saal erreichte ich nicht mehr. Irgendwo an einer Zeltecke blieb ich liegen. Die letzten Worte, die ich vernahm, waren: »Den könnt ihr doch hier nicht liegen lassen.« Dort in der Ecke, wo alle anderen Männer aus dem Saal mal eben hinpinkelten, lag ich fast ohnmächtig in der Pisse.. Wie lange weiß ich nicht mehr, aber es war der erste richtige Filmriss über mehrere Stunden. Vom Schützenfest habe ich nichts mehr mitbekommen und meine ersten brauchbaren Erinnerungen begannen am nächsten Tag.

Sonntag waren wir wieder in Bleckmar. Ich wurde nur von einigen kurz auf den gestrigen Tag angesprochen und bekam mit, dass man sich nur lustig über mich gemacht hatte. Seit diesem Tage war deutlich, meine Trinkmengenkontrolle in Bezug auf Alkohol funktionierte nicht mehr. Halbwegs wieder klar versuchte ich, am Schützenfestgeschehen teilzunehmen. Tanzen, und wieder mehrere Biere an der Theke. Geschwächt vom Vortage brauchte ich auch nicht viel, um wieder diesen Nebelzustand zu haben. Der Nachmittag verging und ich torkelte mehr oder weniger entweder durch den Saal oder auf dem Gelände herum.

Es wurde später. Obwohl ich nicht mehr ganz klar war und einiges auch nur verschwommen sah, spürte ich, dass jemand mit seinen Blicken an mir hing. Es gab Augenkontakt. Ich kannte die Person nicht. Ein circa 25 Jahre alter, bäuerlich wirkender Typ mit weichen Gesichtszügen und etwas verklärtem Lächeln taxierte mich. Ich konnte nichts damit anfangen, aber irgendwie war er immer in meiner Nähe und versuchte Kontakt aufzunehmen. Da ich im Laufe des Abends auch noch einige Bierchen getrunken hatte, wurde ich schwächer und müde. Ich spürte ein starkes Verlangen, jetzt ins Bett zu wollen und auszuschlafen, zumal ich ja Montag früh wieder auf der Baustelle sein musste. Ich beschloss, nach Hause zu gehen. Der kürzeste Weg von Bleckmar nach Wardböhmen war nicht die Bundesstraße 3, sondern die Bahnschienen. So marschierte ich los. Den Kopf nach unten gerichtet mit Blick auf den Schwellenabstand. Dabei fiel mir das Buch von Graf Lucknerrs »Seeteufels Weltfahrt« ein. Ich hatte gelesen, dass der Graf einen langen und einen kurzen Schritt gehabt haben soll, weil er in Amerika meilenweit auf den Schienen marschiert war und der Abstand der Schwellen ungleich war. Außerdem bedauerte ich, dass es kein Geländer gab, denn so ganz standsicher war ich nicht mehr. Es war früher Morgen und langsam wurde es hell. Plötzlich ging dieser Mann neben mir. Ich hatte ja schon meine ersten sexuellen Erfahrungen, aber mit Mädchen. Aus Witzen, und Gesprächen unter uns wusste ich, dass es den Paragrafen 175 gab: sexueller Kontakt zwischen Männern. Irgendwelche komischen Gedanken gingen mir durch den Kopf. Er ging einige Zeit wortlos neben mir her. Ich war misstrauisch, aber nicht abwehrend, zumal meine ganze Verfassung nicht nach Widerstand schrie. Er berührte mich dann am Arm und verlangsamte den Schritt. Er umfasste mich von hinten und begann, an mir herumzufummeln. Ich stand wie erstarrt da, ließ es aber geschehen. Vielleicht hatte ich auch Angst vor Gewaltanwendung oder Prügel. Er öffnete von hinten meine Hose, holte meinen Penis heraus und begann ihn zu streicheln. Dabei nahm er meine linke Hand und führte sie an seinen Penis, den er inzwischen herausgeholt hatte. Ich drehte mich halb um, sah an ihm herunter und merkte, dass seine Hose runterhing und er unten herum nackt war. Er streichelte meinen Penis weiter, bis so was wie eine Erektion eingetreten war. Er bewegte meine Hand an seinem erigierten Penis nach vorn und hinten, dann drehte er sich mit dem Hinterteil zu mir, behielt meinen Penis in seiner Hand und versuchte den in seinen After zu schieben. Das gelang nicht, denn erstens war mein Penis nicht steif genug und zweitens passierte da jetzt was, womit ich überhaupt nicht einverstanden war. Er stellte sich noch mal zurecht und versuchte, durch Zurückdrücken seines Hinterteils zum Erfolg zu kommen. Auch das misslang. Nun drehte er sich wieder um, die Hand an seinem Penis und versucht es bei mir. Ich stand irgendwie immer noch benebelt da und ließ es geschehen. Meine Hose hatte er inzwischen auch heruntergezogen. Da mir das Eindringen unangenehm war und bevor es überhaupt so weit war, zog er ihn zurück und spuckte sich dauernd auf seinen erigierten Penis, um Gleitfähigkeit herzustellen, aber auch das funktionierte nicht. Dann gab er das Vorhaben des gegenseitigen Eindringens auf. Er drehte sich um, kniete sich vor mich, und ich erlebte meinen ersten Oralverkehr von einem Mann. Er befriedigte sich dabei mit der Hand. Nachdem er fertig war, zog er seine Hose wieder hoch und ging wortlos in Richtung Wardöhmen. Es ist von Anfang bis Ende kein Wort gesagt worden. Ich tat Gleiches, und, immer noch benebelt und beeinträchtigt durch die Dinge, die da gerade geschehen waren, trottete ich hinterher. In Wardöhmen am Bahnhof sah ich ihn hinter der Kurve verschwinden, denn er hatte seinen Schritt beschleunigt. Ich habe diesen Menschen nie wieder gesehen. Doch ich glaube schon, dass dieses Erlebnis auch lange Auswirkungen auf meine spätere Emotionalität und Sexualität gehabt hat. Ich war 16 Jahre alt.

Der Haustürschlüssel lag wie immer unter dem Trittstein. Übermüdet, unkonzentriert und wirr im Kopf fuhr ich auf die Baustelle. Es war nicht das erste und auch nicht das letzte Mal, dass ich morgens so zur Arbeit kam. Mein besonderer Freund war der Polier Fritz Scheiba. Der schlug auch schon mal zu, wenn's keiner sah. Der hatte mich richtig auf dem Kicker. Einmal hatte ich vergessen, nach dem an Putzen die Regenrinne abzuwaschen. Fritz kam auf mich zu, nahm seine Mütze vom Kopf und schlug mir mit dem Mützenschirm ins Gesicht. Es war auch nicht nur einmal, dass er zugelangt hatte, doch zum Chef gehen und sich beschweren, hatte keinen Sinn, der hätte mir nur nahegelegt, die Lehre abzubrechen. Erwin bekam diese Dinge mit. Er sorgte daher morgens dafür, dass ich bei der Einteilung zu ihm kam. So brauchte ich nicht auf die Großbaustellen, Wände hochziehen und putzen. Mit Erwin machte ich die kleineren Flickarbeiten, Trittsteine Hauseingänge, Badewannen einmauern und Ähnliches. Klein, zart und schwächlich wie ich war, nannte man mich bald den Uhrmacher. Ich hatte auf den Baustellen auch den einen oder anderen Freund. Zum Beispiel, Manfred Stünkel aus Bergen. Stark, bullig, aber leider etwas dumm. In der Schule hatte er gewaltige Schwierigkeiten, aber ich machte seine Hausaufgaben und schrieb seine Klassenarbeiten. Dafür schützte er mich vor körperlichen Übergriffen auf dem Bau und nahm mir die schweren Arbeiten ab. So kam ich ganz gut durch. Das andere Leben spielte sich nach Feierabend in Kneipen und Diskotheken ab. Livemusik in Soltau in der Löns-Klause oder in Bergen in der Baby-Bar. In der Löns-Klause hatte mir Ricky Shane nach einem Auftritt seinen Namen auf meinen Unterarm geschrieben, ich habe versucht, diesen Schriftzug so lange wie möglich zu erhalten, indem ich diese Stelle möglichst nicht gewaschen habe.

Meine Victoria Avanti war dauernd kaputt und lief nie richtig. Eines Tages, als ich kurz vor dem Ortseingang, blieb die Karre wieder stehen. Ich schmiss sie in den Graben, zog den Benzinschlauch ab, steckte sie an, und bin die drei Kilometer in den Ort zu Fuß gegangen. Kreidler Florett war angesagt. Muchel, Knilch und Gelle, der spätere Mann von Brigitte, hatten schon so ein Moped und ich kaufte mir in Bergen bei Drews ebenfalls eines. 350 DM, Ratenzahlung war ausgemacht - jeden Monat 50 DM. Vormittags wurde geschraubt, Ritzel gewechselt und ab ins Gelände. Wir hatten ja den Truppenübungsplatz Bergen-Belsen direkt vor der Tür. Das Gelände eignete sich ideal fürs Crossfahren. Das Hengstbergrennen war jährlich und in ganz Deutschland bekannt. Ebenso das Sandbahnrennen in Schessel. Der herausragende Fahrer war zu der damaligen Zeit Don Goddon. Dem eiferte ich mit meiner Kreidler nach. Wir hatten den Günter Kurs vor dem Holze, der fuhr selbst auch Rennen und zeigte uns so manchen Schraubertrick. Sonntagnachmittag war Treffen in Sülze in der Sandkuhle. Eine Kneipe, in der sich alle Kreidler Fahrer aus der Umgebung zum nachmittäglichen Treff einfanden. Natürlich tranken wir da auch Bier, obwohl wir mit den Mopeds unterwegs waren. Diese Kneipe war der Treffpunkt der dortigen Dorfjugend. Knilch hat auch seine spätere Frau dort kennengelernt. Karin, mit der ich in die gleiche Schule gegangen war, wurde so was wie meine Freundin. Obwohl wir uns während der Schulzeit überhaupt nicht mochten, verstanden wir uns jetzt gut. Unsere Gemeinsamkeit war das Tanzen. An den Wochenenden waren wir immer in einer Diskothek oder auf Dorffesten zusammen. Obwohl wir oft gemeinsam unterwegs waren, kamen wir uns nie richtig näher. Es blieb bei dem Versuch, sie einmal küssen zu wollen. Wir waren eher wie Bruder und Schwester. Karin war älter als ich und machte ihren Führerschein. Bisher war sie mit mir auf der Kreidler mitgefahren. Wenn wir abends von Wardböhmen nach Bergen in die Baby-Bar fuhren, hatte ich zusätzlich noch ihre Freundin Bärbel mit auf dem Moped. Dabei machten wir ständig Blödsinn. Wenn wir zu dritt durch den Tunnel zur Baby-Bar fuhren, musste Bärbel, die hinten saß, den Ständer mit ihren Füßen auf den Asphalt drücken. Ein gewaltiger Funkenstreif entstand, sah optisch richtig gut aus, und hat so manchen Autofahrer irritiert. Uns hat's Spaß gemacht, obwohl es nicht ungefährlich war.

Die Zeit war geprägt von Livemusik in den Diskotheken, Beatles und Rolling Stones waren »in«.

Mein Wunsch, die Beatles live zu sehen, erfüllte sich nun. Karin bekam nach bestandener Führerscheinprüfung von ihrer Mutter einen weißen Ford Zwölf M geschenkt. Mit dem waren wir nun an den Wochenenden unterwegs. Es ging zum Starclub nach Hamburg. Dort traten die Beatles auf, wir sind zwar nicht direkt in den Laden hineingekommen, aber wir waren trotzdem mittendrin im Geschehen. Danach landeten wir noch regelmäßig auf dem Fischmarkt in Hamburg. Das ganze Treiben und die Atmosphäre dort faszinierten uns. Wenn wir dann morgens wieder zurückkamen, bin ich erst noch in die Dorfkneipe gegangen, habe ein paar Bier getrunken und dann erst ins Bett, so sahen in der Regel meine Wochenenden aus.

Meine Kreidler war das erste Modell mit großen Beinblechen und Stopplicht. Die Beinbleche hatte ich mit Schauspielern und Sängern aus der Zeitschrift »Bravo« von innen beklebt. In meinem Zimmer hingen Starposter von Rex Guildo, Brigitte Bardot und Pierre Brice. Die Comichefte Akim und Sigurd verschlang ich regelrecht.

Der Twist kam auf. Chabbi Checker ›Lets Twist again‹. Unsere Stammkneipe wurde Reschke in Bergen. Jedes Wochenende ging's mit Karin zum Tanzen. Da ich zu der Zeit immer mit mehreren Leuten unterwegs war, reichte meine Kreidler nicht mehr. Wenn wir abends noch bei Rogosch in der Kneipe saßen, so einige Bierchen schwer, dann bin ich spät herübergegangen und habe Walter den Autoschlüssel aus der Hosentasche genommen. Ich konnte mir sicher sein, dass der nichts merkte, denn er war immer betrunken und schlief deshalb fest. So machte ich dann mit meinen Saufkollegen nächtliche Spritztouren mit Walthers VW. Natürlich ohne Führerschein. Gegen Morgen stellte ich den Wagen wieder ab und legte die Schlüssel zurück, dann ging ich ins Bett. Dann musste er doch wohl etwas gemerkt haben, oder es hatte ihm jemand von meinen nächtlichen Aktivitäten erzählt. Als ich wieder weg wollte, sprang der Wagen nicht an. Walter hatte den Verteilerfinger entfernt. Das klappte aber nur einmal. Ich hatte mir schnell einen zweiten besorgt, den ich von nun an in meiner Hosentasche aufbewahrte. Ich war also weiterhin mit Walthers VW nachts auf Tour.

Eines Morgens, ich kam etwas später als geplant nach Hause, stand der kleine Klaus Walter Jürgen auf einem Stuhl und schaute durchs Fenster. Was er sah, berichtete er seinem Vater: »Papa, Papa, dein Auto ist gerade in die Scheune gefahren. Es war die schlimmste und auch gefährlichste Fahrt gewesen, aber auch die letzte. Nachts bei Glatteis, angetrunken und ohne Führerschein nach Hamburg zum Fischmarkt und zurück. Dass das alles immer gut gegangen war, ist unglaublich. Walter hatte mich nie darauf angesprochen, aber die Autoschlüssel waren nicht mehr zu finden. Die Scheune wurde zusätzlich mit einem zweiten Schloss gesichert. Schon damals trieb mich das Gefühl, immer etwas Besonderes tun zu müssen, immer Anerkennung zu wollen und dann unter Einfluss von Alkohol solche gefährlichen leichtsinnigen Mutproben zu machen.

Das Ende meiner Ausbildung nahte. Ich schaffte es, eine gute Gesellenprüfung hinzulegen. Die Schule war sowieso nicht mein Problem, nur mein Verhalten in der Praxis, aber wenn ich wollte, konnte ich ja.

Freitags war dann Lohntütenball. Anfangs brachte Günter Borchert das Geld noch in Tüten auf die Baustellen, jeden Donnerstag. Das änderte er dann bald auf Freitag, weil nach den Donnerstagszahlungen viele versackt waren und freitags nicht mehr zur Arbeit gekommen waren. Nach Erhalt der Lohntüte ging's ab in den Berger Hof. Da habe ich dann das ganze Geld versoffen. Sonntags war ich schon blank, also musste ich in der Dorfkneipe anschreiben lassen.

Im dritten Lehrjahr bekam ich immerhin schon 75 DM in der Woche. Meine Kollegen hatten zu der Zeit auch schon feste Freundinnen. Ich trieb mich an den Wochenenden überwiegend in den Kneipen herum. Im Berger Hof lernte ich Carla kennen. Sie war die Tochter von Karl Sass, einem Altgesellen der Firma Borchert. Carla war regelmäßig freitags beim Lohntütenball im Berger Hof. Es wurde gesoffen, Lieder gegrölt und mit den Frauen geschäkert. Der Berger Hof hatte hinter der Gaststube einen kleinen Discoraum. Da haben wir dann in Maurerkluft getanzt Carla war die nicht ganz feste Freundin von Fuzzi, einem Kollegen. Und von ihm wusste ich, dass sie es mit der Zugehörigkeit nicht so eng nahm. Fuzzi war an diesem Abend nicht da und so fühlte ich mich für Carla zuständig. Wir tanzten, tranken und zu später Stunde deutete ich ihr an, dass ich, wie die anderen vor mir, mit ihr hinters Haus in den Hofeingang gehen wollte. Carla war sofort einverstanden. Draußen war es bitterkalt. Sie zog mich hinter die Ecke und machte sich unten herum frei. Ich wollte auch, aber ich konnte nicht. Es mag an vielem gelegen haben, aber wir kamen irgendwie nicht ineinander. Carla versuchte es dann noch mal mit der Hand, aber auch diese Aktion brach sie ab. Ich glaube, sie war sehr enttäuscht und ich hatte das Gefühl, mal wieder versagt zu haben, ich war kein richtiger Mann. Doch wenn's ums Trinken ging, da »stand ich meinen Mann«.

Walter hatte sich die ganze Zeit mit Baumaterialien von seiner Firma versorgt. Er kaufte jetzt mit Omas Bausparvertrag ein Grundstück in Ovelgönne. Er sagte mir einmal beim Bier in der Kneipe, dass er auf mich bauen würde, denn schließlich sei ich Maurergeselle. Er sagte nicht, dass er mit mir bauen wollte. Das Grundstück lag 25 Kilometer von Wartböhmen entfernt. Mit den anderen Kollegen vom Bau fuhren wir jeden Samstag auf diese Baustelle. Meine Kollegen bekamen von Walter fünf D-Mark die Stunde. Wenn es mal nötig war, fuhren wir auch am Sonntag nochmals dorthin. Der komplette Bau wurde in Schwarzarbeit und mit zum Teil geklauten Materialien, hochgezogen. Während dieser Bauphase habe ich dann auch mit Walter zusammen getrunken. Auf dem Bau und auch nach Feierabend in der Kneipe hat er schon mal ein Bier ausgegeben. Schließlich habe ich jedes Wochenende auf diesem Bau verbracht. Ich war mit Arbeit gut eingedeckt. Tagsüber in der Firma, an den Wochenenden auf dem Bau, in meiner Freizeit Kneipe und Disco. Ich machte mir überhaupt keine Gedanken, ob der Weg, auf dem ich war, gefährlich wäre und böse enden könnte.

Dennoch hatte ich das Gefühl, dass mein Leben darauf nicht beschränkt sein sollte. Die Bundeswehr schien eine Chance für mich zu sein. Ich bewarb ich mich als Zeitsoldat, weil es schon zu Beginn mehr Geld gab. Ein zusätzlicher Anreiz war, dass ich als Obergefreiter eingestellt wurde. Mein Leben sollte nun in eine andere Richtung verlaufen und ich verpflichtete mich für drei Jahre zur Luftwaffe. Zwischendurch hatte ich immer mal Omas

Worte im Ohr: »Du gehörst in ein Heim, oder werde mal Soldat, da wird man dir schon Zucht und Ordnung beibringen.«

Meine letzte Baustelle war in Klein Helen bei Celle. Ich stand auf der oberen Decke und mauerte. Während der Arbeit konnten wir auch das Treiben der anderen Leute rund um die Baustelle beobachten. Mir fiel auf, dass jeden Tag zur gleichen Zeit ein sehr hübsches Mädchen vorbeikam, vermutlich auf dem Heimweg von der Schule. Am nächsten Tag postierte ich mich unten und sprach sie an. Der übliche Satz: »Hallo und wie geht's?« Dann am zweiten Tag schon ein kleines Gespräch. Sie wohnte nur eine Straße weiter in der Hüttenstraße. Sie hieß Elke, hatte zwei erwachsene Brüder, besorgte Eltern, und war 15 Jahre alt. Wir sahen uns jeden Tag und ich erzählte ihr, dass ich nun bald Soldat sein würde und nach Mengen in Baden-Württemberg zur Grundausbildung müsste. Sie gab mir ihre Adresse. Ich genoss die letzten Tage in Wardböhmen sehr ausgiebig. Kalle und Siegfried, meine trinkfesten Freunde, würden mich vermissen, sagten sie. Ilse und Willi, die Gaststättenbesitzer, bedauerten den Verlust eines guten Kunden ebenfalls. Vor meiner Abreise musste ich noch meine erheblichen Saufschulden bezahlen.

Oktober 1965

Ausbildungskompanie der Luftwaffe in Mengen. Dort angekommen wurde ich mit dem Spruch empfangen: »Sie sind hier bei der Luftwaffe, hier gibt es nur zwei Gangarten: laufen oder fliegen.« War es das, was Oma mir gewünscht hatte, Zucht und Ordnung? Ich bekam eine erste Uniform und dachte, der Bund wird das schon hinkriegen. Ich war stolz. Gerade mal 19 Jahre alt, eine eigene Uniform, eine Waffe im Spind, getragen von der Hoffnung, dass nun ein anderes Leben für mich beginnen würde. Tage später bekam ich meinen ersten Ausgang. Ich fühlte mich wohl und stark in dieser Uniform. Ich landete in der Dorfkneipe in Mengen. Wie sollte es auch anders sein, es dauerte nicht lange und ich befand mich in Damengesellschaft. Nach den ersten Bierchen fühlte mich frei und enthemmt und es entstand der erste Kontakt. Ich fühlte mich als Mann und Soldat bei der Luftwaffe. Eine hübsche, schwarzhaarige weibliche Person fand mein Interesse. Wir plauderten, ich gefiel ihr anscheinend, und ich wurde immer betrunkener. Um 23:00 Uhr sollte ich zurück in der Kaserne sein. Ich bemerkte nicht, dass die anderen schon längst weg waren und die Kneipe immer leerer wurde. Als ich's dann bemerkte, war es zu spät. So besoffen wie ich war, versuchte ich die Kaserne über eine Abkürzung zu erreichen. Dabei ging es über Felder und Zäune. Immer wieder stürzte ich, blieb mit der Pferdedecke (so wurde der Wintermantel genannt) im Zaun hängen. So verdreckt, volltrunken und mit zerrissenem Mantel tauchte ich in der Kaserne auf. Mein erster Ausgang hatte zur Folge, dass ich die nächsten vier Wochen keinen Ausgang mehr bekam und disziplinarisch bestraft wurde.

Wir waren acht Leute auf der Stube und regelmäßig wurden Spindkontrollen durchgeführt. Da ich nicht raus durfte, legte ich mir einen Schnapsvorrat im Spind an. Natürlich im Wertfach, gesichert mit einem Vorhängeschloss. Es gab eine Vorschrift, dass bei begründetem Verdacht des Missbrauchs des Wertfaches, dieses im Beisein des Kompaniefeldwebels geöffnet werden musste. Den Verdacht gab es und begründet war er auch. So hatten sie mich das zweite Mal. Der Ausgang für den Rest der Grundausbildung war gestrichen. Da ich nun viel Zeit hatte, schrieb ich Briefe an Elke. Belanglose Sachen, schöne Dinge aber nie die Wahrheit. Ich bekam auch immer Antwort. Ich fand es schön, bei der Postverteilung vor der gesamten Kompanie namentlich aufgerufen zu werden. Unser Briefwechsel intensivierte sich und auch der Inhalt. Aus den Sachstandsbeschreibungen wurden Komplimente, Sehnsüchte und Fantasien. Elke ging das Tempo der Steigerungen mit. Obwohl es vorher nie zu einem Austausch von Zärtlichkeiten gekommen war, schrieben wir uns jetzt richtige Liebesbriefe. Wir warteten sehnsüchtig auf den Tag, an dem wir uns endlich das beweisen wollten, was wir uns jetzt schrieben.

Nach Beendigung der Grundausbildung wurde ich nach Diepholz versetzt. Luftwaffenpionierkompanie zwei (VSTK) war die offizielle Bezeichnung. Dort kam ich sofort in die Vollausbildung. Mein Tageszeitplan war eng gestaltet. Dafür soff ich dann umso mehr und regelmäßig abends in der Kantine. Am Wochenende bin ich dann nach Wardböhmen gefahren. Elkes Eltern hatten die Entwicklung mitbekommen und waren gespannt auf mich. Ein junger, gut aussehender Soldat mit Zukunft und damit wohl auch der Richtige für ihre Tochter. In Diepholz lief gleichzeitig die Vorbereitung auf den Unteroffizierslehrgang. Zu der Zeit war ich noch halbwegs selbst gesteuert und wurde auch übergangslos für diesen Lehrgang vorgesehen. An den Wochenenden tingelte ich mit Elke durch die Tanzlokale in Celle. Ihr großer Bruder fuhr uns hin und holte uns wieder ab. Leider durfte ich nicht in Celle bei Heines schlafen, sodass mich ihr Bruder danach immer nach Hause fahren musste. Dieser Zustand sollte sich aber bald ändern, denn übergangslos zur Teilnahme am Unteroffizierslehrgang kam ich auch in die Fahrschule. Elke schrieb mir weiterhin glühende Liebesbriefe und wir schworen uns ewige Liebe, wenn mal wieder Drafi Deutscher »Marmor Stein und Eisen bricht« aus der Musikbox dröhnte. Wir hatten wenig Zeit und auch keine intensiveren Kontakte. Bruder und Eltern passten höllisch auf sie auf. Schließlich war sie erst fünfzehn.

In der Kaserne ging's routinemäßig weiter. Tagsüber Fahrschule und Unteroffizierslehrgang, abends Kampftrinken in der Kantine. Meine erste Fahrstunde war mit einem MAN auf dem Flugplatzgelände in Diepholz. Der Fahrlehrer, Stabsunteroffizier Üing, erklärte mir lang und breit was Kupplung, Bremse und Gas wären, verwies auf die Größe des Fahrzeugs und forderte mich dann, nach dieser mir endlos erscheinenden Einweisung auf, loszufahren. Nach etwa zwei Minuten schaute er mich von der Seite kritisch an und bemerkte: »Sagen Sie mal, wie lange fahren Sie schon Auto?«

In relativ kurzer Zeit war ich Unteroffiziersanwärter mit Führerschein der Klasse B und C. Das entsprach den zivilen Bedingungen Klasse zwei und drei. Gleichzeitig wurde ich Ausbilder und es sah so aus, als wenn ich beim Bund doch noch etwas werden könnte. Meine Stubenkameraden waren Jürgen Hiller, Erhard Francisco, Rainer Gerlach, Jürgen Bruhns und der lange Schmiegel. Ich war nun berechtigt, mich in der Unteroffizierskantine aufzuhalten. Dort war das Bier noch billiger und es wurde noch mehr gesoffen. Plötzlich entwickelte ich völlig neue Züge. Ich wurde zum Ausbilderschwein. Ich schikanierte die Rekruten, bei uns hießen sie Flieger, wo es nur ging. Ich glaubte, Macht zu haben und diese auch ausüben zu müssen. Ich habe wohl Macht mit mächtig verwechselt, und so isolierte ich mich zwangsläufig immer mehr.

Elkes Eltern waren mit unserer Beziehung einverstanden, doch war ihnen aufgefallen, dass ich viel und regelmäßig trank. Aber ich war ja noch sehr jung und deshalb bestand Hoffnung, dass sich auch das ändern würde. Als Zeitsoldat hatte ich mehr Geld und konnte mir mein erstes Auto kaufen. Ein schwarzer VW-Käfer, Baujahr 1953 damit war ich mobil, Benzin kostete 50 Pfennig der Liter.

Wenn wir nach Dienstschluss nicht in der Kantine blieben, ging's in den Ort zu Günter Kampa in die Kneipe. Das war in Diepholz mein zweites Zuhause. Jürgen und ich saßen während der Woche fast jeden Abend dort. An den Wochenenden fuhren wir nach Hause.

Es kam der 1. Mai 1963. Maifeier in der Unteroffizierskantine. Ein Glas Bockbier kostete zehn Pfennig. Beginnend nach dem Frühstück, war ich so um die Mittagszeit randvoll. Von der ersten Zeit hatte ich noch bruchstückhafte Erinnerungen, doch der Rest fehlte ganz. Dieser Filmriss musste so in etwa zwei Tage gedauert haben. Meine Erinnerung fängt beim Auftauchen der Feldjäger an. Ich hatte, wie sollte es auch anders sein, im Ort ein total hübsches Mädchen kennengelernt. Ich war dann irgendwie bei ihrer Familie zu Hause gelandet. Da ich völlig jenseits von allem war, bin ich wohl davon ausgegangen, dass ich dort wohnte. Die Leute wussten sich dann nicht mehr anders zu helfen, als die Feldjäger zu verständigen. Die nächste Disziplinarstrafe war fällig. Dieser Filmriss war aber auch die Wende, denn von nun an ging's schneller bergab. Des Öfteren musste ich vom Spieß morgens persönlich geweckt werden, um meinen Dienst antreten zu können. Dass ich schon auf der Abschussliste stand, ist an mir vorbeigegangen. Ich konnte den Lauf der Dinge nicht mehr stoppen. Mein Glück war, dass die Luftwaffenpioniere im Sommer im norddeutschen Raum als Kommando eingesetzt wurden. So konnte ich mich dem formalen Kasernenleben etwas entziehen. Es ging im Wesentlichen um die Herstellung von Flugzeughallen, Fahr- und Landebahnen oder Erdarbeiten. Zwischendurch hatte ich noch die Befähigung zum Führen von Schwergerät erworben. So war ich bis zum Herbst nicht in der Kaserne.

Ich war jetzt nur noch selten in Wardböhmen. Entweder hatte ich Strafdienst an den Wochenenden oder war, wie gesagt, auf Kommando.

Das Wardböhmer Schützenfest kam. Elke war mittlerweile sechzehn geworden und wir hatten vereinbart, dass ich sie abholte und ihr Bruder Rolf sie später wieder nach Hause bringen sollte, denn der Familie Heine war meine Neigung zum Alkohol nicht verborgen geblieben. Zum Schutz ihrer Tochter waren sie mit dieser Regelung einverstanden. Außer den üblichen Schmusereien hatten wir mangels Gelegenheit bisher noch keinen sexuellen Kontakt. Uns beiden war aber klar, dass es auf dem Schützenfest passieren sollte.

Ich war im letzten Jahr so sehr mit mir selber beschäftigt gewesen, dass ich Annas erneute Schwangerschaft gar nicht mitbekommen hatte. Kann sein, dass ich es wohl doch am Rande registriert hatte, aber es betraf mich in keiner Weise. Wenig später gab es nun den kleinen Bernd. Oma hätte sich im Grabe umgedreht, wenn sie das mitbekommen hätte: noch ein Kind von »dem Kleemann«. Vielleicht hatte sie das alles geahnt, wollte es sich ersparen und ist deshalb so früh gegangen.

Anna und Walter waren auch auf dem Schützenfest. Wir hatten kurz miteinander Kontakt und ich stellte Elke als die neue Schwiegertochter vor. Walter spielte mal wieder den affigen Galan, indem er sie dauernd an die Sektbar schleppen wollte, um mit ihr zu trinken. Elke fühlte sich gedrängt und so war sie fast erleichtert, als ich sie an die Seite nahm und ihr zu verstehen gab, dass wir zu uns in die Wohnung gehen würden. Wir begründeten das damit, dass der kleine Bernd zu Hause im Kinderwagen lag und wir mal nach ihm schauen wollten. Es war schon dunkel und wir legten uns in der Wohnung nebeneinander auf die Couch. Ich begann Elke auszuziehen. Sie wollte aber nicht so richtig und ich spürte, dass sie Angst hatte. Das ganz große Vertrauen zu mir hatte sie in der letzten Zeit auch nicht mehr. Dann gab sie doch nach und sagte: »Nur mit einem Präservativ.« Sie hatte so ein Teil dabei und gab es mir, dann lag sie scheinbar willen- und hilflos da. Ich tat so, als wenn ich mir das Ding drüberziehe, und bin dann in sie eingedrungen. Sie hatte Schmerzen, und die ganze Aktion war sehr unbefriedigend. Elke war unerfahren, ich ungeduldig. Ein schönes Erlebnis war es nicht, und geblutet hat sie auch noch. Nach Beendigung dieser Aktion sind wir dann wieder zurück zum Schützenfest gegangen. Ein fader Nachgeschmack blieb. Wir waren noch eine Weile zusammen und dann wollte sie nach Hause. Angetrunken wie ich war, fuhren wir mit meinem alten VW-Käfer auf der B3 Richtung Celle. Nach circa fünf Kilometern wollte ich eine Abkürzung über den Truppenübungsplatz nehmen. Das fiel mir recht spät ein. Ich riss den Wagen rum und knallte dann mit dem rechten Vorderreifen gegen einen Betonpfeiler. Der Reifen war kaputt und der Kotflügel eingebeult. Nun standen wir da. Ich hatte den Wagen an die Seite geschoben, und gerade als wir zu Fuß zurückgehen wollten, tauchte Elkes Bruder Rolf auf. Er musste wohl geahnt haben, dass das mit dem Schützenfest und mit mir nicht gut gehen konnte und aus Sorge um seine Schwester hatte er uns gesucht. Fast wortlos stieg sie zu Rolf ins Auto und ich ging zurück nach Wardböhmen. Zum Schützenfest.

Wieder in Diepholz wartete ich sehnsüchtig auf Post von Elke. Die kam auch, aber erst nach zwei Wochen. Als Erstes schrieb sie mir, dass sie ganz viel Ärger mit ihren Eltern hatte und dass ihre Regel ausgeblieben wäre. Im ersten Moment wusste ich nicht, ob dies eine Katastrophe war oder ob ich mich freuen sollte. Es war so ein komisches Gefühl von Stolz und Angst. Sie schrieb weiter, dass ich sie reingelegt hätte, und dass ihr die Eltern den weiteren Umgang mit mir verboten hätten. Ich konnte mir gar nicht vorstellen, dass man mit Eltern über solche Dinge sprach. Elke tat es, und sie schrieb weiter, dass, wenn sie schwanger werden sollte, die Mutter für die nötigen Maßnahmen sorgen würde. Ich verstand das alles nicht und wir schrieben uns weiter. Ungefähr vier Wochen später stand ich bei Heines vor der Tür. Doch Elkes Mutter gab mir zu verstehen, dass sie nicht mehr wollten, dass ich käme und Elke würde wohl darüber hinwegkommen. Traurig und bedrückt zog ich ab. Der ganze Ablauf hat mich doch etwas nachdenklich gestimmt. Zum ersten Mal in meinem kurzen

Leben war mir klar, dass alles mit meinem dauernden Trinken zusammenhing. Ich nahm mir tatsächlich vor, in der nächsten Zeit auf Alkohol zu verzichten. Mir wurden meine Schwierigkeiten bewusst und die Verluste immer größer. Nun wollte ich mir beweisen, dass ich ohne Alkohol leben konnte. Ich hatte beim Bund ein anderes Zimmer bezogen. Jürgen, ein zwanghafter Typ war mein Mitbewohner. Ich richtete meine Schlafecke gemütlich her und schaffte es doch tatsächlich, nach dem Abendbrot nicht im Unteroffizierscasino zu landen, sondern ging nach dem Essen sofort auf die Stube. In dieser Zeit habe ich jeden Abend gelesen, bis ich müde wurde. Die spannende Lektüre hieß »das Mädchen aus Saigon!« Ganze fünf Tage habe ich das durchgehalten, dann ging's ins Wochenende und alles war wieder beim Alten. Ich hatte für mich im Hinterkopf: »Wenn du willst, kannst du ja ohne Alkohol zurechtkommen.«

Doch das ging natürlich nicht lange gut. Gleich in der nächsten Woche musste ich wieder mal zum Dienst geweckt werden. Die Ermahnungen wurden zur Abmahnung und ich hatte nicht mitbekommen, dass die Bundeswehr bereits an meiner Degradierung arbeitete. Mein Freund Erhard hatte sich schon von mir zurückgezogen, dem war das Ganze zu viel, und auch Jürgen, zu dem ich menschlich eine besondere Beziehung hatte, distanzierte sich von mir.

An den Wochenenden stand ich mit Walter und den Maurerkollegen auf dem Bau in Ovelgönne. Während der Woche trieb ich mich in irgendwelchen Kantinen herum oder ich saß in Diepholz bei Günter Kampa an der Theke. Ich war nur noch betrunken, und einmal traute sich Günther, nach reichlichem Alkoholkonsum, meine Fahrtüchtigkeit infrage zu stellen, Günther wollte mir die Autoschlüssel abnehmen, doch ich reagierte aggressiv und aufbrausend und habe in meiner Wut beim Rausgehen noch ein volles Bierglas in den Gläserschrank geworfen. Da ich einer seiner besten Kunden war und ich mich in seiner Kneipe zu Hause fühlte, verzichtete er auf eine Anzeige. Am nächsten Abend war ich wieder da und wir haben bei einem Bier die Sache bereinigt. An einem der nachfolgenden Wochenenden kam, was kommen musste. Wir saßen wieder bei Kalle und Ilse der Dorfkneipe. Willi, der Gastwirt, war inzwischen verstorben und Gerhard Bartsch, der inzwischen auch zu den »Trinkfesten« gehörte, hatte als Malergeselle von einem Bekannten eine Einladung zu einer Feier bekommen. Wir wussten alle, dass es wieder zu einem fürchterlichen Besäufnis kommen würde.

Bereits in Bierlaune fuhren wir nach Bergen. Diesmal war ich noch so vernünftig und einsichtig, meinen VW-Käfer vor der Kneipe stehen zu lassen. Gerd musste fahren. Sein Fiat 500, mit fünf Personen besetzt, brachte uns zur Feier. So gegen Mitternacht waren wir dann, alle betrunken, wieder zurück. Wie gingen zu Kalle in die Kneipe, um noch einen Absacker zu trinken. Gegen 1:30 Uhr machte Kalle dann den Laden dicht. Karl Ludwig und ich waren die Letzten und verspürten plötzlich Hunger. Mein VW stand vor der Tür und so beschlossen wir kurzerhand nach Bergen zu Reschke zu fahren, um dort ein Hähnchen zu essen. Also fuhren wir los. Ganz bis Bergen haben wir es aber nicht geschafft. Karl Ludwig hatte den Kopf zur Seite gelegt und schlief, ich muss wohl auch eingeschlafen sein. Ich streifte einen entgegenkommenden Wagen und knallte dann frontal ins Kaufhaus ReKa, so in etwa 200 Meter vor Reschke. Ich weiß heute noch nicht, woher um diese Uhrzeit plötzlich all die vielen Leute herkamen. Karl Ludwig lag blutüberströmt auf dem Beifahrersitz. Er hatte sich durch den Aufprall an der Fensterverriegelung die ganze rechte Gesichtshälfte aufgerissen. Ich war mit dem Vordersitz unter dem Armaturenbrett eingeklemmt, konnte mich aber ohne fremde Hilfe befreien. Mein erster Gedanke war weglaufen. Dann sah ich Karl Ludwig und es dauerte auch nur noch wenige Momente, bis die Polizei kam. Karl Ludwig wurde mit dem Rettungswagen ins Krankenhaus eingeliefert, ich wurde erst zur Polizeiwache gebracht zur Blutprobe und dann ebenfalls ins Krankenhaus gefahren.

2,64 Promille, Führerschein weg. Zusätzlich erhielt ich eine Anzeige von Karl Ludwigs Eltern wegen fahrlässiger Körperverletzung.

Am nächsten Tag ging's mir aber schon wieder besser. Abends hatte ich bereits der Krankenschwester erzählt, dass ich schräg gegenüber in das Gasthaus möchte, weil im Fernsehen eine große Sportveranstaltung übertragen wurde. Dafür stellte ich ihr zwei Flaschen Bier in den Nachttopfschrank. So ging das eine Woche. Zur Visite hat sie mich morgens geweckt, dann habe ich ausgeschlafen und abends war ich wieder auf Achse. Der Unfall hatte nicht nur den Führerscheinverlust zur Folge, es waren noch vier Wochen Gefängnis angesagt. Da ich Soldat war, habe ich vier Wochen in Diepholz in der Wache aufgebrummt bekommen. Der nächste Hammer kam, meine Degradierung. Ich musste beim Kompaniechef Requwarth vorstellig werden, und mir wurde offiziell der erworbene Dienstgrad aberkannt. Ich hatte wieder den Status, mit dem ich angefangen hatte. Jetzt bekam ich auch von den anderen zu spüren, wie es ist, unten wieder angekommen zu sein. Sie rächten sich für meine Schikanen als Ausbilder. Ein Manfred Mueller und einige andere nahmen mich besonders aufs Korn. Da ich weiter fast jeden Abend volltrunken war, mich langsam zunehmend vernachlässigte und hygienisch oft nicht mehr ganz sauber war, meinte dieser Manfred, das müsste man mit Prügel regeln. Sie zerrten mich in den Keller und ich wurde von mehreren zusammengeschlagen und misshandelt. Ich musste mich nackt ausziehen und wechselseitig wurde mir meine Unterwäsche um die Ohren gehauen. Zwischendurch traf mich auch mal eine Faust oder eine flache Hand. Sie ließen erst von mir ab, als ich regungslos am Boden lag. Ich hatte keinen Mut und kein Selbstvertrauen mehr, um ein Wort zu sagen oder diesen Vorfall sogar anzuzeigen, ich suchte nur noch nach einem Weg, da irgendwie durchzukommen.

Da ich keinen Führerschein mehr hatte, musste ich jetzt an den Wochenenden per Anhalter fahren. Ich stellte mich mit meiner Uniform an die Straße und kam auch immer gut weg. Später hat mich oft ein Bekannter aus Fassberg mitgenommen. Er hatte seine Freundin in Wardböhmen und so passte das ganz gut. Ich habe nie mehr Kontakt zu ehemaligen Kameraden bekommen. Trotzdem würde ich gerne wissen, was aus Jürgen geworden ist. Von Erhard weiß ich, dass er als Entwicklungshelfer nach Kenia ging.

Als ich die Bundeswehr verließ, war ich in einem schlimmeren Zustand als zu Beginn. Diese drei Jahre, in die ich so große Hoffnungen gesetzt hatte, hatten mich nicht vom großen unreifen Kind zum selbstständigen Mann gemacht. Erst Pseudomacht und dann Identitätsschwund, das waren meine Erfahrungen. Ich glaube, dass man mich aus Mitleid nicht unehrenhaft entlassen hatte, denn ich habe es gerade noch so geschafft, meine Entlassung regulär hinzubekommen, denn das hatte den Vorteil, dass mir die Abfindung geblieben ist. Beginnend mit dem Tag meiner Entlassung war ich drei Tage auf Achse. Ich weiß, dass ich im Bergerhof anfing und am dritten Tag über Celle kommend irgendwann in Wardböhmen an der Theke stand, dann bin ich vor Erschöpfung zusammengebrochen.

Was kaum zu glauben ist, und heute überhaupt nicht mehr möglich wäre, ich habe nach einer Sperrfrist von zwölf Monaten tatsächlich meinen Führerschein wieder bekommen. Die 4000 DM Abfindung legte ich sofort in einen Fiat 1500 an. Er war weiß mit roten Bezügen. Vorn durchgehende Sitzbank und Lenkradschaltung.

Mein Traum von der Karriere beim Bund war zu Ende. Der Alkohol war zum festen Begleiter in meinem Leben geworden. Es gab nur noch wenige Phasen, in denen es mir gelang, etwas weniger zu trinken. Ich brauchte meinen Pegel, um zu funktionieren.

6. Kapitel

Auf der Flucht

Das Farbfernsehen hielt Einzug. James Last begann seine Karriere, Alexandra verunglückte tödlich und die erste Mondlandung stand bevor.

Ich fuhr mit meinem neuen Fiat 1500 von Celle nach Wardböhmen. Hinter Bergen stand winkend eine Anhalterin an der Straße. Ich hielt sofort an und nahm sie mit. Wir kamen ins Gespräch und ich bot ihr an, sie nicht direkt nach Hause zu bringen, sondern erst mit mir in meiner Gaststätte ein Bierchen zu trinken. Außerdem musste ich mein neues Auto vorführen. Da wir uns auf Anhieb recht gut verstanden, war sie damit einverstanden. Heidi war aus gutem Hause. Sie lebte in Hermannsburg und ihre Eltern waren beide Lehrer. Aus der Anhalterbekanntschaft entwickelte sich eine feste Freundschaft. Wir zogen gemeinsam durch die Gegend. Ich war arbeitslos, tat aber so, als wäre ich weiter auf der Suche nach etwas Sinnvollem.

Heidi Binder, hübsch und intelligent, hatte die Idee, dass wir Fotos machen könnten, um damit Geld zu verdienen. Sie hatte schon einmal für eine Zeitung oder ein Magazin posiert. Wir fuhren nach Bergen zu einem Fotografen und boten uns an. Beide in Kosakenkitteln, ich mit geschwärztem Oberlippenbart, so machten wir Werbefotos. Der Fotograf war auch recht angetan von uns und wir hatten die Hoffnung, eine neue Einkommensquelle entdeckt zu haben. Geld haben wir jedoch nie gesehen. Es soll wohl irgendwo mal ein Plakat aufgetaucht sein. Auch dieses Geschäft scheiterte. Heidi mochte meine ständigen Ausflüge in Gaststätten nicht mehr mit mir teilen. Sie wollte auch nicht mehr mit mir im Auto fahren, weil ich ständig angetrunken war. So kam es zu keiner intensiveren Beziehung, und Heidi blieb weg.

Ich habe viele Abschnitte in meinem Leben immer mit Musik oder mit einem bestimmten Musiktitel in Verbindung gebracht. Bei Heidi und mir waren es die Tremmelos mit ›My Little Lady‹ jetzt war's vorbei mit der kleinen Lady. Ich saß bei Karl, von uns nur Karl Arsch genannt, in der Kneipe und begoss die Trennung von Heidi, da lief aus der Musikbox unser Lied. Ich bekam so was wie einen moralischen Anfall. Ich versank in Tränen, beweinte mich selber und besoff mich bis zum geht nicht mehr, lag mit dem Kopf auf der Theke und wartete darauf, dass Karl den Laden dichtmachte und mich rausschmiss. Am nächsten Abend stand ich wieder an der Theke. Jürgen Grote aus Bleckmark kam rein. Es stellte sich neben mich, gab mir ein Bier aus, und sagte fast nebenbei: »Du musst ab morgen unseren Lkw fahren, Jürgen ist heute Nachmittag ins Krankenhaus gekommen.« Am nächsten Tag saß ich auf dem Lkw von Jürgen Grote. Das ging alles gut. Morgens brauchte ich meinen Klapperschluck, tagsüber das eine oder andere Bier und abends wurde der Pegel in der Dorfgaststätte aufgefüllt. Nach zwei Monaten hatte ich gut Geld verdient, Jürgen war wieder zurück und meine Mission beendet. Da mir das Lkw-Fahren gut gefallen hatte, bin ich zu Hermann Cohrs, dem Bruder von Motorrad Cohrs, auf den Bock. Er fuhr bei der Firma Schrader in Hannover und schon war ich zweiter Mann und bin mit ihm auf Tour gegangen. Das ging so ein knappes Jahr, dann war der Firma der zweite Mann auf dem Lkw mit Führerschein zu teuer. Jeder sollte einen Lkw übernehmen mit einem zweiten Mann ohne Führerschein. Das wollte und konnte ich nicht und bin gegangen. Hermann hat sich zwei Jahre später auf dem Weg nach Hause mit seinem privaten Pkw totgefahren. Ich hatte zwar keinen Job, aber immer noch meinen Führerschein. Nun brauchte mich Walter, denn ihm hatten sie zum zweiten Mal den Führerschein abgenommen. Jetzt war er auf mich angewiesen, um am Wochenende die Arbeiten auf dem Bau zu erledigen. Walter hatte wieder einmal den Job gewechselt und war als Baggerfahrer beschäftigt, jetzt konnte er aber nicht mehr zur Arbeit fahren. Also fing ich in seiner Firma als Baggerfahrer an. Damit hatten wir den gleichen Arbeitsweg und Walter behielt seinen Job. Ich kann nicht sagen, dass unser Verhältnis besser wurde, aber ein bisschen stolz war ich schon, weil er jetzt auf mich angewiesen war. Nach der Arbeit hat er dann auch regelmäßig bei Tilli in Bergen den gemeinsamen Bierkonsum bezahlt. Er hat sogar des Öfteren beim Biertrinken von mir als seinem Sohn gesprochen. Dann trennten sich unsere Wege wieder.

Dienstag war bei Ilse Ruhetag. Dann bin ich zu Karl »von hinten« gegangen. Kalle und die anderen saßen meist auch da. Zu Karl traute ich mich nur, wenn ich Geld hatte, denn es lagen immer unbezahlte Deckel von mir da. Als dritte Möglichkeit blieb mir, wenn ich in beiden Kneipen Schulden hatte, Karl Grahlher, unser Bahnhofswirt, der mit dem kürzeren Bein. Die Bahnhofskneipe war Treffpunkt der alten Bauern zum Doppelkopf spielen. Hier traf ich auf den Gesellen von Heini, unserem Dorfschmied. Wir beide waren wie Katze und Hund. Es dauerte auch nicht lange, dann hatten wir uns gestritten, und ich knallte Klaus-Dieter in die Stühle und setzte noch einen nach. Blutend ging er nach Hause und hat Heini erzählt: »Der Kleemann hat mich verdroschen!« Das führte zu einer für mich sehr angenehmen Verwechselung. Ich komme wie immer in meine Kneipe, Walter sitzt jammernd vor seinem Bier, blutet aus der Nase und schreit lauthals: »Herr Wirt, schützen Sie mich vor diesem Mann!« Heini hatte ihn vorher kurzerhand vom Hocker gehauen, weil er glaubte, dass er es war, der seinen Klaus-Dieter verhauen hatte. Als ich dazukam, war Heini gerade gegangen. Ich gab mir keine Mühe, das Missverständnis aufzuklären. Eine gewisse Schadenfreude konnte ich aber nicht verbergen. Walter bekam seinen Führerschein wieder und ich verwirklichte meinen nächsten Traum.

Im Volksmund heißt es: »Wer nichts wird wird Wirt.« Jetzt wurde ich Wirt. Der Schwiegersohn vom Bergerhof, Peter Berger, nahm mich mit ins Boot. Wir pachteten in der Celler Altstadt das »Tempo«. Eine kleine niedliche Bierkneipe in einer Seitenstraße nahe der Innenstadt. Peter hatte keinen Führerschein und so war er auf mich angewiesen. Ich holte ihn nachmittags vom Berger Hof ab, und wir fuhren zusammen nach Celle. Die üblichen Vorbereitungen. Bier anstechen, Tische und Theke einrichten, so gegen 18:00 Uhr öffneten wir dann. Es fand sich schnell ein Stammpublikum. Peter und ich waren gesellige und geschäftstüchtige Leute, sowohl was das Verkaufen, als auch was das Mittrinken anging. Wir hatten normalen Geschäftsbetrieb. Nachts um eins wurde dichtgemacht, abgerechnet und dann mit den Stammkunden noch geknobelt oder hinten im Raum getanzt. So gegen 4:00 Uhr morgens bin ich dann nach Hause gefahren. Es haben sich durch das »Tempo« auch einige Bekanntschaften ergeben. Sonntags hatten wir geschlossen. Diesen Tag verbrachte ich regelmäßig in unserer Dorfkneipe. Zum Frühschoppen gesellte sich Renate zu mir. Wir lösten zusammen das Kreuzworträtsel in der Bild am Sonntag. Sie war immer begeistert, wie schnell ich das zusammenbrachte. Renate wich mir nicht mehr von der Seite. Sie besuchte mich im »Tempo« und in ihrer freien Zeit war sie immer neben mir. Nicht offiziell, denn ihr Vater, der »Werner von der Kammer«, war Malermeister im Dorf und achtete sehr darauf, dass sich seine Tochter mit keinem aus dem Dorf einließ. Ich kannte Werner aus der Kneipe, denn er spuckte auch nicht ins Glas. Wenn Werner Feierabend hatte, kam er mit seiner weißen Malermontur in die Kneipe und genehmigte sich einige Biere, bevor er dann nach Hause fuhr. Renate war kleiner als ich, rothaarig und trug einen gewaltigen Busen vor sich her. Jeden Abend, wenn ich aus Celle kam, stand Renate hinter der Hauswand und wartete auf mich. Wir schlichen dann hoch in mein Zimmer. Renate blieb ungefähr zwei Stunden, dann schlich sie sich wieder herunter und ging nach Hause. Volltrunken wie ich immer war, habe ich dann mit ihr sexuell verkehrt. Dass ich der erste Mann für sie war, habe ich nicht mitbekommen. Ich war immer froh, wenn sie ging. Unsere Beziehung blieb den anderen im Dorf nicht verborgen. Trotzdem gaben wir uns alle Mühe, nur nachts und zu bestimmten Zeiten zusammen zu sein. Renate hatte zu Hause schon gewaltige Schwierigkeiten, weil Werner zugetragen wurde, was seine Tochter so trieb und noch schlimmer, mit wem.

Meine nächtlichen Fahrten unter ständigem Alkoholpegel konnten nicht gut gehen. Es kam, was kommen musste. Ich kam wie immer volltrunken nach Hause, Renate kroch wieder für eine Stunde in mein Bett, schlich sich dann raus und ich schlief ein. So gegen Mittag war ich mit meinem Fiat nach Bergen unterwegs. Ich wollte zum Friseur. Kurz vor Bergen wurde ich von einem Polizeiwagen rechts rausgewinkt. Führerscheinkontrolle, Blutprobe. Die Frage, ob ich getrunken hätte, konnte ich guten Gewissens verneinen, aber der Restalkohol betrug 2,48 Promille. Es war kurz vor einer Bushaltestelle in Bergen. Zufällig stand Renate da. Sie fuhr mich mit Einverständnis der Polizei in meinem Wagen nach Hause. Damit war sie auch gleichzeitig für die nächste Zeit mein Chauffeur. Ohne Führerschein konnte ich die Fahrten in meine Kneipe nach Celle nicht mehr machen. Sie hat mich zwar einige Male gefahren, doch Werner, ihr Vater, hatte ihr mittlerweile den Umgang mit mir verboten. Zwangsläufig musste ich dann aus dem »Tempo« aussteigen. Damit war meine Karriere als Gastwirt auch beendet. Genauso erledigte sich die Beziehung zu Renate. Eines Tages war sie weg. Ich erfuhr, dass sie auf Sylt wäre, warum und wieso – niemand wusste etwas.

Man munkelte auch etwas von Schwangerschaft. Ich hatte nichts von ihr gehört. Viele Jahre später trafen wir uns zufällig, sie war verheiratet und hatte zwei Kinder, wir haben uns nur kurz und oberflächlich unterhalten.

Jetzt wurde es auch für Walter schwer, denn nun hatten wir beide keinen Führerschein mehr. Am Wochenende musste immer einer der angeheuerten Maurer fahren. Der Bau näherte sich seinem Ende. Anna konnte nicht arbeiten und war darauf angewiesen, von Walter Geld für den Haushalt zu bekommen. Doch er versoff sein Geld weiterhin in der Kneipe und den Rest brauchte er fürs Wochenende, um die Maurer zu bezahlen. Anna stand Freitagabend vor der Dorfkneipe und versuchte über Bekannte Walter klarzumachen, dass sie auch etwas Geld zum Einkaufen bräuchte. Wenn der von Anna geschickte Mensch gut mit Walter klarkam, gelang es manchmal, ihm maximal zwanzig Mark abzunehmen und sie Anna vor der Tür zu geben. Das war mehr als erniedrigend, aber wie sollte es anders gehen? Ab und zu hatte er auch einmal gute Laune, und dann rückte er etwas Haushaltsgeld heraus. Wie Anna es trotzdem geschafft hat, den Haushalt zu führen und die Kinder zu versorgen, ist schon erstaunlich. Mein Leben hatte mit dem Rest der Familie nichts mehr zu tun. Wenn, dann kam ich nur zum Schlafen nach Hause. Walter hatte einen neuen Job in Belsen gefunden.

An den Wochenenden war ich fast immer mit Hans Jürgen Kohrs zusammen, genannt Fuzzi. Tagsüber machten wir die Restarbeiten auf dem Bau, der langsam in die Endphase kam, abends tingelten wir über die Dörfer. Zu meiner Trinkerei gesellte sich jetzt die wachsende Neigung zu Aggressionen. Es gab selten ein Wochenende, an dem wir nicht in irgendeine Schlägerei verwickelt waren. Meist war ich der Provokateur und zettelte ganz bewusst Prügeleien an. Angst hatte ich keine, weil ich ja ständig meinen Pegel hatte. Klein und flink nach der Devise: »Wenn du zuerst zuschlägst, bist du im Vorteil.« Ich habe oft ohne Vorwarnung und grundlos einfach zugeschlagen. Das ging aber nicht immer gut.

Der letzte Winter in Wardöhmen. Es war kurz vor Weihnachten. Wir standen bei Karl Arsch in der Kneipe. Ich mal wieder gut abgefüllt, großschnäuzig und provozierend. Hans Jürgen Buhr war mit einem Kollegen von der Polizeischule in Hannover da, den hatte ich mir ausgeguckt, wieder nach dem Motto, stänkern und dann zuschlagen. Doch diesmal erlebte ich mein blaues Wunder. Im wahrsten Sinne des Wortes. Ich konnte gar nicht so schnell gucken, wie ich mir einige eingefangen hatte. Blutend lag ich vor der Theke. Mehrere Platzwunden, beide Augen schlossen sich langsam. Schmerzen verspürte ich nicht und verprügelt zu werden, war mir auch nicht fremd. Wie hatte Oma immer gesagt: »Was ich dir zu wenig gegeben habe, wirst du mal von anderen bekommen.« Wie recht sie hatte. Ich schlich nach Hause, zog die blutigen Sachen aus und ging wieder zurück in die Kneipe, stellte mich kleinlaut in eine Ecke und trank noch einige Bierchen mit meinem Gegner.

Ich musste nun meinen Fiat verkaufen, da ich kein Einkommen hatte, aber das Geld reichte zunächst zum Weitertrinken. Trotzdem bemühte ich mich um einen Job. Körperlich war ich schon ziemlich schwach und insgesamt nicht mehr in der besten Verfassung, aber es gelang mir, dank Arthur, in Bergen bei der Betonfirma Rust anzufangen. Gehwegplatten und Betonpfähle wurden hier hergestellt. Die ersten Tage erschien ich noch pünktlich zur Arbeit, doch es dauerte nicht lange, da ging die Bummelei wieder los.

Ich stand mehr in der Kneipe als an meiner Maschine. Das ließ sich der Vorarbeiter nur kurz gefallen, und nach etwa vier Wochen konnte ich gehen. Ich hatte wieder etwas Geld und habe weitergetrunken.

Mein letzter Job war ein fünftägiges Gastspiel im Volkswagenwerk in Hannover. Ein Bekannter aus der Kneipe nahm mich mit zur Schicht. Der Vorarbeiter stellte mich auch sofort auf Probe ein. Ich stand an einer Stanze und produzierte Bleche. Dass ich nicht mehr in der Lage war, ohne Alkohol zu arbeiten, merkte der Vorarbeiter recht schnell. Als er dann auch noch neben der Stanze einen Flachmann entdeckte, war sofort und auf der Stelle Schluss, er konnte überhaupt nicht begreifen, dass an einer laufenden Stanze, in die zum Wechseln der Bleche mit den Händen hineingegriffen werden musste, jemand Alkohol trank.

Das war's nun vorerst mit Arbeit. Passte auch ganz gut, denn das Haus in Ovelgönne war fertig, und zum Februar 1970 zogen wir um. Das hatte Vor- und Nachteile. Der Vorteil war, dass mich dort keiner kannte. Vielleicht verband sich damit auch der Wunsch, mit dem Umzug doch noch einmal die Kurve zu kriegen. Ich wollte das schon gern, aber es blieb bei dem Wunsch. Ich konnte nicht mehr anders und musste täglich trinken. Das Schicksal nahm seinen Lauf.

Mein erster Gang in Ovelgönne war natürlich in die Kneipe. Als Neuer vorstellen, Leute kennenlernen gesellig sein und trinken. Ich lernte den Kneipenwirt Arno Jahn kennen, ein Typ, an den ich mich mein Leben lang erinnern werde. Vordergründig ein netter und höflicher Mensch, unterhaltsam und kumpelhaft, aber er beschiss jeden, der sich mit ihm einließ. Seiner alten Mutter war es oft peinlich, wie er mit den Leuten umging. Er schrieb immer mehr auf, als man verzehrt hatte und sie bügelte das oft hinter seinem Rücken aus. Für mich war Arno gut, denn er war sofort bereit anzuschreiben. Anfangs wusste ich noch nicht, dass man bei ihm doppelt und dreifach bezahlen musste. Arno hatte natürlich auch schnell herausgefunden, wie wichtig der Alkohol für mich war. So heuerte er mich sofort an, für ihn zu arbeiten. Die Bezahlung erfolgte dann in Flüssigkeiten. Damit kam ich ganz gut zurecht. Dass er mich ausnutzte und betrog, konnte und wollte ich nicht ändern.

Mein Bruder Klaus Walter Jürgen war inzwischen 13 Jahre alt und wechselte die Schule, Bernd wurde eingeschult.

Eines Tages, ich hockte wieder in der Kneipe und trank mein Bier, saß Klaus Hubert neben mir. Er arbeitete als Maurer bei einer Baufirma in Hannover. Wir unterhielten uns und ich erzählte ihm, dass ich gelernter Maurer wäre. Klaus meinte: »Ich nehme dich morgen mit auf die Baustelle, wir suchen Maurer.« Der Polier testete mich einen Tag, und ich hatte tatsächlich wieder einen Job. Warum er mich nahm, ist mir auf ewig verborgen geblieben.

Bilder aus dieser Zeit belegen, dass mein Aussehen schon sehr auffällig war. Doch mir war es egal. Ich fuhr jeden Morgen mit dem Firmenbus nach Hannover auf die Baustelle. So konnte ich schon im Bus mein Bier trinken, und da der eine oder andere Gleiches tat, fiel es nicht weiter auf. Zu jener Zeit wurde auch auf Baustellen tagsüber noch getrunken. Klaus Hubert wohnte im Nachbardorf und machte jeden Morgen mit dem Firmenbus die Runde, um die Leute einzusammeln. Eines Tages kam Klaus Walter Jürgen mit einem neuen Freund nach Hause. Wolf Dieter Nowak, genannt »Wolle«. Er war mit seinen Eltern aus Celle in den Waldweg gezogen. Er fragte mich, ob ich tanzen könnte. Wieso? Er hätte eine größere Schwester, die nur am Wochenende hier wäre und gerne zum Tanzen ginge. »Die kennt hier niemanden und sucht einen Partner.« Das passte. Wir verabredeten uns und zogen los. Tanzen, Kneipe und trinken. Es waren genau die Dinge, die ich gut konnte. Und Dietlind war mein Typ. Volle, lange, pechschwarze Haare, meine Größe und sie sah aus wie eine Schwester der Sängerin Juliane Werding. Sie lebte während der Woche bei ihren Großeltern in Celle, weil sie dort aufs Gymnasium ging. Was mich stutzig machte war, dass sie wie ihre Großeltern »Niewert« hieß, ihre beiden Geschwister aber hatten den Nachnamen »Novak«. Das musste Gründe gehabt haben. Sie sagte zu ihren Eltern Vati und Mutti, zu den Großeltern, Mutter und Vater. Ich fühlte mich dieser Familie sofort zugehörig und vieles war für mich neu, so auch die Offenheit, mit der miteinander umgegangen wurde, und dass einer dem anderen vertraute. In diesem Haus wurden keine Türen abgeschlossen, es wurde über Konflikte und Probleme gesprochen. Alles das kannte ich nicht. Das erste Mal in meinem Leben erlebte ich Familienatmosphäre. Dietlind sprach ganz offen mit ihren Eltern über unsere Beziehung. Die Familie Nowak akzeptierte mich als dazugehörend. Tagsüber betrieben sie einen Schlachterladen in Celle, und an den Wochenenden waren sie mit einem Bierstand auf Schützenfesten und anderen Festen unterwegs. Das passte richtig gut zu meinem Leben. Die Großeltern von Dietlind waren da schon etwas skeptischer: der Maurer, der trank. Die Tochter hätte etwas Besseres verdient. Dietlind hatte eine lockere und unbekümmerte Art. Sie kam zu uns nach Hause, begrüßte Anna und Walter mit Wangenkuss und nach ganz kurzer Zeit sagte sie Mama und Papa zu den beiden. Sie schaffte es, auch bei uns wieder etwas Familienatmosphäre herzustellen. Es gelang mir tatsächlich tagsüber weniger zu trinken und ich entdeckte mich dabei, dass ich zu Anna und Walter Vati und Mutti sagte. Es wirkte nach außen, als ob wir jetzt eine harmonische Familie wären. Ich war das erste Mal in meinem Leben so richtig verliebt. Was aber viel wichtiger war, ich lernte »Familie« kennen und bekam Anerkennung. Wir harmonierten als Paar auch auf der Tanzfläche. Dietlind konnte sich sehr gut in den Mittelpunkt stellen. Sie war selbstbewusst und genoss die Show, wenn wir auf der Tanzfläche Kasatschok tanzten und alle um uns herum standen und rhythmisch klatschten. So waren wir auf der Tanzfläche und in den Discos zu Hause. Dietlind schreckte auch nicht davor zurück, ihrem »Alten«, wie sie sagte, ab und zu mal einige Hunderter abzunehmen. Finanziell ging es uns dadurch gut, weil sie das auf ihre Art geregelt hatte. Trotz ihrer 17 Jahre war sie reif und eigenwillig. Sie setzte auch bei ihren Großeltern durch, dass sie sie am Wochenende brachten, obwohl diese nicht damit einverstanden waren, dass Dietlind mit dem trinkenden Maurer unterwegs war. Während der Woche erhielt ich Liebesbriefe und kleine Geschenke. Es verging kein Wochenende, an dem sie nicht zwischendurch immer wieder Gelegenheiten einbaute, um sich auch sexuell das zu holen, was sie wollte. Sie bestimmte wo, wann, was. Sie zeigte mir auch, dass andere Körperteile zur sexuellen Stimulation dienten. Vieles lief für mich nur mechanisch ab, denn da ich ja ständig angetrunken war, konnte ich alles nicht so recht emotional genießen, trotzdem war es eine wunderschöne Zeit, denn ich glaubte in meiner »Scheinwelt«, angekommen zu sein.

Abends bei Arno Jahn in der Kneipe. Hier trafen sich einmal in der Woche die Fußballer des Dorfvereins TuS Oldau Ovelgönne. Da ich immer in der Kneipe war und die Fußballer nur ab und an, gesellte ich mich zwangsläufig zu ihnen. Peter Buhr, der Spartenleiter und Trainer schaffte es dann, mich nach einigen Bieren zu überreden, dem Sportverein beizutreten. Der Umgang mit Dietlind hatte kleine Veränderungen bewirkt. Es gelang mir, anfänglich zum Training und zu den Spielen zu kommen. Doch meine körperliche Verfassung war so schlecht, dass ich keine Halbzeit mehr durchspielen konnte. Zwischendurch musste ich raus und mich übergeben. Unter Belastung rappelte mein Kreislauf, die Magenwände verkrampften sich, zitternd habe ich mich am Zaun festhalten müssen, um nicht umzufallen. Fürsorglich bin ich dann ausgewechselt worden. Eilig lief ich in die Kabine, dort war mein Retter. Ich bin grundsätzlich nie mehr weggegangen, ohne einen Flachmann in der Tasche zu haben, den trank ich hastig aus, saß auf der Holzbank und wartete auf die Wirkung des Schnapses und stierte an die Wand. Ein mieses Gefühl überkam mich. Ich hatte wieder versagt, sogar vor allen anderen. So wie Walter es mir immer prophezeit hatte: »Du bist nichts, du wirst nichts und du kannst nichts.« Für diesen Moment hatte er sogar recht, ich konnte wirklich nicht mehr. Selbst beim Fußball, dem meine ganze Leidenschaft galt, scheiterte ich kläglich. Dafür war ich nach dem Spiel aber schnell wieder obenauf. Die Auswechslung hatte für mich den Vorteil, dass das Wasser der Dusche noch warm war. Der kleine Elektrospeicher des Duschraumes war schnell überfordert, wenn alle anderen zum Duschen kamen. Die letzten hatten dann kaltes Wasser. Danach ging man dann herüber ins Vereinsheim, egal, ob gewonnen oder verloren, getrunken wurde immer. Jetzt war ich nicht mehr der Versager. Wenn die anderen dann nach Hause gingen, ging ich noch zu Arno und habe dort weitergetrunken. Manchmal erschien Dietlind und wollte mich abholen. Aber ich bin immer erst mitgegangen, wenn ich so viel intus hatte, dass es bis zum nächsten Morgen reichte.

Mein kurzes Gastspiel im Fußballverein war dann auch bald beendet. Was ich konnte, wollten die anderen nicht, und was die wollten, konnte ich nicht. Die Großeltern von Dietlind mischten sich jetzt massiv in unsere Beziehung ein, um ihre Enkelin zu schützen. Und ich stürzte mehr und mehr ab. Wenn wir in der Kneipe waren, provozierte ich unmotiviert Schlägereien, der Umgang mit mir wurde auch für Dietlind immer schwieriger. Eines Abends, wir waren mit einigen Bekannten und Dietlinds Geschwistern an der Aller zum Campen. Zelt und Lagerfeueratmosphäre. Wir badeten, ich spielte Gitarre »Jenseits des Tales« und andere Wanderlieder, es gab reichlich Bier. Dietlind und ich gingen ins Zelt, in dem wir auch nächtigen wollten. Alles war schön, nur ich war zu besoffen, um Dietlind das zu geben, was sie wollte. Es blieb beim Versuch, denn ich bin regelrecht auf ihr eingeschlafen. Sie rollte mich runter und ich schlief ein. So gegen

Mitternacht wurde ich durch Gitarrenmusik wach, ich kroch aus dem Zelt zu den anderen. Dietlind saß an der Seite eines mir nicht bekannten jungen Mannes. So wie es ihre Art war, eröffnete sie mir kurz und knapp, dass sie jetzt mit Werner zusammen wäre. Ich war wie versteinert. Konnte das alles nicht glauben, einfach so, mein letzter Halt, die Familie. Mit ihrer Mutter habe ich auf den Schützenfesten Walzer links herum getanzt. Dietlind und ich hatten uns ewige Liebe geschworen, nun sollte alles vorbei sein? Ich war nicht klar genug im Kopf, um das alles vernünftig zu realisieren. Wer war dieser Typ, wo kam der her? Ich hatte ihn vorher nie gesehen. Ich taumelte durch den Wald. Ich trank immer noch stark alkoholisiert das nächste Bier, und dann merkte ich, dass sie weg waren. Dietlind tauchte auch nicht mehr in Ovelgönne auf. Ich war voller Wut und Hass. In mir kam das Gefühl hoch: »Den bring ich um, ich muss ihn nur finden!« Ich suchte in Celle und Umgebung die Kneipen ab. Ich versuchte über Wolle herauskriegen, wo sie sich aufhielten. Ich wollte meine Dietlind wiederhaben und dem Kerl den Hals umdrehen. Mit meinem Liebeskummer konnte ich mich nun selber noch mehr bemitleiden und das führte dazu, dass ich nur noch trank. Trotzdem schaffte ich es erstaunlicherweise morgens am Bus zu sein, um zur Arbeit zu fahren.

Viel später erfuhr ich dann, dass Dietlind diesen Werner geheiratet hatte. Nowaks verkauften ihr Haus in Ovelgönne und gingen nach Spanien. Sie eröffneten auf Gran Canaria an der Playa del Ingles die Kneipe »Futterkrippe« in der Cita 2000. Wolle hatte mir immer wieder gesagt, wie enttäuscht er von seiner Schwester war, und dass er mich gerne als seinen Schwager gesehen hätte. Er hatte es Dietlind übel genommen, dass sie sich für Werner entschieden hatte. Die Großeltern von Dietlind lebten weiter in Celle. Ihr Vater ist in Spanien an den Folgen von Alkoholmissbrauch verstorben. Die kleine Schwester Beate heiratete und zog aufs spanische Festland, und Wolle blieb in Celle. Wir hatten weiterhin Kontakt.

Eines Abends, ich war ausnahmsweise einmal zu Hause, klingelte es. Die Frau von Klaus Hubert, unserem Busfahrer stand vor der Tür und reichte mir einen Bund Autoschlüssel mit den Worten: »Klaus ist krank, du musst ab morgen den Bus fahren!« Ich sagte nichts und nahm die Schlüssel, der Bus stand vor der Tür. Nun hatte ich den Bus und war dadurch noch aktiver in Celle unterwegs, um Dietlind zu suchen und Werner den Hals umzudrehen. Ich wusste von Wolle, dass sie sich zum Tanzen auswärts gelegene Discos aussuchten. Ich suchte alles ab, aber ich fand sie nicht. Ich vermute, dass sie mitbekommen hatten, dass ich hinter ihnen her war. Meine Suche blieb erfolglos. Von nun an stand der Bus abends bei Arno Jahn vor der Kneipe. Wenn es mir den Kopf kam, bin ich kurzerhand mit einigen anderen aus der Kneipe nach Wardböhmen in meine alte Stammkneipe gefahren. Ich war ständig auf Tour. Wenig geschlafen, immer unterwegs und morgens die Kollegen eingesammelt und zum Bau gefahren. Ich musste immer dafür sorgen, dass ich meinen Pegel hatte, dann war ich einigermaßen ruhig und funktionierte noch. Morgens beim Aufstehen war ich fahrig, zittrig und unruhig, ich hatte schwere Entzugserscheinungen, in diesem Zustand wäre ich nicht in der Lage gewesen, den Bus zu fahren. Also war meine erste Anlaufstelle Ewald Rosenfeld. Der hatte oben an der Straßenecke Richtung Wietze einen kleinen Kiosk. Bei ihm traf man sich morgens und abends, entweder um sich eine Zeitung zu kaufen oder auch ein, bis mehrere Bierchen zu trinken. Wir nannten die Ecke das »kleine Arbeitsamt«. Ewald hatte auch Schnaps. Ich kaufte bei ihm morgens erst einmal 2-3 Flachmänner. Den ersten musste ich gleich auf der Toilette in mich hineinwürgen, die anderen kamen in die Tasche, zur Sicherheit. Nach einigen Minuten wirkte der Schnaps, und ich wurde ruhiger. Tief durchatmen, auf die Wirkung warten, und dann fuhr ich mit dem Bus los, um die anderen Kollegen abzuholen. So lief das jeden Tag. Während der Arbeit auf dem Bau trank ich mit den Kollegen meine Biere, und heimlich zwischendurch brauchte ich meine Reserve, damit ich für die Rückfahrt die nötige Sicherheit hatte. Unglaublich, dass das alles ohne Folgen blieb. Klaus Hubert war noch weitere zwei Wochen krank und ich mag es kaum berichten, dass ich sechs Wochen unter diesen Umständen jeden Tag unter Alkoholeinfluss und ohne Führerschein mit mehreren Leuten an Bord den Transport durchgeführt habe, aber es ist Gott sei Dank gut gegangen. Klaus hat dann den Bus wieder übernommen. Ich war nicht mehr mobil, aber auch erleichtert, denn ich merkte, dass ich immer schwächer wurde, und dann kam ich morgens nicht mehr hoch. Die Kollegen warteten kurz und fuhren ohne mich zur Baustelle. Anna hat ab und zu versucht, mich zu wecken, aber es ging nichts mehr. Klaus sah, was mit mir los war und kam eines Abends vorbei und wollte mit mir reden. Vielleicht auch helfen, doch es nützte nichts mehr.

Jeder konnte es mir jetzt ansehen. Verquollenes dickes Gesicht und körperlich total geschwächt. Anna und Walter sahen es auch, aber sie waren hilflos und ich entzog mich ihnen. Kurze Zeit später bekam ich die Kündigung und die Abrechnung der Firma. Mein Rhythmus verschob sich jetzt völlig. Ich lag bis spät nachmittags im Bett, gegen Abend bin ich dann losgezogen. Die Jagd nach dem Alkohol begann. Ich gammelte regelrecht vor mich hin und ohne einen Plan oder ein Ziel zu haben, war ich nur noch damit beschäftigt, an mein tägliches Quantum zu kommen. Abends in der Kneipe verdiente ich mein Geld beim Kartenspielen und mit anderen Taschenspielertricks. Zwischendurch gab mir manchmal jemand einen Schnaps aus. Irgendwie schaffte ich es, mein tägliches Quantum zu erreichen. Nachts, wenn Arno die Kneipe dichtmachte und ich dann auf allen vieren durch das kleine Wäldchen Richtung Ostlandring kroch, reichte meine Kraft gerade noch so eben, um nach Hause zu kommen. Schlafen, und am nächsten Tag das Gleiche. Wenn ich nachts wach wurde, brauchte ich Alkohol, ich hatte kein Geld mehr und auf der Kasse gab man mir auch nichts mehr. Dann stand ich bereits mittags bei Arno in der Kneipe. Der kalte Schweiß stand mir auf der Stirn, meine Hände zitterten, ich bettelte ihn an, mir doch bitte Schnaps zu geben. Arno trank damals noch keinen Schnaps, nur Bier, aber mir schenkte er einen Doppelten ein und ein Glas Wasser dazu. Mit zittrigen Händen nippte ich vorsichtig an dem Schnaps und trank schluckweise das Wasser hinterher. Ganz langsam ließ ich den verdünnten Schnaps in mich hineinlaufen. Die Gefahr war groß, dass bei hastigem Trinken sich mein Magen umdrehte und alles wieder herauskam. Die nervösen Magenwände mussten sich erst mal beruhigen, und diese kleine Menge Schnaps war viel zu kostbar. Ich war nur noch in der Lage, ein paar Stunden vorauszudenken. Wenn ich es nicht mehr auf legalem Wege geschafft habe, an Schnaps zu kommen, bin ich los und habe mir mein Quantum zusammengeklaut. Auch dabei hat man mich nie erwischt. Ich lebte wie im Nebel und verlor ab und an die Orientierung. Anna schämte sich für mich, Walter ging das alles nichts an.

Als Anna nicht mehr ein noch aus wusste, ist sie mit mir nach Celle aufs Sozialamt gefahren. Ich saß da wie ein Häufchen Elend, Anna stellte einen Antrag auf Sozialhilfe. Da die auf dem Amt auch sahen, dass Sozialhilfe nicht das Einzige war, was mir fehlte, wurde gleichzeitig ein Antrag auf Unterbringung in eine Entzugsklinik gestellt. Anna stand wortlos da. Das, was man ihr sagte, war ihr fremd, Krankheit, Alkoholismus, Behandlung. Sie konnte nichts damit anfangen, für sie war es immer noch so: »Der Junge trinkt doch nur zu viel.« Dass ich trinken musste, verstand sie nicht. Dann versuchte die Frau vom Amt mir klarzumachen, dass ich Alkoholiker wäre und behandelt werden müsste. Das Wort Behandlung löste bei mir Panik aus. Ich rannte raus und lief weg. Da ich den ganzen Vormittag nichts getrunken hatte, begannen die Entzugserscheinungen und irgendetwas veränderte sich plötzlich. Es muss wohl ein Delirium gewesen sein. Die Situation auf dem Sozialamt, der Stress, nichts zu trinken, alles war anders an diesem Tag gewesen. Als ich halbwegs wieder etwas wahrnahm, sah ich Polizei um mich und dann befand ich mich im Krankenhaus. Irgendwo hatte man mich aufgegriffen. Durch meine Flucht wurde sofort ein Antrag auf Unterbringung ins Landeskrankenhaus Lüneburg gestellt. Es lag selbst- und fremd gefährdendes Verhalten vor. Nach der medikamentösen Behandlung, die ich fixiert im Krankenhaus verbracht hatte, wurde der sofortige Transport nach Lüneburg veranlasst. Es war der 9. November 1971.

7. Kapitel

Ende

Meine ersten Erinnerungen an das Landeskrankenhaus Lüneburg. Ein riesiges Gelände, parkähnliche Anlage, größere und kleinere Häuser darin verteilt. Ich schätze mal, dass ich so etwa eine Woche gebraucht habe, um überhaupt wieder klar denken zu können.

Nach einigen Tagen kam es zu einer merkwürdigen Begegnung. Ich spazierte durch das Gelände, da stand plötzlich jemand neben mir. »Den kenne ich doch!«, stellte ich fest. Es war Wolfgang Kollenberg, Maurer der Firma Borchert aus Bergen, ein ehemaliger Kollege. Wir haben uns oft über ihn lustig gemacht. Klaus Solasse und ich nannten ihn immer »Fussel«, weil er morgen so unruhig war und seine erste Amtshandlung im Bier holen bestand. Der konnte erst arbeiten, wenn er die ersten zwei Flaschen Bier weg hatte. Er schaute verschämt zur Seite, und ich sprach ihn nicht an. Wer weiß, was er sich gedacht hat. Der Kontakt war ihm sichtlich peinlich.

Wesentliche Dinge sind mir nicht in Erinnerung geblieben. Ich wusste nicht, warum ich da war und was weiter werden sollte. Frau Doktor Koch, eine resolut männlich wirkende Ärztin sorgte dann dafür, dass mein Beschluss aufgehoben wurde und man hat mich nach Bad Rehburg zur Therapie verlegt. Am 10. Dezember 1971 lief ich dort ein. Sechs Monate sollte ich bleiben und ich fragte mich, warum? Therapie, was ist das, Gruppengespräche, wozu, wenn ich ein Zuhause gehabt hätte, wäre ich gegangen. Ich wurde in der Küche zur Arbeitstherapie eingesetzt. Alles, was ich dort gelernt habe, war meisterhaft Kartoffeln zu schälen. Ich kann mich auch nicht an eine einzige Person erinnern, die irgendetwas Wichtiges oder Bleibendes bewirkt hätte. Der einzige Mensch, der mir in Erinnerung geblieben ist, war Wilhelm Bode aus Bevern. Der Umgang mit ihm tat mir gut. Doch geholfen hat das letztlich auch nicht. Er nahm sich vor, nie wieder zu trinken. Ich hatte Jahre später noch einmal zu ihm Kontakt und er ist tatsächlich trocken geblieben. Es kann sein, dass Anna einmal mit mir während dieser Zeit telefoniert hat.

Am 6. Mai 1972 wurde ich entlassen. Anna hatte mir vorher gesagt, dass sie möchte, dass ich nie wieder so viel trinke. Sie hatte Angst, dass alles wieder so werden würde, wie sie es erlebt hatte. Ich nahm mir vor, nicht mehr so viel zu trinken wie früher. Nüchtern erreichte ich noch den Bahnhof in Bad Rehburg, aber volltrunken kam ich in Ovelgönne an. Körperlich hatte ich mich gut erholt. Schon am nächsten Tag saß ich wieder bei Arno Jahn an der Theke. Es ging mir gut und alles war wie früher. Anna bekam jetzt Angst, dass sie es mit mir nicht mehr schaffen würde.

Sie hatte in der Zeit meiner Therapie mit Ewald und Brigitte gesprochen. Ewald war der Bruder von Walter, mir menschlich näher und vertrauter, denn er war toleranter und intelligenter. Er lebte mit seiner Familie in Seeheim bei Darmstadt. Sie hatten gerade angefangen, ein Haus zu bauen. Anna und Walter wollten mich loswerden und Ewald konnte mich als gelernten Maurer gut gebrauchen. Er betrieb eine kleine Firma mit seiner Frau, er reparierte Sterilisationsapparate in Praxen, und nebenbei sollte gebaut werden. In Vorgesprächen hatte er signalisiert, dass er mich nehmen würde. Er kannte mich noch als netten, lieben Jungen, und so traute er sich zu, mit mir zurechtzukommen. Ich wurde offiziell in seiner Firma mit Steuerkarte angestellt, und bekam das Kinderzimmer im alten Haus. Es war am Anfang alles nett und sehr familiär. Ewald und Brigitte taten so, als wenn der liebe

Sohn zurückgekehrt wäre. Sie nahmen mich mit auf Dienstreisen und führten mich in die Welt der Geschäftsleute ein. Ich bekam besser aussehende Kleidung und lernte, mich in vornehmen Lokalen stilecht zu benehmen. Es lief alles ganz gut an, doch von meinem Problem hatten sie keine Ahnung, oder sie unterschätzten es. Ewald trank auch. Überwiegend Bier, aber kontrolliert. Es dauerte nicht lange, da reichte mir das allgemeine gesellschaftliche Trinken nicht mehr. Ich steigerte kontinuierlich meinen Konsum. Es fing wieder damit an, dass ich morgens nicht hochkam. Brigitte musste mich gewaltsam aus dem Bett schmeißen. Bevor ich überhaupt irgendetwas anfangen konnte, brauchte ich Alkohol. Da ich von ihnen Lohn bekam, hatte ich auch Geld dafür. Arbeiten ging bald gar nicht mehr. Ewald und Brigitte verzweifelten immer mehr. Sie hatten es doch nur gut gemeint. Und jetzt so etwas. Die Flachmänner, die ich während dieser Zeit dort leer soff, schmiss ich aus dem Fenster in einen mit Lupinen bewachsenen Hügel. Es müssen Hunderte gewesen sein, die man später dort fand. Brigitte, eine resolute und kräftige Frau, war mit ihrer Geduld und Toleranz am Ende. Ich verursachte nur Kosten, leistete aber nichts mehr. Sie gaben auf. Als ich dann auch noch nachts unter mich machte und Brigitte das sah, war es vorbei mit dem heimgekehrten Sohn. Ich flog raus. Mit meinem Restlohn stand ich auf der Straße. Brigitte hatte vorher beim Amerikaner in Griesheim angefragt, ob sie nicht einen Betriebsmaurer bräuchten. Sie brachte mich dank ihrer Beziehung dort unter. Ich unterschrieb einen Arbeitsvertrag und bekam auf dem Gelände ein Zimmer. Ewald und Brigitte mussten kein schlechtes Gewissen haben, denn sie hatten dafür gesorgt, dass es mit mir weiterging. Mein Geld war schnell ausgegeben, mein Zimmer diente nur als Lager für Alkohol. Ich klaute auf dem Kasernengelände alles, was mir an Alkoholika unter die Finger kam. Ich erinnere mich nicht an einen Chef oder an eine Aufgabenstellung. Ich war nur damit beschäftigt, meinen täglichen, inzwischen nicht unerheblichen Konsum, zu sichern. Mehrere Male wurde ich schlafend am Tage in einem Kellerlichtschacht gefunden. Ich verwahrloste zusehends, Körperpflege und Hygiene waren Fremdwörter. Ich wurde entlassen und war obdachlos.

Brigitte hatte inzwischen mit Anna telefoniert, so war sie über die Geschehnisse und Abläufe informiert. Irgendwann landete ich in Celle. Mir fiel ein, dass Bernd, mit dem ich meinen Ausstieg aus der Bundeswehr gefeiert hatte, vielleicht froh sein würde, wenn ich ihn besuchte. Die Adresse hatte ich noch. Ich irrte durch Westercelle, bis ich die Wohnung gefunden hatte. Fremde Leute schauten mich mitleidig an, ich muss schlimm ausgesehen haben, doch ein Bernd wohnte hier nicht mehr. Dann fiel mir Elke ein. Die Heines würden sich bestimmt freuen, wenn ich zu ihnen komme. Also bin ich nach Klein Helen. Elkes Mutter machte die Tür auf. Ich werde diesen Blick aus Mitleid und Verwunderung nie vergessen. Ich weiß auch nicht mehr, ob ich was gefragt oder gefordert habe. Tröstende Worte wiesen mir den Weg und die Tür schloss sich.

Zum Glück war Sommer. Ich fand in und um Celle immer wieder eine Baustelle, auf der ich schlafen konnte. Manchmal knackte ich auch eine Baubude, oder fand den Schlüssel dazu und die dort stehende Kiste Bier rettete mich erst einmal wieder. Ich weiß nicht wovon, und wie ich gelebt habe, und nach ungefähr drei Wochen stand ich bei Anna vor der Tür in Ovelgönne. Sie war meine Mutter, und ich glaube, nur das hat sie veranlasst, mich ins Haus zu lassen. Vielleicht spielten auch Schuldgefühle eine Rolle, oder sie ahnte, dass das Leben ihres Sohnes ohnehin bald zu Ende sein würde. Aber so schnell stirbt es sich nicht.

Ich saß wie früher bei Arno Jahn in der Kneipe und vertrieb mir die Zeit mit Trinken und Karten spielen. Ich war jetzt so bei ein bis zwei Flaschen Schnaps pro 24 Stunden angekommen.

Zur Nacht stellte ich mir immer eine Flasche Schnaps ans Bett. Anna füllte dann heimlich aus den vollen Flaschen eine Reserve ab. Sie wusste inzwischen, dass ich, wenn der Entzug kam, Schnaps brauchte. Damit half sie mir, oft körperlich brenzlige Situation zu überbrücken, wenn ich zu schwach war, um mir selber etwas zu besorgen. Dann hatte ich Krampfanfälle bekommen. Am Anfang hatte sie noch einen Arzt geholt, später nicht mehr, weil sie selber damit umgehen konnte. Einmal hörte ich, mehr im Unterbewusstsein, die Stimme eines Arztes der sagte: »Der stirbt nicht, der hat ein Herz wie ein Pferd.« Vermutlich hatte sie den Arzt nach meiner Überlebenschance gefragt. Walter hielt sich aus allem heraus. Er ließ seine Aggressionen an seinen Kindern aus. Einmal kam er wieder besoffen von der Arbeit und irgendetwas passte ihm nicht und dann hat er grundlos Klaus Walter Jürgen furchtbar zusammengetreten.

Der Winter kam. Silvester 1972. Erst spielte ich mit der Familie Pietsch bei Arno Skat, wie immer reichlich angetrunken und landete dann irgendwie bei denen zu Hause. Was dort passierte, weiß ich nicht mehr. Es ging entweder um die Frau oder um Geld. Ich wurde verprügelt und aus dem Haus geworfen. Wie ein Hund lag ich vor der Tür. So betrunken wie ich war, bin ich auf allen vieren Richtung Ostlandring gekrabbelt. Dabei habe ich mir in der rechten Hand, vermutlich mit einer Glasscherbe, die Innenseite zwischen Daumen und Zeigefinger zentimetertief aufgeschnitten. Ich merkte auch nicht, dass es stark blutete. Mein Glück war, dass durch den Schnee und die Kälte sich die Wunde schloss und so kam ich irgendwann in mein Bett. Anna hatte inzwischen ein besonderes Gespür für gefährliche Situationen entwickelt. Ich lag im Bett, meine Hand hing raus, und das Blut sickerte weiter aus der offenen Wunde. Sie rief sofort den Notarzt. Halb ohnmächtig und halb volltrunken kam ich in Celle auf den Operationstisch. Ich höre noch heute den Chirurgen sagen:

»Den brauchen wir nicht betäuben, der hat noch genug intus, sofort nähen.« Inzwischen hatte ich die Grenze überschritten: Ich wollte nicht mehr leben. Ich schaffte es nicht mehr, dieses durch Angst geprägte und anstrengende Leben zu gestalten. Kraft und Motivation war weg. Wenn ich zufällig in einen Spiegel schaute, dann sah ich mich nicht mehr. Ich träumte nur davon, einmal so viel Alkohol zu haben, dass diese Jagd nach dem Zeug endlich vorbei wäre. Dann half mir wieder der Zufall. Ich saß bei Willi, genannt Goldfinger, in der anderen Kneipe im Ort. Goldfinger deshalb, weil Willi die Schaumkrone vom Bier immer mit dem rechten Zeigefinger abzog. Fussel Hoffmann saß neben mir. Auch ein Spitzbube und Säufer vor dem Herrn. Er war wohl noch nicht in einer so ganz schlimmen Situation wie ich, aber auch nicht mehr weit weg davon. Fussel schlug mir vor, einen Bruch zu machen, damit man endlich mal unbegrenzt Alkohol zur Verfügung hätte. Er präsentierte auch einen genauen Plan. Dass er mich benutzte, merkte ich erst viel später. Er beschrieb mir die Lage eines Wochenendhauses. Die Besitzer wären Berliner und nur am Wochenende da. Es wäre völlig ungefährlich und es wäre auch eine Menge dort zu holen. Ich hatte Fussel so verstanden, dass wir das Ding gemeinsam drehen würden. Vorsichtshalber informierte ich Dieter aus Wardböhmen, damit er helfen würde, das Diebesgut abzutransportieren. Alles war geplant und organisiert. Am nächsten Tag, verabredet zur Stunde X, sollte es losgehen.

Ich war da, aber keiner von den anderen. Jetzt konnte und wollte ich auch nicht mehr zurück, denn ich brauchte den Stoff. Also brach ich allein das Wochenendhaus auf. Ich packte alles, was ich an Alkoholika finden konnte, in einen Karton. Es ging gut. Ich war fest davon überzeugt, alles richtig und vor allen Dingen allein gemacht zu haben. Ein gutes Gefühl überkam mich, endlich Alkohol. Keine Sorgen mehr, Schluss mit den dauernden Entzügen und Krampfanfällen. Meine Zeiteinteilung war nicht mehr Tage und Stunden, sondern Flaschen. Ich glaubte, in dieser Welt endlich ein sorgloses Leben führen zu können. Volltrunken und erfolgreich landete ich im Bett. Meinen Alkoholvorrat versteckte ich im Keller bei uns im Haus. Doch das böse Erwachen kam doppelt. Anna und Walter waren auf der Arbeit. Es war gegen Mittag, ich lag noch im Bett, als ich draußen lautes Klopfen und Rufe vernahm: »Aufmachen, Polizei!« Senkrecht saß ich im Bett. Ängstlich, zitternd wusste ich nicht, was los war. Ich schaute an der Gardine vorbei nach draußen und sah das Polizeiauto. Was tun? Ich verkroch mich im Keller hinter dem Heizkessel und wartete, bis das Stimmengemurmel nicht mehr zu hören war.. So etwa eine Stunde muss ich dort gesessen haben, dann fühlte ich mich sicher und verließ mein Versteck. Angst, Unruhe und Schweißausbrüche trieben mich. Keine neuen Gefühle, aber irgendwie waren sie diesmal anders und noch intensiver, ich fühlte mich wie kurz vor einem Zusammenbruch. Ich suchte mir etwas zu trinken, wartete die Wirkung ab, und hatte nur noch den Gedanken: »Du musst hier weg!« Doch auch Polizisten können mitdenken! Sie hatten sich zwar vom Haus entfernt, ahnten aber, was oder wer da wohl bald kommen würde. Sie warteten hinter der Straßenecke und ich lief ihnen geradewegs in die Arme. Ich war so vernebelt im Kopf, dass ich sie erst gar nicht sah. Erst als die Handschellen klickten, merkte ich, was los war. Wie ein Häufchen Elend saß ich auf der Rückbank im grünen VW-Käfer und ab nach Celle aufs Revier. Im Vorraum wurde ich mit Handschellen an der Bank festgemacht. Es ging mir immer schlechter. Die Angst nahm zu, die Wirkung des Alkohols ab. Während ich auf die Vernehmung wartete, bat ich einen der Polizisten, etwas trinken zu dürfen. Er gab mir ein Glas Wasser. Ich zitterte am ganzen Körper, der kalte Schweiß ran an mir runter, mit zittrigen Händen versuchte ich, das Wasser in mich reinzubekommen. Mir wurde schwindelig und ein Brechreiz überkam mich. Der Polizist sah, dass ich wohl kurz vor einem Zusammenbruch war. Ich bat ihn, zur Toilette gehen zu dürfen. Er machte die Handschellen los und begleitete mich. Ich fiel über das Toilettenbecken und würgte ein Gemisch aus Galle und Blut aus mir heraus. Als er das sah, bekam er Angst. Er rief seinen Kollegen zu, dass man sofort einen Rettungswagen bestellen sollte. Als sich dann auch noch ein Krampfanfall einstellte, schwanden mir die Sinne. Ich kann mich noch an eine Spritze erinnern, mehr weiß ich nicht. Dann wachte ich in einem Krankenhaus auf. Mein Zeitgefühl war weg, alle Glieder taten weh, ich war fixiert. Nur raus hier, weg, aber wie? Ich fing an zu schreien, dieses Gefühl, sich nicht bewegen zu können versetzte mich immer wieder in Panik und Angst. Dann bekam ich weitere Spritzen. In jeder Wachphase habe ich immer wieder geschrien: »Gebt mir was zu trinken!« Dieses Martyrium muss so 3-5 Tage gedauert haben, denn nachdem die Fixierung gelöst worden war, bin ich gleich wieder abgehauen. Ich weiß nicht wie lange und wohin, ich muss ziellos herumgeirrt sein. Trotzdem muss ich es irgendwie nach Hause geschafft haben. Ostlandring, Nummer elf.

Am 30. Januar 1973 ein erneuter Krampfanfall, diesmal allerdings noch heftiger. Ich weiß nicht, ob Anna noch versucht hatte, mit einer Reserve Schnaps das Schlimmste zu verhindern. Das gleiche Zimmer, in dem der Arzt zu Anna gesagt hatte, der stirbt nicht. Er hatte sich geirrt. Mein Licht ging aus, Herzstillstand.

Irgendwann hörte ich eine Stimme sagen: »Wir haben ihn wieder, er ist zurück!« Die Reanimation war erfolgreich. Ich lag auf einer Trage im Krankenwagen. Aus den Augenwinkeln heraus sah ich das zuckende Blaulicht. Es muss Nacht gewesen sein und dann wurde es bei mir wieder dunkel.

Das Erste, was ich im Landeskrankenhaus Lüneburg hörte, war die Stimme von Frau Doktor Koch: »Den kennen wir doch«, stellte sie lapidar fest.

Diesmal dauerte es noch länger, bis ich wieder auf die Beine kam. Hoch dosiert und wie in Trance erlebte ich die Tage danach. Ständig hatte ich das Gefühl, dass mit meinem Herzen etwas nicht stimmte. Stiche und Schmerzen plagten mich, dazu die üblichen Entzugserscheinungen. Ganz langsam wurde ich von Tag zu Tag klarer im Kopf. Ich brauchte deshalb länger, weil ich auch körperlich total am Ende war. Es war nur noch ein Häufchen Elend, das psychisch und physisch nach einiger Zeit über das Gelände schlich. Ich glaubte festzustellen, dass alle hier auf dem Gelände des Landeskrankenhauses irgendwie andere Menschen waren. An die Wartesaalatmosphäre oder auch an die Personen, mit denen ich zusammen war, habe ich keine Erinnerung. Nach circa zwei Wochen bekam ich einen Brief, in dem die Verhandlung für den Einbruchsdiebstahl angekündigt wurde. Ich bekam einen Tag Urlaub und fuhr mit dem Zug von Lüneburg nach Celle. Mir saß die Angst im Nacken. »Was werden die tun?«, dachte ich, »musst du jetzt für Monate oder Jahre ins Gefängnis?« Mir fiel ein, dass ich vorbestraft war. Diese und andere Gedanken jagten mir auf dem Weg zum Gericht durch den Kopf. Ich wollte nur, dass es bald vorbei sein sollte.

Es war eine öffentliche Verhandlung. So an die 50 Leute saßen im Rückraum des Gerichtssaales. Dann wurde ich aufgerufen, kein Anwalt, mutterseelenallein saß ich vor dem Richter. Personalien mit der Feststellung: Zurzeit auf Grundlage eines richterlichen Beschlusses im Landeskrankenhaus Lüneburg untergebracht. Beim Verlesen der Anklageschrift wurde ich noch kleiner als ich schon war. Da waren Dinge passiert, von denen ich nichts wusste, es wurden Zeugen aufgerufen, die ich nie gesehen hatte. Doch nach Ende der Beweisaufnahme war auch der Richter davon überzeugt, dass er es nicht mit einem professionellen Einbrecher zu tun hatte, sondern mit einem hilflosen Mann, der seinen Weg im Leben verloren hatte und der der Macht des Alkohols

hilflos ausgeliefert war. Auf die Frage, wie es dann weitergehen sollte, wusste ich keine Antwort. Ich war geständig, reuig und willig, alles zu tun, um nur nicht in den Knast zu müssen. Das sah der Richter auch so. Therapie war der Ball, den er mir zuwarf. Ich bedankte mich und sagte ja. Das Urteil lautete:
»Vier Monate Haft, auf drei Jahre zur Bewährung ausgesetzt, mit der Empfehlung, sich einer erneuten stationären Therapie zu unterziehen.« Erleichtert verließ ich den Gerichtssaal in Celle und fuhr nach Lüneburg zurück.

Anna erzählte mir Tage später in einem Telefonat, dass der Siegfried, den sie ja immer als meinen Ernährer bezeichnet hatte, schon seit Jahren in Lüneburg im Landeskrankenhaus war. Ich bekam dann über die Verwaltung heraus, dass es einen Siegfried Schneeberger als Langzeituntergebrachten tatsächlich gab. Er lebte in einem frei stehenden Haus auf dem Gelände. Ich begab mich auf die Suche und fand das Haus. Alte verwirrte Menschen starrten mich an, versteinerte, hoffnungslose Blicke. Ich fragte nach Siegfried. Stumm zeigte einer mit dem Finger nach oben. Ich ging die Treppe rauf, öffnete die Tür und dann sah ich ihn. Er wusste ja nicht, wer ich war und ich hätte ihn auch nicht erkannt. Er saß am Tisch und stopfte eine Pfeife. Ich sah in tief in den Höhlen liegende Augen, in ein gleichgültiges Gesicht, vorgealtert und total grau auf dem Kopf. Ich setzte mich zu ihm, er schaute mich an, und ich spürte, dass er versuchte, mich einzuordnen. Ich gab ihm Stichworte: »Wardböhmen, Anna und Walter, Brammers, Margaretes Bauernhof, NSU Quickly, Mundharmonika, Schützenfeste.« Er sah mich stumpf an, und sagte sehr verlangsamt: »Es geht mir gut, ich bekomme jeden Tag meine Medikamente und das hier ist mein Zuhause.« Er hat mich auch nicht gefragt, wer ich wäre und ich glaube, dass es bei ihm keine Erinnerung an Wardböhmen mehr gab, oder er sie erfolgreich verdrängt hatte.

Die Zeit verging, und ich fing an, mich wieder an das Leben zu gewöhnen. Inzwischen hatte ich das Urteil aus Celle schriftlich vorliegen, und gleichzeitig wurde mir mitgeteilt, dass ich ab jetzt einen Bewährungshelfer hätte. Eines Tages tauchte der auf. Ein Riese von Kerl, so circa zwei Meter groß, ich daneben - ein Bild für die Götter. »Ettelbüttel«, stellte er sich vor. Er berichtete, dass er im Auftrag des Gerichts tätig sei. Er hätte mir einen Therapieplatz besorgt. Wenn der Aufnahmetermin feststeht, würde er wiederkommen und mich mit seinem Pkw dorthin fahren. Dann war er wieder weg. Bereits nach einer Woche teilte mir ein Sozialarbeiter vom LKH mit, dass der Aufnahmetermin zur Therapie feststünde, und pünktlich erschien der Riese.

8. Kapitel

Neuer Weg

Es war der 28. Februar 1973. Mit seinem Pkw verließen wir das Gelände des Landeskrankenhauses Lüneburg. »Für immer!«, dachte ich. Doch das LKH sollte noch einmal in meinem Leben von Bedeutung sein. Wir fuhren Richtung Kaiserslautern, Kirchheimbolanden, auf den Michaelshof. Eine Einrichtung der Landeskirche Speyer. Der Leiter war Günter Greiner, ein trockener Alkoholiker. Ich war beeindruckt: trockener Alkoholiker und Leitung einer Einrichtung! Mein Gruppentherapeut, Herr Weigelt, trockener Alkoholiker. (Jahre später erfuhr ich, dass der Weigelt nach über 20 Jahren Abstinenz rückfällig geworden war und nicht mehr den Weg zurückgefunden hatte. Er hat sich totgetrunken.)

Die ersten vier Wochen waren die Zeit der Entscheidung. Durchhalten war angesagt. Wer die Zeit auf der Ranch überstand, der hatte eine ehrliche Motivation und auch den Wunsch, die Therapie zu beenden, in dieser Zeit gab es auch die meisten Abbrüche. Ich musste durchhalten, denn ich hatte ja die Gerichtsauflage, die mich zwang. Nach vier Wochen kam ich ins Haupthaus und dort begann die Zeit der Auseinandersetzung. Die Beschreibung der Motivation war mir völlig neu. Kritisch mit sich umzugehen, ein Fremdwort. Perspektiven zu haben. Ich stand unter Bewährung, ich hatte nur Angst, bei Versagen oder Entlassung in den Knast zu müssen. Ich nahm am Geschehen teil. Ich begann wieder, meinen Körper zu belasten. Jeden Morgen Waldlauf, beim Tischtennis gewann ich etliche interne Meisterschaften, ich ging das erste Mal in meinem Leben in eine Sauna, ich fühlte mich sicher und auch körperlich wieder belastbar. In den Gruppenstunden war ich besonders aufmerksam, irgendetwas faszinierte mich an den Therapeuten, und so langsam kam meine Merkfähigkeit wieder zurück. Ich schrieb mir während der Gruppenstunden medizinische und therapeutische Begriffe auf, um sie später auswendig zu lernen. Ich wollte zeigen, dass ich bereit war, hier alles mitzunehmen. Besonders angetan war ich von Fink. Er war als Patient auf den Michaelshof gekommen und nach der Therapie als Arbeitstherapeut geblieben, und ab und zu überlegte ich, ob das für mich auch infrage käme. Ich kann mich gut an das Thema einer Gruppenstunde erinnern: »Was erwarte ich von der Therapie und von dem Leben danach?« Dazu konnte ich jedoch derzeit noch gar nichts sagen, denn ich hatte keine Vorstellung, was danach käme. An eine Aussage eines Mitpatienten erinnere ich mich allerdings gut. Er meinte, dass er hier umerzogen werden müsste. Ich lernte auch, über die Faktoren Zeit und Zufriedenheit nicht mehr in Verbindung mit Gedanken an Alkohol zu denken. Ich machte die Erfahrung, dass ich im Dunkeln einschlafen konnte. Wenn es auch nicht so einfach war, es brauchte seine Zeit.

Keilhosen waren modern. Frau Huber, die im Nebengebäude mit ihrer Familie lebte, war so was wie die Ersatzmutter für Patienten. Sie nähte und flickte für uns. Ihr Mann war als Arbeitstherapeut auch auf dem Michaelshof tätig. Frau Huber musste in meine Hosen Keile einnähen. So hatte ich braune Hosen mit gelben Keilen. Ich sah aus wie ein Papagei, aber es war modern und stärkte mein Selbstbewusstsein und was hinzukam: Ich lernte mich zu streiten, denn ich hatte bis zu dem Zeitpunkt keine eigene Meinung. Streit wurde in meinem bisherigen Leben immer mit Gewalt beendet. Ich hatte das erste Mal im Leben faire menschliche Kontakte. Ich durfte kritisieren, erfuhr aber auch Lob und Tadel. Nach fünf Monaten wurde ich entlassen.

Ich stand in Worms auf dem Bahnhof und wartete auf den Zug, der mich ins Leben zurückbringen sollte. Es war eine unvergessliche Situation. Ich stand allein nahe den Gleisen und blickte in beide Richtungen. Ich wusste ja nicht, aus welcher Richtung der Zug kommen würde, so sagte ich leise vor mich hin: »Nimm den Richtigen! Aus der einen Richtung kommt der Tod, der andere bringt dich ins Leben zurück.« Es war der Moment, in dem ich mich entschieden hatte, nie wieder Alkohol zu trinken. Kein Selbstmitleid mehr, nicht mehr die Suche nach den Schuldigen. Es sollte endlich Schluss sein mit dieser Unruhe, Unrast, meiner Unfähigkeit mit Gefühlen umzugehen, der Neigung zu Aggressionen. Schluss mit der dauernden Suche nach Anerkennung und Liebe. Der Suche nach meiner Mutter und dadurch die ständige Suche nach Frauen, die sich wie ein roter Faden durch mein Leben zog. Das Symbol der großen Brüste hatte mir Mütterlichkeit signalisiert.

Das Leben als Alkoholiker war zu anstrengend und hat sehr viel Kraft gekostet. Ich wollte nicht mehr nach hinten schauen, nur noch nach vorn. Die Kraft für einen neuen Weg nutzen, denn Kraft hatte ich wieder und ich wurde ehrgeizig. Selbst wenn ich gewusst hätte, welchen Belastungen ich weiterhin ausgesetzt sein würde, meine Entscheidung stand: Ich wollte wieder leben.

Mit dem Gefühl, den richtigen Zug genommen zu haben, stieg ich ein und fuhr noch Ovelgönne. Aus Telefonaten mit Anna während der Therapie wusste ich, dass Walter zugestimmt hatte, dass ich wieder bei ihnen wohnen durfte.

Ölkrise in Deutschland, autofreie Wochenenden, gespenstisch anmutendes Straßenbild. Leere. Doch was wurde jetzt aus mir? Maurer hatte ich gelernt, Geselle war ich, aber mein Gefühl sagte mir: »Der Bau ist nicht deine Zukunft, dort wirst du nie zufrieden werden.« Ich wollte wieder zur Schule gehen, vielleicht Bauingenieur werden. Auf dem Arbeitsamt in Celle erkundigte ich mich nach meinen Möglichkeiten. Mit der Auskunft konnte ich allerdings wenig anfangen. »Machen können Sie alles, aber Förderung gibt es von uns nicht, wenn sie wieder zur Schule wollen.« Ich wurde noch auf die Möglichkeit BAföG angesprochen. Ich grübelte hin und her und war unschlüssig. Da fiel mir mein Berufsschullehrer Bernd ein. Er hatte zu Berufsschulzeiten des Öfteren mal ein gutes Wort für mich eingelegt, wenn mich mein Lehrherr, Herr Günter Borchardt, mal wieder rausschmeißen wollte. Zu ihm hatte ich Vertrauen.

August 1973.
Ich setzte mich auf mein Fahrrad und fuhr nach Scheuen. Ein kleiner Ort, zehn Kilometer von Celle entfernt. Es war ein warmer Nachmittag. Schwitzend schob Lehrer Bernd den Rasenmäher über sein Grundstück. Ich schaute über den Zaun und sah zu ihm herüber, bis er Blickkontakt zu mir hatte. Einen Moment musste er überlegen, dann kam er auf mich zu. »Was machst du denn hier? Komm rein!« Wir setzen uns an seinen Gartentisch, und ich erzählte ihm, was so mit mir abgelaufen war. Er hörte mir wortlos zu. Dann berichtete ich ihm meinen Wunsch, wieder zur Schule gehen zu wollen, und ob er etwas für mich tun könnte. »Tja mein Junge«, sagte er, »da kommst du leider zu spät. Die Schule, auf die du gehen könntest, hat bereits begonnen.« Die Meldefrist ist vorbei. Er meinte die Berufsaufbauschule in Celle, die nach einem Jahr mit der technischen mittleren Reife abschloss. Aber er versprach mir beim Wegfahren: »Ich will mal sehen, ob ich noch etwas für dich tun kann.« Ich hatte inzwischen bei der Firma Schmalbach Lubeka angefangen. Joghurtbecher am Band auf Brandlöcher kontrollieren und dann zu 100er-Stangen in Kartons verpacken.

Drei Tage später. Ich kam von der Nachtschicht. Anna sagte zu mir, da hätte ein Herr Bernd angerufen: »Du kannst ab morgen in die Schule kommen.« Ich war wie vom Blitz getroffen. Sollte es wahr sein, hatte es doch noch geklappt? Am nächsten Morgen stand ich im Schulsekretariat und schrieb mich ein. Gleichzeitig stellte einen ich einen Antrag nach dem Ausbildungsförderungsgesetz. 170 DM hatte ich jetzt im Monat. Jetzt kam mir zugute, dass ich eine Ausbildung hatte. Jedes Wochenende stand ich irgendwo auf dem Bau und habe mir Geld verdient. Walter hatte mir oben in seinem Haus ein Zimmer abgeteilt. Er installierte einen Zwischenzähler und verfasste einen Mietvertrag über monatlich 50 DM für das Zimmer. Haushaltsgeld musste ich mit Anna klären, weil er sich ja nach wie vor nicht an der Haushaltsführung beteiligte.

Mein Startmobiliar war ein Bett, ein Schrank und ein kleiner Schreibtisch, auf dem eine Musikanlage stand. Walter hat mir dann für 50 DM seinen alten Fernseher verkauft, ich war das erste Mal eigenständig. Mit dem Willen und der Motivation, jetzt leben zu wollen, und der Erfahrung im Nacken, dass ich mit Alkohol sterben würde, bin ich wieder zu Arno Jahn in die Kneipe. Das Erste, was er mir präsentierte, waren meine Saufschulden. So um die 700 DM musste ich bezahlen, und es war mir auch egal, ob ich das alles versoffen hatte und wie viel Arno zusätzlich aufgeschrieben hatte. Von dem, was ich an den Wochenenden auf dem Bau verdiente, habe ich meine Schulden bezahlt. Trotzdem blieb die Kneipe der Ort, an dem ich mich wohlfühlte. Erstaunen und Achtung waren die Reaktionen der Leute, die mich noch zitternd, mit kaltem Schweiß auf der Stirn, in Erinnerung hatten. Ich spielte auch wieder mit den Leuten Skat. Nur mit dem Unterschied, dass ich für jede gewonnene Runde kein Bier oder Schnaps nahm, sondern eine Milka Schokolade. Ich bin dann abends, meistens auch zur gleichen Zeit wie früher, mit meiner Schokolade in den Taschen, den Weg nach Hause gegangen. Dort war ich früher volltrunken und meist auf allen vieren durch das kleine Waldstück gerobbt. Nur: Jetzt war ich nüchtern und war mir auch sicher, dass ich es bleiben würde.

Walter verlangte von Anna zu Hause den Nachweis, dass sie mir Kostgeld abgenommen hatte. Deshalb zog ich es vor, nur selten bei ihnen am Tisch zu sitzen. Durch die Schule lernte ich neue Leute kennen. Ich erlebte, dass einigen meiner Mitschüler meine Anwesenheit recht angenehm war. Ich half anderen bei den Schulaufgaben oder bei handwerklichen Dingen, und so bekam ich langsam ein neues Umfeld. Eine ganz besondere Freundschaft entwickelte sich mit Ludwig Rabe aus Sülze. Seine Eltern besaßen einen riesigen Bauernhof. Besonders reizte mich seine Schwester Almut. Ich sehnte mich nach Zuneigung und Anerkennung, außerdem fühlte ich mich auch wieder in der Lage, mit Beziehung umzugehen. Kurzfristig hatte ich zu einer Freundin von Ludwig Kontakt. Birgit lebte in der Nachbarschaft. Ich nahm sie mit nach Hause auf mein Zimmer, doch nach kurzer Knutscherei machte sie mir deutlich, dass sie keine feste Beziehung möchte. Dann wollte ich auch nicht mehr. Ich reagierte beleidigt und lugte weiter Richtung Almut. Ludwig war inzwischen fest mit Conny zusammen. An einem Wochenende bereiteten wir bei ihm auf der Scheune eine große Fete vor. Tatkräftig war ich dabei und Almut wich nicht von meiner Seite. Es schien sich gut zu entwickeln. Wir tanzten, es wurde getrunken, Zärtlichkeiten wurden ausgetauscht. Almut machte aus ihrer Zuneigung zu mir kein Geheimnis und der große Bruder war mit dieser Entwicklung einverstanden. Es ging bis in den frühen Morgen. Ludwig hatte mir vorher schon das Gästezimmer zugewiesen, Almut hatte ihr Zimmer zwei Türen weiter. Wir gingen gemeinsam nach oben, jeder in sein Zimmer. Ich legte mich ins Bett und hoffte, dass sie zu mir kommen würde. Almut war ein sehr hübsches Mädchen, rötliche lange Haare, etwas kräftiger, große Brüste und mit einem selbstsicheren Auftreten. Sie war 17, reif und erfahren, glaubte ich.

Plötzlich, ich war schon fast eingeschlafen, legte sie sich zu mir. Ich streichelte sie, und auch jegliche andere Zärtlichkeit ließ sie zu. Unsere Körper kamen sich näher und ich konnte ohne große Mühe in sie eindringen. Dann war schlagartig alles vorbei. Sie stürzte aus dem Zimmer, ich hatte noch so etwas wie einen Vorwurf gehört, dann war sie weg. Erst als ich das Blut sah, war mir klar, was soeben passiert war. Am Nachmittag fuhr mich Ludwig nach Hause. Er war wie immer, doch am Montag nach der Schule beendete Ludwig unsere Freundschaft. Almut hatte ihm erzählt, was vorgefallen war und er hat es mir übel genommen. Fühlte sich hintergangen und war auch nicht mehr umzustimmen. Ich hatte, was Almut anging, wirklich ernsthafte Absichten. Ich habe sie nie wieder gesehen.

Das Schuljahr ging zu Ende und ich beantragte meinen Führerschein, denn ich hatte nun schon ein Jahr nicht mehr getrunken. Ich fuhr zum Landkreis nach Celle und nach einer kurzen Wartezeit wurde ich aufgerufen. Das Gespräch war kurz und knapp. Der Leiter der Führerscheinstelle schaute oberflächlich meine Akte durch, dann sagte er: »Kommen Sie in einem Jahr wieder.« Ich begriff dies als reine Willkür, wütend stampfte ich aus dem Laden. Lange haderte ich mit dieser Entscheidung, denn ich wollte mich mit dem Führerschein belohnen. Trotzdem kam bei mir nicht der Gedanke auf, wieder zu trinken. Dann war es eben so.

Ich beendete die Berufsaufbauschule mit dem Erwerb der mittleren Reife. Vorher hatte ich mich schon an der Fachoberschule Technik in der Bahnhofstraße beworben. Ich war auf dem Weg zum Bauingenieur. Neben der Fachoberschule Technik, befand sich die Abteilung Sozialwesen. Aufnahmebedingung dafür war ein Notendurchschnitt von 1,3. Ich hatte meine Schule mit einem Durchschnitt von 1,2 abgeschlossen und so wechselte ich kurzerhand auf die Fachoberschule Sozialwesen.

Meine alte Schulfreundin Karin aus Wardböhmen, hatte wieder Kontakt zu mir aufgenommen. Wie früher fuhren wir am Wochenende irgendwohin zum Tanzen. Sie hatte sich von Fred scheiden lassen und lebte mit ihrer Mutter und der Tochter Silvia wieder in Wardböhmen vor dem Holze. Sie hatten in Hassel ein Haus gebaut, das fast fertig war, und planten zum Ende des Jahres den Umzug. Für kleinere Restarbeiten in dem Haus fühlte ich mich zuständig, deshalb blieb ich am Wochenende bei ihnen. Morgens fuhren wir dann zum Haus, nachmittags zurück, und abends in eine Disco zum Tanzen.

Eines Abends saß ich wieder mit meinen alten Kumpels in der Dorfkneipe, es wurde getrunken und Karten gespielt. So gegen Mitternacht kam Rainer Bartsch auf die Idee, nach Münster in eine Disco zu fahren. Die Diskothek »Waldkater« war ein beliebter Treffpunkt zu später Stunde für junge Leute und Junggebliebene aus der Umgebung. Rainer hatte den blauen VW-Käfer günstig vor einiger Zeit von Karin abgekauft. Dieter und ich sollten mitfahren. Er war nicht zu bremsen, als wenn er dringend dorthin müsste. Ich sagte zu ihm: »Ich habe Karin versprochen, morgen früh ihren Trittstein zu fliesen, es wird mir zu spät, ich fahre nicht mit.«

Am nächsten Morgen. Wir saßen im Garten und frühstückten. Danach sollte es zum Bau gehen. Emmi Kohrs, die Nachbarin kam zu uns. Ihr trockener Kommentar: »Habt ihr schon gehört, der Rainer Bartsch hat sich heute Nacht totgefahren.« Ich wurde blass und erstarrte. Das Blut verließ für einen Moment meinen Kopf. Dann der klare Gedanke: »Um ein Haar hättest du in diesem Auto gesessen.« Tagelang wurde ich diesen Gedanken nicht los. Sollte es so sein? Seit dieser Zeit glaube ich nicht mehr an Zufälle.

Ich ging weiter nach Celle zur Schule. Ich war stolz und selbstbewusst und fühlte mich schon als Student. Das, wovon ich früher nie zu träumen gewagt hatte, rückte langsam in erreichbare Nähe. Für Anna und Walter war das einfach nur okay. Keine Wertschätzung, kein Wort der Anerkennung, man nahm die Veränderung als gegeben hin. Ab und zu tauchte der Riese Ettelbüttel auf. Er wollte, dass ich zu einer Selbsthilfegruppe ginge. Er schlug mir die Gruppe der Anonymen Alkoholiker in Celle vor. »Kenne ich nicht und will ich nicht«, war meine Antwort. Damit war er nicht zufrieden, denn für ihn war dauerhafte Abstinenz nur mit dem Besuch von Gruppen zu erreichen. Dann erzählte er mir, dass er sich sicher wäre, dass ich auf der Fahrt zum Michaelshof während eines Stopps auf der Raststätte einen Flachmann getrunken hätte. Er meinte, er hätte es danach im Auto gerochen. Ich konnte ihm nicht das Gegenteil beweisen, doch ich dachte mir, egal was der glaubt, viel wichtiger war, dass ich wusste, wie es wirklich war, denn es war nicht so. Allein aus Angst hätte ich mich schon nicht getraut.

Wir hatten eine gute Klassengemeinschaft, es entwickelten sich Freundschaften und feste Beziehungen. Da dieses Schuljahr bald zu Ende war, und ich mir sicher war, bald meinen Führerschein wieder zu bekommen, kaufte ich mir von meinem Klassenkameraden Albin einen alten R4. Wir einigten uns auf 700 DM, denn an der Karre musste noch einiges gemacht werden, aber ich hatte Zeit und auch das Geschick, mich mit diesen Dingen zu beschäftigen.

Eine Arbeitskollegin von Anna ließ mir ausrichten, dass ihre Tochter Brunhilde Interesse an mir hätte. Die Frauen mussten wohl während der Arbeit über ihre Kinder geredet haben. Über die Mutter lud mich Brunhilde nach Hannover Münden ein. Da ich nach wie vor jede Gelegenheit nutzte, nicht in Ovelgönne zu sein, bin ich spontan, ohne sie vorher gesehen zu haben, der Einladung gefolgt. Brunhilde lebte in Hannoversch Münden mit ihrer Oma in einem Haus. Dort hatten wir ein eigenes Schlafzimmer. Brunhilde war kein hübsches Mädchen, aber sexuell sehr erfahren und fordernd. Doch so richtig gefühlsmäßig konnte und wollte ich mich nicht auf sie einlassen. Für mich hatten die Wochenenden eine andere Bedeutung, ich war froh, nicht zu Hause zu sein, und wir verabredeten uns gleich für das nächste. An diesem Wochenende stellte sie mich ihrer Freundin Dagmar vor. Dagmar war in einer Fleischerei tätig, nicht die Intelligenteste, aber sehr hübsch. Sie hatte ein angenehmes Wesen und war eine ehrliche Haut. Es hat sofort zwischen uns beiden gefunkt. Schon das Wochenende darauf verbrachte ich bei der Familie Drehbig. Dagmar hatte während der Woche durchgesetzt, dass ich dort schlafen musste.

Für die Familie war ich der angehende Schwiegersohn. Ich wurde verwöhnt, konnte jeden Wunsch äußern und das Essen orientierte sich an meinen Lieblingsspeisen. Selbst gesteckte Fleischspieße waren zu der Zeit der Renner bei mir. Mutter Drebing war eben eine richtige Mutti. So um die zwei Zentner schwer, resolut und herzlich. Sie hatte den Familienladen voll im Griff. Ich war jetzt in einer heilen Familie, die mich so haben wollte, wie ich war. Ich wurde dennoch das Gefühl nicht los, dass ich hier nur zu Besuch wäre und hier nicht hingehörte.

Das Schuljahr ging dem Ende entgegen. Mein Auto stand vor der Tür und ich machte einen zweiten Anlauf zum Führerschein. Ich musste zum Idiotentest, dieser fiel positiv aus, trotzdem musste ich den Führerschein noch einmal neu machen. Ich bestand die theoretische Prüfung und absolvierte auch einige Fahrstunden. Dann kam die Fahrprüfung in Celle. Ich glaubte, alles zu kennen und fühlte mich zu sicher. Prompt hatte ich jemandem die Vorfahrt genommen und war durchgefallen. Ich, der alte Schwarzfahrer, der jahrelang besoffen gefahren war, fiel nüchtern durch! Aus Scham habe ich es niemanden erzählt. Doch sechs Wochen später hatte ich meinen Führerschein.

Von nun an fuhr ich mit meinem R4 jedes Wochenende nach Hannoversch Münden. Doch langsam wurde es mir zu eng. Dagmar hatte uns kittelartige Hemden schneidern lassen, Samstag und Sonntag ging es mit Partnerlook in die Disco. Wenn wir in die Discos kamen, spielten sie unseren Lieblingstitel von der George Baker Selection: »Paloma Blanca.« Ich befand mich in einem festen System mit familiären Strukturen. So machte ich mich eines Tages klammheimlich aus dem Staub. Ich begründete es mit einer Klassenfahrt nach Dänemark. Dagmar hatte auch allmählich gespürt, dass wir nicht mehr die gleiche Wellenlänge hatten.

Das Schuljahr ging dem Ende entgegen. Eine Klassenfahrt nach Römö stand bevor. In unserer Klasse hatte ich ein Auge auf Rosi geworfen und nahm mir vor, in Dänemark mit ihr anzubandeln. Wir hatten alle Freiheiten, unser Klassenlehrer Rainer Wawrinowski genannt »Waffi«, der uns begleitete, war wie einer von uns. Wir waren ein toller Haufen, hatten viel Spaß und Freude. Doch so richtig kam ich mit Rosi nicht in Kontakt.

Vorletzter Abend, ich stand allein auf der Terrasse und blickte versonnen in die Abendsonne. Ich spürte hinter mir die Nähe einer Person und dann umschlangen mich zwei Arme. Ich blieb so stehen und genoss die Situation, langsam drehte ich mich um, in der Hoffnung, dass Rosi das wäre. Es war Marion. Von ihr hatte ich bisher überhaupt noch keine Notiz genommen, umso überraschter war ich. Es war eine romantische Situation voller Zärtlichkeit, die mir gut tat. Wir küssten uns und verharrten wortlos einige Minuten.

Die Klassenfahrt ging zu Ende und schon am Montag nach der Schule kam Marion mit nach Ovelgönne. Wir waren irgendwie sofort fest zusammen. Wir beschlossen, dass ich sie abends nach Uelzen fahre, dann hätten wir am nächsten Morgen den gleichen Schulweg. Sie teilte diese Entscheidung ihrem Vater telefonisch mit. Heinz Klaffte, der Größte auf Gottes Erdboden, für den alle anderen Leute Arschlöcher waren, immer angetrunken, konnte es nicht fassen, dass seine Tochter eine eigene Entscheidung traf. Er brüllte ins Telefon: »Wenn du heute nicht nach Hause kommst, dann ist die Tür für dich hier für immer zu.« Marion blieb. Am nächsten Tag fuhren wir mit meinem R4 nach Uelzen. Nur Mutter Ilse war da. Eine nette, biedere Hausfrau, die nicht aus ihrer Haut durfte. Marion packte ihre Sachen und nach circa einer Stunde war sie offiziell ausgezogen. Unterwegs erzählte sie mir, dass ihr Vater sie als Schwiegertochter für die Familie Prehn vorgesehen hatte. Der Junior des Autohauses Prehn, mit dem er Tage und Nächte lang gesoffen hatte, sollte sie haben. Er hatte es sogar zugelassen, dass dieser Prehn nach gemeinsamer Feier in Marions Elternhaus zu ihr ins Zimmer gekommen war und sie ihm zu Willen sein musste. Sie hatte sehr darunter gelitten, dass sie unter diesen Umständen zur Frau gemacht worden war.

Marion wohnte jetzt bei mir. Bald wurde es uns in meinem kleinen Zimmer und zu zweit in einem 90 Zentimeter breiten Bett zu eng. Eines Abends in einer Gaststätte trafen wir auf Peter Schulz. Einem ganz netten Typen, doch sofort fielen mir seine bis auf die Säume blutig abgekauten Fingernägel auf. Er bot uns spontan ein Zimmer bei seinen Eltern an. Peter fand Marion recht nett, und für uns war es vorerst die bessere von den schlechten Lösungen. Marion telefonierte heimlich mit ihrer Mutter. Heinz hatte in seiner bekannten Art festgestellt: »Ohne mich kommen die nie zurecht.« Wir waren fest entschlossen, ihn vom Gegenteil zu überzeugen.

Eines Morgens auf dem Weg zur Schule eröffnete mir Marion, dass sie schwanger wäre. Das passte mir gar nicht. Ich hielt mich selber noch nicht reif für ein Kind, hatte ich doch noch keinen Schulabschluss und keine gesicherte Existenz. Unter diesen Umständen wollte ich noch nicht Vater werden. Wir sprachen mit Christian und Angelika aus unserer Klasse, weil wir wussten, dass die das schon hinter sich hatten. Sie gaben uns die Adresse der Ooster Parkklinik in Amsterdam. Die Anschrift war: Poliklinik Ooster Park, Doktor F. Wong. Ooster Park 59-60. Über der Anschrift war zu lesen: Stichting voor geneeskundige zwangerschapsonderbreking Öosterpark

Es war der 17. Febr. 1976.
Wir meldeten uns telefonisch an und fuhren zum Abbruch nach Holland. Ich lieferte Marion dort ab, und während ich wartete, sprach mich ein Junkie an. Er tat sehr geheimnisvoll und bot mir das Geschäft des Jahres an. Eine echte Rolex. Für 200 DM könnte ich stolzer Besitzer dieser Uhr werden. Der Deal lief. Ich rechnete mir aus, dass ich durch den Wiederverkauf meine Kosten für den Hollandtrip wieder reinholen könnte. Wir fuhren nach Hause. Marion ging es sehr schlecht, sie hing im Auto, ihr war übel und Blutungen stellten sich ein. Zwei Tage lag sie im Bett und musste medizinisch nachbehandelt werden, obwohl auf dem Schreiben der Klinik stand, dass der Eingriff unkompliziert verlaufen wäre. Einige Zeit später erzählte sie mir, dass sie das Kind gern gewollt hätte. Sie fühlte sich von mir unter Druck gesetzt und hatte nur deshalb nachgegeben. In dieser Aussage steckte kein geringer Vorwurf. Das alles war auch an mir nicht spurlos vorübergegangen. Ich hatte wieder so eine innere Unruhe, konnte nicht schlafen, war sehr gereizt und sehr schwer auszuhalten. Ich ging zum Arzt und ließ mir ein Beruhigungsmittel verschreiben. Die Wirkung war auf Anhieb da, das machte mich stutzig und ich bekam Angst. Mit dem Wort »Wirkung« dachte ich sofort an Alkohol. Ich erkundigte mich, was der Arzt mir da verschrieben hatte und ließ sofort die Finger davon. Adumbran, ein Suchtmittel. Die Angst, wieder rückfällig zu werden, war größer als die Beseitigung meiner Unruhe und meiner Einschlafstörungen. Ich bemühte mich einen festen Tages- und Nachtrhythmus einzuhal-

ten und trieb viel Sport. Obwohl weiterhin eine psychische Unruhe bestand, machte ich meinen Körper tagsüber durch Arbeit und Sport müde. Dann wurde es langsam besser.

Marion und ich beendeten die Schule in Celle mit dem Fachabitur. Als ich Walter voller Stolz berichtete, dass ich nun Abitur hätte, meinte er nur abwertend, das wäre doch gar kein richtiges Abitur. Kein Wort des Lobes oder der Anerkennung. Ich glaube, Anna war schon ein bisschen stolz, hat es aber nicht gezeigt. Vielleicht war ihr auch eingefallen, dass sie mir früher die höhere Schule verwehrt hatte. Als ich mit der Schule begonnen hatte und von meinen Plänen erzählte, sagte mein Halbbruder Klaus Walter Jürgen zu mir: »Was bist du schon, ein kleiner, doofer Maurer.« Mit »klein« und »Maurer« hatte er recht. Ich hatte mich bereits vor Abschluss der Schule in Kassel und in Bremen an der Hochschule beworben. Von beiden bekam ich Zusagen. Die aus Kassel war allerdings an die Bedingung geknüpft, ein Halbjahrespraktikum in einer sozialen Einrichtung vor Beginn des Studiums abzuleisten. Die Bremer boten die Möglichkeit, das erforderliche Praktikum während der Studienzeit zu absolvieren. Da ich mich altersmäßig sowieso etwas spät dran fühlte, entschied ich mich für Bremen.

Durch meine Arbeiten auf dem Bau bekam ich Kontakt zu einer Familie, die mir anbot, bei ihnen in Bremen in der Delmestraße übergangsweise zu wohnen. Die ältere Dame gewährte mir kostenlos Kost und Logis. Nach einigen Wochen hatte ich dann ein kleines Apartment in der Rita Bardenheuer Straße gefunden. Meine gesamte Habe passte in meinen R4. Matratze, Stühle und Tisch besorgte ich mir vom Sperrmüll. Ich hatte mich nun eingeschrieben und war ordentlicher Student in Bremen. Marion blieb noch kurze Zeit in Ovelgönne, denn sie hatte noch keinen Studienplatz. Sie fühlte sich in der Nähe von Peter Schulz nicht wohl, und da sie außer ihren persönlichen Sachen auch nichts besaß, zog sie 14 Tage später zu mir. Innerhalb weniger Tage hatte sie einen Job bei der Factory Bank als Sachbearbeiterin gefunden. Frau Block, eine nette ältere Dame aus dem Sekretariat, hatte mich eingeschrieben. Ich glaube, sie mochte mich, und wir wechselten so manches persönliche Wort. Ich hatte Vertrauen zu ihr und erzählte auch von den derzeitigen Umständen. Jeden Tag schaute ich kurz bei ihr rein. Marion hatte sich ebenfalls an der Hochschule beworben. Aufgrund ihres Alters erhielt sie aber noch keine Berechtigung für einen Studienplatz. Frau Block versprach mir, die Nachrückerliste täglich zu kontrollieren, und wenn einer der Nachrücker nicht erschiene, könnte sie den Studienplatz eigenmächtig vergeben. Ich hatte sie richtig lieb gewonnen, meine Frau Block. Es war keine einseitige Sympathie. Eines Morgens kam sie mir schon auf dem Gang entgegen. Sie strahlte mich an und sagte: »Hol sofort deine Kleine. Ich habe einen Studienplatz für sie, bis morgen muss sie sich eingeschrieben haben.« Ich stürzte ans Telefon und rief in der Bank an, Marion glaubte erst an einen Scherz. Am nächsten Morgen war Marion, einige Tage vor ihrem 18. Geburtstag, die jüngste Studentin in Bremen. Ich arbeitete nach wie vor in meiner freien Zeit bei einer Baufirma und so konnten wir mit unserem geringen BAföG von ungefähr 800 DM im Monat auch einiges sparen. Der erste Bausparvertrag wurde abgeschlossen. Wir lernten an der Hochschule neue Freunde kennen. Zu einigen bestand jahrelang regelmäßiger Kontakt. Die Verbindung mit Reinhard Leider aus Oldenburg ist bis heute geblieben. Vor einigen Jahren haben wir uns einen Jugendtraum erfüllt. Wir sind die Original Route 66 von Chicago nach LA gefahren. Marion und ich zogen in unsere erste Zweizimmerwohnung in der Timmersloherstraße in Findorff. Nach einiger Zeit erzählte mir Marion, dass ihr Vater sich eingestanden hätte, dass wir wohl doch ohne ihn zurechtkämen, er bereute sein Verhalten und wollte uns mal besuchen. Da Marion ab und zu mit ihrer

Mutter telefonierte, war er darüber informiert, dass wir gerade eine neue Wohnung bezogen hatten. Samstagnachmittag stand er dann mit vollgepacktem Auto vor unserer Haustür. Marion war glücklich, endlich wieder Kontakt zu ihrer Mutter zu haben. Auf meine Frage, was er denn da alles auspacken wollte, sagte er: »Alles Dinge, die ihr braucht.« Ich antwortete nur kurz und knapp: »Das nimmst du alles wieder mit nach Hause. Seit dieser Zeit hatte ich seinen vollen Respekt und er behandelte mich dementsprechend weiterhin.

Ich fing an, mir Gedanken darüber zu machen, welche Richtung ich nach dem Studium einschlagen sollte. Das Naheliegendste war für mich die Suchtarbeit.

Über Studienkollegen fanden wir eine neue Wohnung, wir zogen zu Gisela und Friedrich in die Ilmenaustraße. 34. Gisela ist mir als verzogenes und verwöhntes Einzelkind in Erinnerung, Friedrich als ein Mensch mit Güte und viel Gelassenheit. Wir waren weiterhin strebsam und konnten einiges sparen. Der Bausparvertrag stand vor der Zuteilung. Übers Wochenende fuhren wir nach Uelzen und sparten dadurch ebenfalls Geld. Dafür musste ich mir dann stundenlange Monologe von Heinz anhören, wenn er angetrunken, mit einem Arm abgestützt, aus dem Fenster starrte und alles schlecht machte, was sich bewegte. Seine Wochenration bestand mittlerweile aus circa fünfzig Dosen Bier von Aldi und zwischendurch trank er manchmal eine Flasche billigen Wein. Handwerklich war er nicht ungeschickt, aber nur, wenn er nicht getrunken hatte. Das war selten. Es kam zu Auffälligkeiten in seiner Firma, die ihn dann in den vorzeitigen Ruhestand schickte. Marions Mutter war eine herzensgute Frau. Ich habe mich oft gefragt, warum sie das alles ertrug und mit sich machen ließ. Moralische Grundsätze und kirchliche Erziehung verhinderten jeden Widerstand. Außerdem hatte sie früher den Schuster Heinz gegen den Rat der Familie geheiratet. Auch wenn er im besoffenen Kopf Hand angelegt oder sie manchmal kurzerhand in den Keller gesperrt hatte, ertrug sie auch das. Sie war nur für die Familie da und opferte sich selbstlos auf. Durch einen »Bettunfall« wurde sie im Alter von 41 Jahren schwanger. Marion und ich hatten Bedenken und sind mit ihr nach Hamburg zur genetischen Beratungsstelle gefahren. Als feststand, dass das Kind gesund sein würde, ging alles wieder seinen Gang. Markus war kein Wunschkind, aber er hatte es gut. Auf dem Rückweg nach Bremen sind wir anstandshalber hin und wieder in Ovlgönne vorbeigefahren. Wenn Walter angesoffen war, sind wir jedoch gleich wieder weitergefahren. Die Begrüßung und auch der sofortige Abschied waren formal und distanziert. Es war dieser bekannte Moment, wenn dir bei der Umarmung die Arme steif bleiben. Walter war mir egal. Es hatte nie ein Gespräch über mein Vorleben gegeben. Sie hatten mich nie gefragt, wie es mir auf dem Michaelshof ergangen war. Warum ich nicht mehr trank. Es war jetzt gut so. Ich hatte meine Erklärung. Anna musste in ihrem Leben auch einen Weg gehen, den sie lange nicht beeinflussen konnte und ich unterstellte ihr, dass sie auch nur immer das getan hatte, wozu sie in der Lage gewesen war. Unsere Familien waren sehr identisch. Heinz und Walter verstanden sich gut und tranken zusammen. Ich habe Walter als hilflosen zornigen Menschen erlebt, der mit sich nie zurechtkam. Ich hatte ihn bedeutungslos gemacht, und so gelang es mir, ihn weder zu mögen noch zu hassen. Er ist früh an den Folgen des Alkoholmissbrauchs gestorben. (Korsakow Syndrom).

In diesem Jahr hatten wir den ersten Urlaub unseres Lebens gemacht. Als wir uns einmal über Verwandtschaften unterhielten, erfuhr ich so nebenbei, dass es einen Bruder von Heinz in Amerika gab. Er war nach der Flucht aus Ostpreußen einem Aufruf des Arbeitsamtes Uelzen gefolgt. Als gelernter Flugzeugbauer war er nach dem Krieg nach Amerika gegangen. Seine Frau, die mittlerweile verstorben war, hatte er ein Jahr später nachgeholt. Ein kurzer Briefwechsel und ein Telefonat mit ihm und sofort wurden wir eingeladen. Es war Urlaub und Abenteuer zugleich. Vom 9. August bis 7. September 1980 waren wir bei August und Katherine in South Bend im Staate Indiana. Der Sohn von August bot mir an, für ein Jahr dort zu bleiben, denn ich war mit meinem Studium fertig und hatte noch keinerlei Verpflichtung. Aber ich lehnte ab. Wir planten jetzt für unser weiteres Leben, wünschten uns ein Kind und ein Haus. Den Baum habe ich dann auch gepflanzt, wie ein Sprichwort es sagt. Ich war nun davon überzeugt, dass der Abbruch in Holland nicht nötig gewesen wäre und dass wir es auch mit Kind geschafft hätten. Ich krempelte die Ärmel hoch und wollte für gesunde Voraussetzung sorgen, mein Kind sollte es einmal besser haben. Ich hatte eine Vision im Kopf: Ich komme nach Hause, ein kleines Mädchen mit langen blonden Haaren kommt mir durch den Garten entgegengelaufen. Das Mädchen trägt ein Kopftuch und hat kleine rote Gummistiefel an. Ein bisschen wie im Märchen von Rotkäppchen, aber wo ist der Wolf?

Marion hatte inzwischen eine Festanstellung im öffentlichen Dienst und so realisierten wir unseren Hauskauf. Ein kleines, um die Jahrhundertwende gebautes Reihenhaus in Peterswerder. Der Kaufpreis stimmte und da es noch aus der unteren Wohnung eine kleine Mieteinnahme gab, sahen wir kein Risiko. Ich legte sofort mit der Erneuerung und Renovierung los. Neue Heizung, Elektrik, neue Rohre und Fliesen im Bad, sowie Holzvertäfelungen in den Zimmern. Ein Zimmer wurde als Kinderzimmer eingeplant, denn nun sollte ja mein Mädchen kommen. Im Hinblick auf den Familienzuwachs und auf den Kauf des Hauses haben wir dann am 15. Juni 1981 geheiratet. Die Heirat war standesamtlich und fand im kleinen Familienkreis statt. Stiefvater und Schwiegervater besoffen sich, sodass sie sich am Ende fast prügelten. Sie wurden sich nicht darüber einig, wer denn nun von den beiden der Größte und der Beste wäre. Die Feier musste abgebrochen werden. Mit dieser Peinlichkeit begann unsere Ehe.

Wir setzten nun alles daran, ein Kind zu bekommen. Trotzdem dauerte es fast ein Jahr, bis Marion die frohe Botschaft verkünden konnte, dass sie schwanger wäre. Ich ging behutsam mit ihr um, umsorgte sie und war voller Vorfreude. Die ersten Rundungen zeigten sich. Dann gab es Komplikationen. Eine ärztliche Untersuchung ergab, dass es eine Risikoschwangerschaft war. Sie musste viel liegen, denn ein frühzeitiger Abgang drohte. Nach dem vierten Monat wurde es wieder besser. Der Bauch und der Busen wurden größer. Ich genoss die Schwangerschaft, denn ich fand meine Frau mit diesen Proportionen total erotisch. Beim Spazierengehen sah ich plötzlich überall schwangere Frauen. Aufkommende Angstgefühle verdrängte ich. Dann kam es erneut zu Komplikationen. Ich stellte mir die Frage, ob es an mir liegen könnte, ob es etwas mit meiner Suchterkrankung zu tun hatte, oder ob sie nicht in der Lage war, ein Kind zu bekommen? Fragen über Fragen und keine Antworten. Dann verlor Marion plötzlich Fruchtwasser. In Manier eines Krankenwagens raste ich durch Bremen ins Josefstift. Rote Ampeln und Halteschilder ignorierte ich. Marion wurde sofort ärztlich untersucht und stationär aufgenommen. Dann entschied man sich, trotz des Fruchtwasserverlustes mit Hilfe von Medikamenten auf eine natürliche Geburt zu warten. Es war die 31. Schwangerschaftswoche. Voller Angst und Sorge und geschwächt von den Medikamenten lag sie da. Noch glaubte ich an einen guten Ausgang, war aber der Situation und den Ärzten hilflos ausgeliefert. Nach ungefähr einer Woche war es dann so weit. Marion bekam eine Rückenmarkspritze, die sie unterhalb lähmte. Der diensthabende Arzt übte sich in Geduld und schaute zunächst im Nebenzimmer Fernsehen. Es war der 14. August 1982. Die Schwangerschaft endete mit der Frühgeburt eines kleinen Mädchens, das zum Zeitpunkt der Geburt 1037 Gramm wog. Sofort wurde dieses leblose Etwas in Alufolie gewickelt und mit dem bereitstehenden Krankenwagen unter Einsatz von Blaulicht in die Kinderklinik von Professor Hess in der St. Jürgen Straße gefahren. Ich raste hinterher. Beatmung, Schläuche, dann Brutkasten. Das war's vorerst für mich. Ich ging wie benebelt nach Hause, fühlte mich mal wieder hilflos und traute mich nicht, die Geburt meines Kindes mitzuteilen. Ich hatte sogar den Gedanken: »Wenn du dich jetzt betrinkst, würde es jeder verstehen.« Dann machte ich mir wieder etwas Hoffnung und sagte mir: »Auch Frühgeburten können sich normal entwickeln.« Doch vorerst quälte mich nur der eine Gedanke, ob sie überhaupt überleben würde. In meinem Kopf spielte sich zwei Tage lang ein gedankliches Drama ab. Marion kam nach Hause. Sie war nicht nur psychisch, sondern auch körperlich fertig. Am dritten Tag gingen wir in die Klinik. Unser Haus lag nur etwa zehn Minuten zu Fuß von der Klinik entfernt. Intensivstation. Ich sah sie erst gar nicht im Brutkasten: ein winziger Mensch, nur so groß wie eine Männerhand. Überall Schläuche und der dauernde Piepton der Beatmungsmaschine. Wenn der Piepton einmal aussetzte, kam jemand vom Personal und klopfte an den Brutkasten. Ein Zucken, und der Piepton setzte wieder ein. Das wäre ganz normal bei Frühgeburten sagte man uns, dass die Atmung ab und zu aussetzte. Durch das Klopfen an den Brutkasten wird das Kind wieder wach, sonst würde es wegschlafen. Am dritten Tag traute sich Marion in den Brutkasten zu greifen und das Kind zu berühren. Ich traute mich weder, das Kind zu berühren, noch machte ich wie einige andere Eltern Fotos. Es war alles hart an der Grenze, aber sie lebte. Eines Tages, wir kamen wieder auf die Intensivstation, nahm uns Doktor Schulz diskret zur Seite und sagte: »Ich muss Ihnen leider mitteilen, dass ihr Kind heute Nacht gekrampft hat. Es ist nicht auszuschließen, dass es einen dauerhaften Hirnschaden behält.« Steif und blass standen wir da. Ich hatte den Impuls: »Jetzt gehst du! Ich will und kann das hier nicht mehr ertragen.« Ich weiß nicht, wie es Marion in dieser Situation ging und was sie dachte. Mit Nebel im Kopf und einer subjektiv empfundenen Blutleere verließ ich die Station. Trotzdem gingen wir jeden Tag dorthin, immer dieser bange Blick um die Ecke, ob sie noch da war. Viele Jahre später hatte ich immer noch dieses Trauma im Kopf. Wenn ich nach Hause fuhr und um die Ecke kam, beschlich mich dieses komische Gefühl: »Steht er noch da?« Nicht der Brutkasten, sondern das Auto meines Sohnes, wenn er nachts damit unterwegs war. In der ersten Woche gab es noch einen Gewichtsverlust, sie wog unter 1000 g. Das wäre normal, sagten uns die Ärzte. Für die war immer alles normal. Nach drei Wochen atmete dieser kleine Mensch ohne Unterstützung. Fünf Wochen später kam sie aus dem Brutkasten nach nebenan in ein Wärmebett. Vier Monate dieser Gang ins Krankenhaus. Schlaflose Nächte, quälende Gedanken, wir waren beide am Ende der Belastbarkeit. Die Ärzte waren stolz, dass sie ein Leben gerettet hatten, es war ihre Pflicht, doch ich wollte und konnte diesem Verlauf nichts Positives abgewinnen. Nach viereinhalb Monaten nahmen wir sie mit der Diagnose: »Frühgeburt mit Entwicklungsverzögerung« nach Hause. Mit dem Wort Verzögerung verband ich etwas Hoffnung. Verzögerungen kann man aufholen, dachte ich mir, so stellte ich mich der Situation. 7 bis 8 Monate tat sich in Bezug auf Entwicklung nichts, außer dass sie langsam an Gewicht zunahm. Dieses Kind schrie nur noch. Wir versuchten alles. Wir schaukelten sie in einem Bettlaken, ich schleppte sie stundenlang durch die Wohnung, ich legte sie mir auf den Bauch, es half nichts. Das Kind hat einmal am Stück 14 Stunden nur geschrien. Wir waren am Ende, wir stritten uns und schrien uns an. Mein Glaube, dass man durch mehr Einsatz Situationen ändern könnte, schwand. Die Hilflosigkeit führte zu einer zunehmenden Wut. Andere Kinder krabbelten schon in diesem Alter. Bei Wiebke tat sich nichts. Sie lag nur da und schrie die meiste Zeit. Trotzdem war ich immer noch auf der Suche nach einem Ausweg. Ich war bereit, mehr zu tun, alles zu tun, wenn es nur helfen würde. Nach fast zwei Jahren bekamen wir von unserem Kinderarzt eine Überweisung nach Hamburg zu Doktor Gabriel. Der wäre Spezialist für Frühgeburten und Entwicklungsverzögerungen. Hoffnung kam auf.

In Hamburg angekommen, marschierte ich mit Wiebke auf der Schulter hoffnungsvoll in die Praxis an der Rothenbaumchaussee. Ich fühlte mich gut. Ich legte Wiebke ab und wartete. Nach einiger Zeit wurden wir hereingebeten. Ich saß ihm gegenüber, Wiebke auf dem Schoß, er sah nur kurz hin und sagte dann deutlich und klar: »Ihr Kind ist behindert.« Ich erstarrte zur Säule. Weinend ging ich vor die Tür. »Was hat er gesagt?«, ging es mir durch den Kopf, behindert, was heißt das? In diesem Moment konnte und wollte ich nichts damit anfangen. Marion kam mit roten Augen heraus. Wortlos fuhren wir nach Bremen. Die Fahrt war wie durch eine große Nebelwand, ich konnte auch am nächsten Tag nicht zum Dienst gehen, und am dritten Tag schicken mich meine Kollegen nach Hause. Warum habe ich mich in dieser Situation nicht in eine Kneipe gesetzt und vollgeschüttet? Ich hatte das Bild im Kopf, als Heidi damals mit mir Schluss gemacht hatte und ich mich bis zur Bewusstlosigkeit besoffen hatte und dann auch noch aggressiv wurde. Ich bekam Selbstmordgedanken. Aber auch die verwarf ich schnell und sagte mir: »Du warst ja schon mal tot, du hast eine Chance fürs Leben bekommen.« Ich fühlte mich mit Wiebkes Diagnose bestraft. Meine Vision von dem kleinen Mädchen zerplatzte wie eine Seifenblase. Die Frage nach dem »warum« blieb. Hilflosigkeit und Angst machten mir in der Folgezeit das Leben sehr schwer. Nach außen tat ich so, als wäre alles in Ordnung. Ich dachte: »Wenn die Leute merken, dass du ein behindertes Kind hast, dann wirft man mir das vor.« Ich zog mich zurück. Ich fühlte mich wie ein Wolf, der sich bei Gefahr in Dunkelheit und Einsamkeit zurückzieht. Ich lag nachts wach im Bett, meine Gedanken rasten. Die Schreie nebenan, Marion neben mir. »Warum erträgt sie das?«, fragte ich mich, die muss doch auch fertig sein und nicht mehr können. Warum hat dieses Kind überlebt, wo ist der Sinn? Bis zum Zeitpunkt der Diagnose bin ich nachts aufgestanden, habe sie gewickelt und gefüttert. Ich gönnte Marion ihren Schlaf, denn immer noch hatte ich ein bisschen Hoffnung auf mein Mädchen. Jetzt wollte ich nicht mehr. Ich bekam Angst, dass es zu Situationen kommen würde, ich meine Aggressionen nicht mehr kontrollieren könnte. Ich konnte diese Nähe nicht mehr ertragen. Ich stellte mir laut die Frage: »Wäre es nicht besser gewesen, wenn sie die Geburt nicht überlebt hätte?« Mein Leben zog mir wie ein Film durch den Kopf, und ich dachte: »Was wird aus diesem Kind, es wird nie eine Chance im Leben bekommen.« Wenn sie nebenan schrie, habe ich meinen Kopf im Kissen vergraben und bekam furchtbare Gedanken. Ich machte den Ärzten Vorwürfe. »Warum hat man diesem Kind die natürliche Geburt zugemutet, der Geburtsvorgang war zu lang, das Kind zu schwach, dadurch der Sauerstoffmangel. Warum kein Kaiserschnitt. Die Chancen fürs Überleben wären geringer gewesen, aber die Behinderung möglicherweise nicht entstanden.« Ich dachte: »Das ist die Retourkutsche für den Abbruch in Holland!« Nächtelang quälte ich mich mit diesen Gedanken herum. Durch diese Belastung am Ende habe ich einmal gedacht, wenn Marion sie jetzt umbringen würde, ich könnte es verstehen und wäre ihr nicht böse. Ich kam aus dieser Gedankenwelt nicht mehr heraus. Es gab keine Beziehung mehr, dafür immer mehr Vorwürfe. Ich zog mich emotional völlig zurück. Ich suchte nach Schuldigen. Warum passierte mir das, warum tat man mir das an? Marion suchte Hilfe bei Freunden. Eckart sagte einmal zu mir: »Du verhältst dich wie ein Wolf. Bist ständig auf der Flucht, wer sich dir nähert, wird gebissen.« Er hatte recht. Denn ich war auf der Flucht. Für die Versorgung von Wiebke stand ich dennoch weiterhin zur Verfügung. Ich hatte mir im Umgang mit Wiebke bestimmte Haltetechniken zugelegt. Ich glaubte immer noch, wenn man sie richtig auf dem Arm hält, oder wenn sie in der Karre saß, oder wenn ich sie beim Sitzen von hinten stützte, dann merkte vielleicht keiner, dass sie behindert war. Ich hatte Wiebke auf dem Arm und stand im Squash Center. Ich hielt sie absichtlich tief und schaute dem Spiel im Court zu. Ich hatte mich so gedreht, dass ihr Kopf auf meiner Schulter lag. Da sprach mich plötzlich ein Bekannter mit den Worten an: »Was hat deine Tochter für eine Behinderung?« Wortlos ging ich raus. Die Zeit verstrich, aber es wurde immer belastender. Krankengymnastik, Einzeltermine, Arztbesuche, unsere Beziehung starb. Marion startete einen letzten Versuch. Sie spürte, dass ich Hilfe brauchte. Sie wollte mit mir zur Eheberatung, um unsere Ehe zu retten, doch der Egoist in mir sagte: Was man nicht allein schafft, dabei kann mir auch kein anderer helfen.« Ich verstand auch nicht, warum sie es packte. Später sagte sie mir: »Weil ich es musste!«

Eines Morgens: Ich werde wach und das Bett neben mir ist leer. Für mich eine völlig neue Situation und dann plötzlich die größte Angst: Jetzt bin ich mit dem Kind allein? Sie war am Abend vorher mit einem Klienten aus meiner Gruppe essen gegangen. Später habe ich verstanden, dass ihr auch Abwechslung und Zuwendung zustand. Sie hatte mir gesagt, mit wem sie essen gehen wollte. Ein Anruf bei Uwe bestätigte meine Befürchtung. Voller Stolz sagte er mir: »Deine Frau ist und bleibt hier!« Dann spürte ich wieder meine Aggressionen, am liebsten wäre ich losgefahren und hätte das auf meine Art geregelt. Doch ich musste mich um Wiebke kümmern. Am zweiten Tag kam sie dann nach Hause, mit ihm.

Es war nur ein kurzer Moment, denn wenn er nicht Hals über Kopf geflüchtet wäre, ich hätte ihn zerrissen. Sie blieb kurze Zeit, ging dann wieder. Wenn ich tagsüber im Dienst war, kümmerte sie sich um Wiebke. Ich erlebte das Ganze als Demütigung und persönliche Kränkung, welche nicht die letzte sein sollte. Wortlos lebten wir nebeneinander her. Die Familie in Uelzen hatte von den Schwierigkeiten Kenntnis bekommen. Heinz und Ilse reisten an, um ihre Tochter umzustimmen. Ich gab mir Mühe, half, wo ich nur konnte, doch es kam zu keiner Entlastung. Nach 14 Tagen verabschiedete sich Marion morgens von mir mit einem Kuss. Ich lag noch im Bett und wundere mich darüber, dass sie so früh das Haus verließ. Nach zwei Stunden war sie wieder da. Sie teilte mir mit, dass es mit Uwe aus wäre. Der Typ hätte sie nur benutzt und ihre Schwäche ausgenutzt, um endlich einmal wieder mit einer Frau ins Bett zu kommen. Er hätte nur mit ihr gespielt, sie fühlte sich jetzt schuldig. Wir hatten seit langer Zeit wieder sexuellen Kontakt, der merkwürdigerweise anders und intensiver war. Wir starteten einen neuen Versuch. Das Haus wurde verkauft, weil es nicht behindertengerecht war. In der Vahr in Bremen erwarben wir ein größeres, ebenerdiges Haus, das sich mit wenigen Mitteln behindertengerecht umbauen ließ. Ich zwang Marion, im Zuge des Neuanfangs, das Auto, dass Uwe ihr für die Liebesdienste gekauft hatte, zu verkaufen. Wir kauften ein zweites Auto, damit sie mit Wiebke unabhängig war. Doch nichts änderte sich wirklich. Ich machte meinen Job, war viel mit meinem Motorrad unterwegs und baute am Haus. Formal versorgte ich Wiebke mit. Ich fuhr sie jeden Morgen in den Kindergarten, mittags holte ich sie ab. Marion hatte in Blumenthal einen Halbtagsjob angenommen. Zu Hause war eine unerträgliche Spannung. Die Glasscheibe war zertreten. Wir legten nur noch die Scherben nebeneinander und merkten nicht, dass überall Risse waren und dass man nicht mehr klar durchschauen konnte. Zwischendurch überlegen wir schon einmal, ob noch etwas zu retten wäre und wenn ja, wie. Marion schlug ein zweites Kind vor. Doch meine Angst konnte sich nicht darauf einlassen. Wir fuhren in die Uni zur genetischen Beratungsstelle, weil wir sicher sein wollten, dass ein zweites Kind gesund ist. Wir wollten genetische Defekte ausschließen. Trotzdem traute ich mich nicht, ich sagte zu Marion: »Ich kenne mich, das passiert mir wieder.« Und ich dachte: »Noch ein behindertes Kind, und ich bringe mich um.«

Eines Morgens auf dem Weg zu meiner Dienststelle. Ich war unkonzentriert und gedanklich wieder einmal ganz woanders. Ein vor mir fahrender roter R4 hielt an einer Straßenkreuzung. Ich habe zu spät gebremst und fuhr hinten drauf. Ich stieg aus und sah im Auto auf dem Rücksitz meine Vision. Da war das kleine Mädchen mit den langen blonden Haaren und mit einem Kopftuch. Um den Blechschaden kümmerte ich mich nicht, ich war nur um dieses Mädchen besorgt. Das hatte Esther gefallen. Da der Schaden unerheblich war und ich zum Dienst musste, verabredeten wir uns für den nächsten Tag. Esther lebte mit ihrer Tochter Johanna allein in einem anderen Stadtteil, sie war vor zwei Jahren mit ihrem Mann nach Amerika gegangen. Dort trennte er sich von ihr wegen einer anderen Frau und ließ sie allein. Sie kam zurück nach Deutschland. Wir trafen uns und stellten fest, dass wir bezüglich der Autos keinen gegenseitigen Anspruch hatten. Sie erzählte mir, wie fasziniert sie von meinem Verhalten in der Unfallsituation war, und dass sie so etwas noch nie erlebt hätte. Es blieb nicht beim Kaffeetrinken. Sie verliebte sich in mich. Esther war etwas vollschlank, ein mütterlicher Typ, Ruhe und Selbstsicherheit vermittelnd. Doch ich war total auf Johanna fixiert. Es ging so weit, dass ich sie mit Wiebke besuchte und wir gemeinsame Spaziergänge unternahmen. Esther mochte Wiebke auf Anhieb, trotz ihrer Behinderung. Sie signalisierte mir, dass sie sich eine feste Beziehung mit mir gut vorstellen könnte.

Jeden Dienstag nach dem Sport war ich bei ihr. Diese Frau hatte eine unglaubliche Wärme und verwöhnte mich mit Zärtlichkeit. Ich habe bei ihr gelernt, dass Berührung und der Austausch von Zärtlichkeit nicht immer mit Sex enden muss. Wiebke erzählte Zuhause von Johanna, und Marion spürte, dass da etwas lief. Wie gingen weiterhin formal und rücksichtsvoll miteinander um. Wir vermieden alles, was auf andere Beziehungen hindeuten könnte. Jeder ging seiner eigenen Wege. Esther fühlte sich in der Warteschleife und verlangte eine Entscheidung. Durch den Umgang mit ihr und Johanna konnte ich jetzt seltsamerweise auch zu Hause mit Wiebke entspannter umgehen. Ich traute mich aber nicht, eine Entscheidung zu treffen. Wie so oft wartete ich, bis mir die Entscheidung abgenommen wurde. Eines Tages bekam ich eine Praktikantin. Studentin, viertes Semester. Tolle Frau. Ich verhielt mich nicht unbedingt abgrenzend. Signale: »Ich finde dich nett und wollen wir heute Abend weggehen?«, reichten aus. Was ich nicht wusste, war, dass meine Praktikantin eine Freundin von Esther war. Der reichte es jetzt, und es war mit beiden Schluss.

Die Umbaumaßnahmen im neuen Haus waren soweit abgeschlossen. Wir stellten uns auf ein Leben mit Behinderung ein. Wiebke konnte inzwischen etwas sprechen. Wir machten alles, was krankengymnastisch und therapeutisch erforderlich war. Ich hatte mich so weit mit mir selber verständigt, dass ich mich weiterhin verantwortlich fühlte und Wiebke weiterhin mitversorgte, aber emotional hatte ich nach wie vor keinen Zugang zu ihr. Trotzdem hoffte ich, dass sie vielleicht eines Tages mit Einsatz von Hilfsmitteln stehen oder gehen lernen könnte. Ich hatte im Keller eine kleine Wohnung hergerichtet, aus der man sie mit einem Rollstuhl in den Garten schieben konnte. Da wir die Wohnung jetzt noch nicht brauchten, vermieteten wir sie. Ein junger Mann, der gerade sein Studium beendet hatte und bei der Telekom arbeitete, zog dort ein. Ich konzentrierte mich weiter auf meine Arbeit, auf Sport, machte zwischendurch meine Motorradtouren, und wenn es erforderlich war, versorgte ich Wiebke.

Die Belastungen mit Wiebke gingen weiter. Eine erste Operation stand an. Beide Hüftpfannen waren nicht normal ausgebildet. Der Spezialist dafür war Doktor Heesen in Hamburg. In einer achtstündigen Operation wurde die rechte Hüfte gerichtet und zum Teil neu geformt. Bei der Entlassung wies er uns darauf hin, dass in einem halben Jahr die andere Seite auch gemacht werden müsste. Nach der Operation musste Wiebke sechs Wochen mit gespreizten Beinen auf dem Boden liegen. Die Beine wurden mit Tüchern fixiert und mit Sandsäcken beschwert. Zwischendurch tauchte auch hin und wieder der Untermieter auf. Wenn er Probleme mit technischen Sachen hatte oder wenn ich gerade an meinem Motorrad schraubte, wechselten wir schon mal ein persönliches Wort. Ich half ihm und kam ihm auch mit dem Mietpreis entgegen.

Die ganze Belastung in den letzten Jahren hatte Spuren hinterlassen. Ich beantragte eine Kur. Die Genehmigung für Bad Bertrich lag vor. Trotz der nicht immer spannungsfreien Situation zu Hause schliefen wir auch ab und zu miteinander. Eines Morgens, die Stimmung schien gut zu sein, kam ich ins Bad, umarmte Marion von hinten um zu signalisieren: »Ich habe Lust.« Sie drehte sich um und sagte: »Ich möchte das nicht mehr.« Ich akzeptierte das, aber ich verstand es nicht. Am Abend entdeckte ich gepackte Umzugskartons im Keller. Ich stellte sie zur Rede und bekam eine ebenso knappe Antwort. »Ich ziehe aus!« Wortlos ging ich nach oben, nahm meine Tasche und fuhr zum Sport, erst einmal Aggressionen abbauen. Dann gingen wir nur noch schriftlich miteinander um, hefteten Zettel an die Pinnwand, auf denen wir Ort und Zeiten mitteilten. Ich hatte die Trennung akzeptiert. Das passte insofern ganz gut, als dass sie jetzt in Ruhe ausziehen konnte. Wir trafen keine besonderen Regelungen, ich sagte nur: »Nimm mit, was du brauchst, ich bekomme das, was ich brauche schon wieder.« Mit dieser Regelung ist sie auch fair umgegangen.

Es war Winter 1990. Weihnachten stand vor der Tür. Wiebke musste nochmals eine Woche nach Eppendorf zur Nachoperation. Ich bin mit ihr dorthin gefahren und auch geblieben, weil ich Marion entlasten wollte. Marion bereitete ihren Auszug vor. Bis zu diesem Tage wusste ich nicht, wo ihre neue Wohnung war. Heiligabend verbrachten wir zusammen, es war eine steife und angespannte Atmosphäre. Wir wollten Wiebke so wenig wie möglich spüren lassen, dass wir uns getrennt hatten. Ab dem zweiten Weihnachtstag ging jeder seine Wege und ich fuhr zunächst zur Kur.

Als ich zurück war, bekam ich einen Anruf von Marion, indem sie mich bat, dass ich in die Schwachhauser Heerstraße kommen sollte. Sie hätte mir etwas zu sagen und sie wollte nicht, dass ich es von Wiebke erfahren würde. Was das wohl sein soll, dachte ich, und fuhr hin. Beim Betreten der Wohnung traf mich der Schlag. Mein Untermieter stand an ihrer Seite. Voller Stolz berichtete sie mir, dass er jetzt mit Martin zusammen wäre und dass die Beziehung schon mindestens ein Jahr bestehen würde. Bis zu diesem Tag hatte ich immer noch die Hoffnung, dass es eine Trennung auf Probe wäre und dass wir doch wieder zusammenkämen. Doch nun schien es endgültig zu sein. Diese Situation in der Wohnung war eine erneute Demütigung für mich. Mit geschwollener Brust erklärte er mir, dass er jetzt meine Frau habe. Auf meine Frage, wo er denn schlafen würde, antwortete er: »Bei Wiebke im Zimmer«, und dann war es vorbei mit meiner Beherrschung. Mit meiner Frau ein Verhältnis haben, mit meiner Tochter in einem Zimmer schlafen und bei mir im Hause wohnen. Dann bin ich geplatzt. Ich schrie ihn an: »Wenn du nicht innerhalb von 24 Stunden deine Sachen aus meiner Wohnung holst, dann werde ich alles zertrümmern und auf die Straße schmeißen.« Am nächsten Tag war er mit seinen Sachen verschwunden. Alle Absprachen zwischen Marion und mir, was Wiebke anging, hatten nun keine Gültigkeit mehr. Er verbot mir den Umgang mit Wiebke. Er verhinderte die zweite notwendige Operation in Hamburg. Die dann in Bremen durchgeführte Operation ist schiefgegangen. Unter den Folgen leidet sie immer noch. Der neue Herr an der Macht drohte mir mit Polizei, wenn ich es wagen sollte, während der Schulzeit Kontakt zu ihr aufzunehmen. Es kam zur Gerichtsverhandlung bezüglich des Sorgerechts. Mithilfe von Freunden und Gerichtsbediensteten schirmte er mich ab und ließ mich nicht zu Wiebke vor. Er hatte dem Richter vorher signalisiert, dass ich aggressiv wäre und ihn bedrohen würde. Marion ließ alles zu, oder musste es. Mir wurde das Sorgerecht abgesprochen, weil der Umgang mit mir schädigenden Einfluss auf Wiebke hätte.

Während der Kur hatte ich Gudrun kennengelernt. Was sie für ein Typ war, muss ich nicht mehr erwähnen. Geschieden, alleinstehend mit erwachsener Tochter aus Dortmund. Sie kam mit sich und ihrer Lebenssituation gut zurecht. Wir waren uns einig, dass es mit uns beiden nichts Festes werden würde, aber sie tat mir gut. In den darauffolgenden Wochenenden fuhr ich nach Dortmund, denn zu Hause hielt ich es nicht aus. Die halb leer geräumte, riesige Wohnung war ungemütlich und abends herrschte eine für mich beängstigende Stille. Ich bin nur rein, habe mir etwas zu essen gemacht und dann schnell wieder raus. Nur wenn es sein musste, habe ich in dieser Wohnung geschlafen. Ich fühlte mich einsam, verloren, verlassen und gekränkt. Es ging mir sehr schlecht. Mit Gudrun lief es auch nicht mehr gut, denn wir waren zu unterschiedlich. Ich hatte panische Angst vor dem Alleinsein. Mit jemandem konnte ich nicht, ohne wollte ich nicht. Ich reagierte auf eine Zeitungsannonce. Wir telefonierten, eine warme Stimme am anderen Ende der Leitung lud mich ein. Bärbel aus Cloppenburg, geschieden, Alleinerbin eines großen Anwesens.

Die erste Aktion, die Bärbel startete, war ein gemeinsamer Urlaub auf Teneriffa. Vierzehn Tage musste ich mir Matthias Reim anhören: »Verdammt ich lieb dich.« Bärbel plante unsere Zukunft. Auf Spaziergängen suchte sie Dinge für unser neues Haus. Sie kaufte mir Designerklamotten und wollte mich auch optisch umgestalten. Das wurde mir zu eng und ging mir auch alles zu schnell. Ich versuchte, irgendwie aus dieser Nummer rauszukommen. Am Wochenende war sie bei mir. Wir lagen bereits im Bett. Bärbel machte wieder Zukunftspläne und wollte mir verbindliche Absprachen abringen. Sie hatte schon einige Whisky getrunken und war recht fordernd. Das passte mir jetzt alles überhaupt nicht mehr und nach einem heftigen Streit verließ sie die Wohnung. Trotz des Alkoholgenusses ist sie mit ihren Sportwagen in die Nacht entschwunden. Nun war ich wieder allein, und beschloss, es auch zu bleiben.

Langsam schaffte ich es auch mal, einen Abend zu Hause zu bleiben. Die große untere Wohnung hatte ich an zwei Krankenschwestern vermietet, somit war auch wieder etwas Leben im Haus. Wir saßen auch mal zusammen, tranken Tee besprachen formale und auch persönliche Dinge. So langsam stabilisierte ich mich und nach etwa vier Monaten hatte ich wieder einen normalen Rhythmus. Ich kam gegen 22:00 Uhr nach Hause. Das Telefon klingelte und mein erster Gedanke war: »Warum lässt die mich nicht in Ruhe?!« Ich hatte Bärbel des Öfteren zu verstehen gegeben, dass ich keine Beziehung mehr möchte, und dass ich so leben wollte, wie ich war. Nicht wie ich sein sollte. Ich nahm den Hörer ab und meldete mich mit einem genervten: »Kleemann.« Einen Moment Stille, dann sagte die Stimme am anderen Ende: »Oh, Entschuldigung, ich habe mich verwählt.« »Macht nichts«, sagte ich spontan, »ich war gerade auf einen Anruf vorbereitet, aber dann können wir ja miteinander plaudern.« Ich spürte das Erstaunen und die Verwunderung am anderen Ende, trotzdem wurde nicht aufgelegt. Ich nutzte diesen Moment und fing ein Gespräch an. Ich plauderte über Gott und die Welt und tat alles, um mit ihr im Gespräch zu bleiben. Irgendwie faszinierte mich die Stimme. Nach einiger Zeit unterhielten wir uns ganz zwanglos.

Sie erzählte mir, dass sie am Wochenende in den neuen Bundesländern eine Tante besucht hatte. Sie sei gerade nach Hause gekommen und hatte nur eben ihre Freundin anrufen wollen, dabei musste ihr ein Zahlendreher passiert sein. Wir plauderten weiter und landeten bei Autos. Ich sagte ihr, dass ich einen roten Fiat Uno fahre und dass ich ein 150-PS-Motorrad in der Garage habe. Gleichzeitig sagte ich: »Ich weiß auch, was du für ein Auto fährst.« Diese Aussage musste wohl nur ein Lächeln zur Folge gehabt haben, aber dann sagte ich: »Und du fährst einen dunkelblaue Uno.« Jetzt war sie baff und irritiert: »Du kennst mich oder beobachtest mich!« Ich kann bis heute nicht erklären, warum es so war, dass ich von dem dunkelblauen Uno wusste, denn es stimmte. Je länger wir telefonierten, umso neugieriger wurden wir aufeinander. Wir hatten bereits über eine Stunde telefoniert, dann sagte ich: »Wenn es nicht so spät wäre, könnten wir uns ja treffen, aber was hältst du davon, wenn du morgen zu mir zum Frühstück kommst.« Ich gab ihr meine Adresse und wir verabschiedeten uns.

Es war der 31. März 1991. 1000 Gedanken schossen mir durch den Kopf. »Worauf hast du dich da eingelassen, wer weiß, was jetzt wird?« Doch neugierig war ich auch.

1. April 1991. Mit viel Mühe und Sorgfalt bereitete ich das Frühstück vor. Es sollte alles perfekt sein. Ich machte Deutschlands berühmtesten Eierpfannkuchen, legte zwei kleine Steaks

dazu und garantierte das Ganze mit Apfelsinenscheiben. Kaffee für uns beide und für die Unbekannte stellte ich ein Sektglas daneben. Ich wartete. Pünktlich um halb zehn fuhr der dunkelblaue Uno vor. Ich ging ins Schlafzimmer und lugte an der Gardine vorbei nach unten. Noch hätte ich so tun können, als wäre ich nicht zu Hause. Nach längerem Warten würde sie schon wieder fahren. Eine dunkelhaarige Frau stieg aus, musterte das Haus, schaute einmal in die Runde und ging dann zur Haustür. Der erste Eindruck enttäuschte mich nicht. Ich öffnete die Tür, wir begrüßten uns neugierig und freundlich. Beim Frühstück plauderten wir erst über den gestrigen Abend, über die Merkwürdigkeiten und Zufälle.

Die Zeit verging und es war früher Nachmittag. Es entstand ein Gefühl von Vertrauen und Zweisamkeit. Wir fuhren eine Pizza essen. Unten sagte Marlis zu mir, da du ja wusstest, was ich für ein Auto habe, musst du den jetzt fahren. Am Abend sind wir dann in mein Sportcenter gegangen. Ich zeigte ihr, mit wem und wo ich mich in meiner Freizeit aufhielt. Wir sind dann zum Übernachten zu ihr nach Hause. Wir hatten beide das Gefühl, dass wir uns schon ewig kennen würden und dass es so bleiben kann. Das mit dem Alkohol habe ich ihr sofort gesagt. Sie hat es kommentiert: »Finde ich gut.« Sorge machte mir noch Wiebke. Wie sollte ich ihr sagen, oder auch nicht, dass ich ein behindertes Kind habe?

Am nächsten Abend nach dem Essen habe ich ihr dann (mit Tränen in den Augen und sehr emotional) alles erzählt. Ich war froh, dass ich endlich einmal, ohne etwas beweisen zu wollen, über mich sprechen konnte. Sie erzählte mir, dass sie sich erst vor einiger Zeit aus einer Beziehung befreit hätte und seit drei Monaten in Bremen lebte. Sie hätte eine 16 Jahre alte Tochter und lebte seit fünfzehn Jahren mit ihr allein. Dann stellten wir fest, dass gestern der 1. April gewesen war: Zufall oder Schicksal?

Drei Monate pendelte ich. Dann wollten wir zusammenziehen. Mit Marion hatte ich ausgemacht, dass ich sie auszahlen und in dem Haus bleiben würde. Doch die Rechnung war wieder ohne den Wirt gemacht. Der neue Herr an Marions Seite veränderte die Absprachen und erhob Anspruch auf das Haus.

Ich erlebte mich zufrieden und sicher. Nun entstand plötzlich das Gefühl: »Ich möchte ein Kind.« Die Angst war weg.

Da Marlis schon siebenunddreißig war, sagten wir uns, wenn, dann jetzt! Wir verbrachten unseren ersten gemeinsamen Urlaub auf Korfu. Frisch verliebt und harmonisch. Mein Kopf war frei. Nachmittags nach dem Sonnenbaden gingen wir aufs Zimmer. Wir »arbeiteten« daran, unser Kind zu zeugen. Während wir unsere Gemeinsamkeit beendeten, hatte ich plötzlich das Gefühl: »Jetzt ist es passiert!« Ich hatte mich nicht geirrt. Marlis verließ schwanger die Insel Korfu. Während der Schwangerschaft kam mir nicht einmal der Gedanke an Komplikationen. Ich erlebte diese Zeit unbelastet und frei.

Trotzdem hatten wir eine Fruchtwasseruntersuchung machen lassen.

Ich kam nach Hause und Marlis sagte: »Ich habe eine gute und eine schlechte Nachricht für dich.« Die gute, unser Kind ist gesund, die schlechte, es ist ein Junge. Ich hatte ihr einmal von meiner Vision erzählt.

Bei der Geburt stand ich in zweiter Reihe hinter dem Chirurgen, Kaiserschnitt. Er entnahm den Kleinen und drückte ihn mir in den Arm. Alles Glück dieser Erde überkam mich. Ein gesundes Kind, schwarzhaarig mit langen Wimpern, natürlich der schönste Säugling auf Gottes Erdboden. Ich musste dieses Kind unentwegt anschauen. Nach einigen Stunden wurde Marlis ins Zimmer geschoben.

Der Kleine wuchs heran, doch ich hatte noch ein Laster, von dem ich mich befreien wollte: das Rauchen!

Rauchen ist mit dem Alkohol vergleichbar. Lange glaubt man, dass man nur Genussraucher (-trinker) ist. Dann kommt der Selbstbetrug: Immer wieder nahm auch ich mir vor: »Ab morgen oder ab Montag«, oder wie bei vielen anderen auch: »Im neuen Jahr, höre ich auf.« Ich habe kurzfristig den Ausstieg mit Pfeife probiert, doch Pfeifenraucher paffen, ich inhalierte sofort. Es waren die festen Gewohnheiten, die mich besonders fesselten. Nach Feierabend, in der Mittagspause, nach dem Essen. Morgens ins Büro, Tasse Kaffee, Zeitung und die Zigarette. Ich wurde immer ungehaltener darüber, dass es was gab, das ich nicht kontrollieren konnte, das mich kontrollierte. Außerdem half mir die Logik: Jeder Mensch weiß, dass Rauchen die Gesundheit gefährdet, trotzdem macht man es, für mich dann vernünftig nicht mehr nachvollziehbar: Ich bezahlte dafür. Ich zahlte für Folgeschäden!

Mein Sohn war zwei Jahre alt. Wir planten einen Türkeiurlaub. Ich hatte mir diesen Termin fest im Kopf programmiert: »Am Abflugtag, wenn die Tür des Flughafens hinter mir zu geht, ist Schluss!« Wir ließen uns von einem Bekannten zum Flughafen fahren, ich stand neben dem Auto und rauchte meine letzte Marlboro. Dann warf ich die angebrochene Schachtel auf den Sitz, Michael fuhr weg. Wir gingen durch die Flughafenhalle, die Tür ging hinter mir zu. Es war und blieb wie beschlossen. Ich glaube, dass ich nur einmal im Urlaub gedacht habe: Wie wird dass sein, wenn du morgens ins Büro kommst. Kaffee, Zeitung Zigarette?«

Ich ging ins Büro, Kaffee, Zeitung. Nichts fehlte.

Die Zeit ging dahin. Wir organisierten uns. Am Wochenende war Bederkesa Campingplatz angesagt. Ich machte mich im Dienst unverzichtbar, übernahm Wochenend- und Krisendienste. Marlis kümmerte sich um das Wohl vor Ort. Der Junge wurde größer. Als Nys so vier Jahre alt war, erinnerte er mich mit seinen langen blonden Haaren und seiner spitzbübischen Art an mich. Ich dachte, so kann das Leben stehen bleiben, schöner kann es nicht mehr werden.

Die anstehenden Entscheidungen, welche Schule, wann und was essen, Aktivitäten und Freizeitverhalten regelte Marlis sicher und dominant. Unsere Beziehung entwickelte sich zum Alltag. Emotionalität und Sexualität verflachten. Die Erfüllung der »ehelichen Pflichten« nahm ab. Wir hatten Freunde, Gemeinsamkeiten und finanziell keine Sorgen. Die nächste größere Anschaffung war ein Wohnmobil. In den Ferien und an langen Wochenenden waren wir unterwegs. Es lief halt. Mein Sohn wurde größer und bald wollte er mit seinen »alten Eltern« nicht mehr mitfahren. Er wechselte auf die integrierte Gesamtschule nach OHZ. Ich hätte ihn gerne auf dem Gymnasium gesehen, doch die Entscheidung wurde mir, wie so vieles andere auch, abgenommen. Es gab erste Auffälligkeiten. Erkennbare Aggressionen meines Sohnes führten oft zu Elterngespräche. Alles noch im Rahmen. Einige Dinge haben sich positiv entwickelt, gefährdende Tendenzen sind geblieben. In meiner freien Zeit baute ich am Haus oder war mit dem Motorrad unterwegs. Wir entwickelten uns vom »Wir« zu drei Einzelpersonen. Wir vermieden es, dass unser Sohn Streit und Auseinandersetzungen mitbekam. Ich war zu jener Zeit der Meinung, dass es reichte, wenn abwechselnd einer von uns mit ihm zurechtkam. Zusammen waren wir uns nicht mehr einig. Meine ganze Konzentration bezog sich auf meine Arbeit, Motorrad fahren und Sport.

2001 bekam ich im Dienst einen Anruf, dass im Zusammenhang mit einer Unterbringung ein Hausbesuch nötig sei.

Zum Termin erschien eine Frau, die auf den wohlklingenden Namen Anna Maria hörte. Ich mochte sofort ihre spontane Art, Dinge anzugehen und nicht bürokratisch auszusitzen. Aktivität und Erscheinung sprachen mich an. Bereits am nächsten Tag verabredeten wir uns in meinem Büro, und da ich bei ihr keinen Widerstand erzeugte, erfolgte der erste Austausch von Zärtlichkeiten. Von nun an trafen wir uns regelmäßig. Ich war gierig nach dieser Frau, weil sie anders war. Sexuell offen und bereit, unkompliziert und zielstrebig. Ganz Bremen Nord wusste inzwischen, dass wir eine Beziehung hatten, doch wir glaubten, dass alle nur eine dienstliche Gemeinsamkeit sahen. Es gab auch Überlegungen, sich mit Berufsbetreuung selbstständig zu machen. Ich schwankte zwischen Wollen und müssen. Mir war schon bewusst, dass es nicht so weitergehen kann. Als Anna sich dann von ihrem Partner trennte, war mir klar, dass sie die Erwartung an mich hatte, »Ich bin bereit für ein Leben mit dir.«

Mein Sohn wurde älter, die Beziehung zu Marlis immer gleichgültiger. Formal und nach außen funktionierten wir. Ich sah mich trotzdem verpflichtet, nicht zu gehen, obwohl ich wusste, dass Anna das gerne gesehen hätte. Ich sagte ihr deshalb, ich bin bereit, mit dir weiterzuverkehren, werde mich aber nicht trennen, weil ich mich für meinen Sohn verantwortlich fühlte.

Diesen Spagat wollte Anna nicht und beendete die Beziehung. Wir verloren uns aus den Augen, aber nicht im Kopf.

9. Kapitel

Ein Kapitel für sich

Am 5. Dez. 2007 ergab sich ein folgenschweres Ereignis.
Ich hatte während der Woche in unserem Wohnzimmer neuen Fußboden verlegt. Die Fußleisten waren bereits Freitagabend mit etwas Überlänge zugeschnitten worden.
Samstagmorgen. Wir hatten gefrühstückt und Marlis ging mit der Nachbarin joggen. Ich hatte den Abend davor die Kapp- und Gehrungssäge stationär befestigt. Also ging ich mit der ersten Fußleiste in den Keller, legte sie der Länge nach auf die Säge, schob mit der linken Hand die Leiste unter das Sägeblatt, um sehen zu wollen, ob die Position richtig war, den 45-Grad-Winkel abzusägen. Meine rechte Hand umfasst oben den Griff. Um aber ganz sicher zu gehen, dass ich die Leiste nicht zu weit durchschiebe, weil sie vorgeschnitten war, schob ich die Leiste langsam mit der linken Hand unter die Säge. Mit der rechten Hand drückte ich langsam das Sägeblatt nach unten, schaute, wie weit die Leiste unter dem Sägeblatt war, doch das Blatt ließ sich nicht herunterdrücken. Ich vergaß, dass das nur geht, wenn die Entriegelung betätigt wird. Da muss im Gehirn für einen Bruchteil etwas ausgesetzt haben. Die Säge sprang an und zerfetzte mir die linke Hand. Ich erinnere mich an den ersten Gedanken: »Da ist etwas ganz Schlimmes passiert.« Ich nahm die Linke in meine rechte Hand und drückte fest zu. Dann bin ich aus dem Keller zum Nachbarn rübergerannt. Kalle öffnete die Tür, sah das Unglück, drehte sich weg, wich zurück und schrie in den Raum. Ich habe mich umgedreht und war schon wieder auf dem Weg nach Hause. In der Zwischenzeit erschien die Schwiegermutter von Kalle, eine

gelernte Krankenschwester, die holte mich zurück, legte mich auf den Boden und begann durch Anlegen eines Druckverbandes, das Blut zu stoppen. Krankenwagen war bereits informiert und auf Nachfragen nach der Schwere des Unfalls orderten sie gleich einen Hubschrauber. Auf der anderen Seite unserer Wohnsiedlung war ein großes Feld, sodass der Hubschrauber fast direkt hinter dem Haus landen konnte. Nachdem die Notfallversorgung abgeschlossen war, trug man mich zum Hubschrauber. Mein Gedanken waren immer noch die Gleichen seit dem Moment des Unfalls: »Nicht ohnmächtig werden, wenn du ohnmächtig wirst, dann bist du tot.« Die Roland Klinik war informiert. Alles im Laufschritt, Landung, Trage, Blutkonserven. Ich kam in den OP und erst, als der Oberarzt anfing, meine Jacke aufzuschneiden, verlor ich das Bewusstsein. Stunden später erwachte ich mit einem riesigen Verband. Der gesamte Unterarm war geschient und x Lagen Verband darum gewickelt. Ich hatte fast zwei Liter Blut verloren. Oberhalb der linken Hand war der Arm zu zwei Drittel durchgetrennt, der Daumen war komplett rausgerissen. Ich bin dann abends in der Klinik auf dem Gang auf und ab marschiert und stellte mir die Frage: »Warum ich wieder?!« Wie oft noch? Wieder stand ich vor der Tür, wieder bin ich nicht durchgegangen, oder wurde noch nicht reingelassen. Ich versuchte, eine Erklärung zu finden. »Es ist die Psychiatrie«, sagte eine innere Stimme, »die hat Schuld. In diesen Laden gehe ich nie wieder!« Ich war in den letzten Jahren nur noch im Dienst gewesen. Ich wurde immer gereizter, unzufriedener und unkonzentrierter. Auf diesen Umstand führte ich den Unfall zurück.

Schon seit vielen Jahren hatte ich manchmal verlauten lassen, dass ich als Kind der Sonne mit meinem Wohnmobil Richtung Spanien fahren würde und dort zumindest den Winter verbringen wollte.

Eines Tages kam mein Kumpel Jörg in mein Büro in der Psychiatrie und brachte mir einen Computerausdruck mit:
»Schau mal, ist das nichts für dich?« Ich las: »Alkoholentwöhnung auf Mallorca.« Etwas stutzig reagierte ich: »Was ist das denn für ein Blödsinn? Gib mal her.«
Ich schrieb spontan eine E-Mail an die Organisation »Pro Zero« – ich war neugierig geworden - und nach einiger Zeit erhielt ich eine Antwort von Coletta Damm, der Psychologin, die damals noch dort tätig war. Ich schickte ihr mein Buch und schrieb, dass ich Interesse hätte, in Kontakt zu bleiben,. Sie hatte mittlerweile »Pro Zero« aufgrund von konzeptionellen Differenzen verlassen und wenig später hatte die Organisation ihre Pforten geschlossen. Gemeinsam mit ihrer Kollegin Susanne Lenné plante Coletta Damm ein eigenes Projekt zum Thema »Alkoholentwöhnung und Burn-out«
Einige Monate später überlegten wir konkret, uns zu treffen.
Schon mehrfach war ich mit einigen Kollegen zum Motorradfahren nach Mallorca gereist. Im September 2007 waren wir wieder in Cala Ratjada.
In der Nähe von Felanitx, im schönen Südosten der Insel, war mittlerweile das Projekt »Vida Libre« entstanden. Coletta Damm holte mich in Cala Ratjada ab. In unseren Gesprächen stellten wir fest, dass wir, obwohl aus verschiedenen Richtungen kommend, eine Menge Gemeinsamkeiten in unserem Denken und therapeutischen Handeln hatten. Ich lernte auch die damaligen Klienten von Vida Libre kennen und wir beschlossen zukünftige Zusammenarbeit. Doch noch arbeitete ich in der Psychiatrie und war zeitlich nicht flexibel. Doch dann, am 5. Dez 2007 geschah mein Unfall und Monate nach der Reha und meinem endgültigen beruflichen Ausstieg, konnten wir mit einer kontinuierlichen Zusammenarbeit beginnen.

Mein Sohn kam nun überhaupt nicht mehr mit seiner Mutter zurecht. Die Aggressionen ihr gegenüber nahmen zu. Er entwickelte viele Parallelen zu meinem Leben. Clique, Roller fahren, Wochenendtouren, Alkoholauffälligkeiten. Er machte seiner Mutter deutlich, mit dir will ich nicht mehr. Angetrunken hat er ihr ins Auto getreten und geschrien: »Hau ab! Was willst du noch hier!« Ich war sprachlos und hilflos. Eines Tages kam Marlis und verkündete, dass sie eine Wohnung gefunden hätte und ausziehen wolle. Wir müssen über Nys reden. Der ließ nicht mit sich reden, sondern stellte ihr gegenüber fest. Ich bleibe hier. Bedeutete, im Haus und bei mir. Marlis zog aus und verhielt sich bezüglich der Regelungen entgegen meiner Erwartung sehr fair. Ein Rosenkrieg ist mir erspart geblieben.

Ich fühlte mich entlastet, aber jetzt allein in der Pflicht. Es war für mich klar, dass ich allein bleiben werde. Diesmal mit innerer Überzeugung. Ich hatte begriffen, dass mein Wohlbefinden nicht von anderen Personen abhängt. Ich genoss es, wenn ich abends vom Sport kam und wusste, ich bin allein.. Es brauchte so lange, bis dieser Zustand mich spüren ließ, dass ich in der Lage war, ohne Beziehung meine Zufriedenheit zu leben. Doch das neu entstandene Vater Sohn Verhältnis war nicht unbelastet. Er konfrontierte mich des Öfteren mit vorwurfvollen Aussagen. Eine, die mich am meisten überrascht und betroffen gemacht hatte war: »Ihr habt mich zehn Jahre mit eurer Beziehung beschissen.« Schlagartig war mir klar, dass unsere Konflikte und Streitereien nicht spurlos an ihm vorbeigegangen sind, obwohl ich das bis dahin geglaubt hatte.

Mein Sohn setzte seine Unzufriedenheit weiter in Wochenendalkohol und Aggressionen um. Es gab unruhige Nächte mit dem Telefon am Bett. Wer ruft wieder an? Polizei, Krankenhaus. Vormittags bin ich dann stundenlang mit meinem Hund (Wolf) durch den Wald gelaufen und habe mich gefragt: »Warum musst du das noch mal erleben?« Im guten Glauben an einen positiven Ausgang und mit ständigem Zweifel an meinem Tun lief es so weiter. Ich tat alles, von dem ich glaubte, dass es so richtig und gut sei. Doch was ist richtig? Mein Sohn zeigte auch mir gegenüber aggressives Verhalten. Manchmal glaubte ich den Vorwurf zu spüren, du hast Schuld, dass es mich gibt. Ich habe in schwierigen Situationen an Marlis gedacht. »Du hast es gut, du bekommst nichts mehr mit, ich muss es aushalten.« Wie gerne hätte ich meinem Sohn gesagt und gezeigt, dass ich ihn als Kind vergöttert habe und ihn als Sohn liebe. Ich hatte keine großen Erwartungen und übte keinen Druck aus. In meiner Dankbarkeit, ein gesundes Kind zu haben, verzichtete ich auf Grenzen. In einem Gespräch auf dem Jugendamt bat ich ihn, mir eine Chance zu geben. Er redete nie viel und wir lebten nebeneinander im Hause.

Mein Kontakt nach Mallorca bestand und dieser schreckliche Unfall brachte mich zu der Überzeugung, dass ich den öffentlichen Dienst in Bremen emotionslos verlassen kann. Nys machte seine Ausbildung mit sehr gut, hatte Pläne und Ideen, doch leider stand er sich oft selbst im Wege. Die Regulierung des Wohlbefindens gelang ihm nicht mehr ohne Alkohol. Mehrere Beziehungen sind gescheitert. Er ist auf der Suche. Unsere Absprache war, dass mit Beendigung der Ausbildung das Haus verkauft wird. Damit war er einverstanden. Doch dieses Einverständnis formulierte er später als Vorwurf.

Ich hatte mir in Bremen Nord ein älteres Haus gekauft und den hinteren Teil als kleine Wohnung für mein Singledasein umgebaut.

Unsere Motorradtruppe hatte von Mallorca zum Gardasee gewechselt. Ein Abstecher nach Venedig stand auf dem Plan. Jeder hatte jemanden, dem er eine SMS nach Hause schicken konnte. Ich ging die Adressen in meinem Handy durch und landete zufällig bei Anna. Einer Eingebung folgend schrieb ich: »Ich grüße dich aus der Stadt der Liebe.«

Circa zwei Wochen später bekam ich einen Anruf, mit der Frage: »Was das sollte?« Daraus entwickelte sich ein Telefonat. Wir trafen uns. Diesmal war ich frei und sie verheiratet. Fünf Jahre keinen Kontakt, und trotzdem waren wir uns nicht fremd geworden. Ich konnte das erste Mal in meinem Leben eine Entscheidung treffen, die nicht von Beziehung oder vorgeschobenen Umständen beeinflusst war. Nach einigen Treffs spürte ich auch ehrliche Emotionen. Ein neues, sauberes Gefühl. Vieles, was sich bei mir entwickelt und verändert hatte, gefiel ihr. Einiges vermisste sie auch. Dann ging es schnell. Unsere Scheidungen liefen parallel, obwohl meine Trennung vor einigen Jahren war. Seit vier Jahren leben wir jetzt zusammen. Beide darauf bedacht, dass jeder in seiner Eigenständigkeit bleibt, und wohl wissend, dass jeder Mensch für die Regulierung seines Wohlbefindens selber zuständig ist, es nicht von anderen Personen abhängig macht. Das Risiko bei anderer Sichtweise ist groß. Wir machen alles gemeinsam, wir können über alles reden, wir haben die gleichen Interessen, der Fokus liegt auf dem »Wir«. Doch ein gutes »Wir« kann es nur geben, wenn zwei »Ich« funktionieren. Ein positiver Egoismus zahlt sich meistens aus. So der heutige Stand.

10. Kapitel

Die andere Entwicklung

Mein erstes Praktikum machte ich von Januar bis März 1977 bei Doktor Hesse in Brinkum. Er hatte als einer der ersten Ärzte in seiner Praxis einen Sozialarbeiter integriert. Der Arzt war für die Vergabe von Polamidon später durch Methadon ersetzt, zuständig, der Sozialarbeiter sollte die psychosoziale Versorgung und Begleitung sicherstellen. Aus diesem Modell ist dann später »Release Syke« entstanden. Die Arbeit machte mir Spaß und ich konnte eigene Erfahrungen einbringen. Nach dem dritten Semester richtete ich das gesamte Studium auf den Schwerpunkt »Sucht« aus.

Mein Selbstwertgefühl wuchs, denn ich war jetzt ein richtiger Student. Das, wovon ich früher nur geträumt hatte, begann wahrzuwerden. Ich hatte meinen R4, auf dem Dach ein Surfbrett und auf der Ablage für jeden sichtbar das Buch von Klaus Dörner »Irren ist menschlich«. Zerrissene Jeans und schulterlange Haare, das war mein Image. Mit Ehrgeiz absolvierte ich mein Studium. Ich akzeptierte nur gute und sehr gute Noten. Ich schloss mein Studium mit Auszeichnung ab.

Während einer Tätigkeit auf einer Baustelle erfuhr ich über das Radio, dass Elvis Presley gestorben sei. Er wurde nur 42 Jahre alt. Als Todesursache wurde Drogen- und Tablettenmissbrauch genannt, sowie seine ungesunde Lebensweise. Das hat mich sehr berührt und ich konnte es gar nicht fassen. Mit der Musik von Elvis hatte ich in meiner Jugend einige Erlebnisse und schöne Erinnerungen. Die Tatsache, dass man so jung sterben kann, erinnerte mich daran, dass ich auch schon einmal, durch ähnliche

Umstände, gerade so dem Tode entronnen war. Er war der Größte für mich, und seine Musik wird ewig leben.

Mein zweites Praktikum führte mich in die Suchtklinik Sebaldsbrück, im Volksmund damals »Trockendock« genannt. Ich war beeindruckt von der Arbeit auf der Station. Besonders fasziniert hat mich Zora Stenzig. Eine kleine, dynamische Frau, die mit ihrer Art und einer besonderen Dynamik die Station leitete. So wie sie gearbeitet hat, wollte ich auch werden! Ich habe mich sehr stark an ihrer Vorgehensweise und an ihrem Umgang mit den Patienten orientiert. Später stellte ich fest, dass ich viel von ihr gelernt hatte, und einige Dinge eins zu eins übernommen habe. Ich war im Team auf der Station voll integriert, keiner wusste von meiner eigenen süchtigen Vergangenheit. Das therapeutische Vorgehen war der konfrontative Ansatz, von Professor Wieser Mitte der Siebziger als Therapiekonzept entwickelt, und von Doktor Baumann später übernommen und weitergeführt. Aus dieser Zeit stammt der Satz: »Hullmann, Hallmann. Baumann. Hullmann war der Doppelkorn, Hallmann war die Sekretärin, die für die Aufnahmen in die Klinik zuständig war, und Baumann stand für das Behandlungskonzept.

Wie dieses konfrontative Vorgehen im Einzelnen aussah, belegt ein Beispiel. Baumann soll einmal gesagt haben: »Ob du mit oder ohne Kopfbedeckung auf die Station kommst, es ist immer falsch. Mit Kopfbedeckung gehört es sich nicht, weil der Anstand es gebietet, die Kopfbedeckung abzunehmen, wenn man einen Raum betritt. Wenn du das aber tust und vorher deine Kopfbedeckung abnimmst, dann könnte man dir angepasstes Verhalten unterstellen, weil du das tust, was alle von dir erwarten.« Es wurde alles grundsätzlich labialisiert und hinterfragt. Fast jeder wurde entlassen mit den Worten: »Na dann Prost!« oder: »Wir sehen uns bald wieder.« Das sollte zu einem Trotzeffekt führen: »Denen werde ich das Gegenteil beweisen!« oder: »Ich werde es ihnen schon zeigen, die sehen mich hier nie wieder!« Diese Art des Umganges prägte zu der Zeit die Behandlungsgrundlagen auf der Station in der Klinik Sebaldsbrück. Am Ende des Praktikums konnte ich mir gut vorstellen, hier später einmal als fertiger Sozialarbeiter zu arbeiten. Zora hatte später gesagt, ich wäre der beste Praktikant gewesen, den sie je gehabt hätte. Leider haben wir uns dennoch nie wieder gesehen, ich bin oft an ihrer Praxis in Bremen vorbeigefahren und dachte mir oft: Welch bewundernswerte Frau, von der habe ich viel gelernt.«

1978 - Papst Johannes Paul der Zweite trat nach der kurzen Amtszeit seines Vorgängers sein Amt an. Politisch formierten sich die Grünen, die dann 1979 den Sprung in die Bremer Bürgerschaft schafften. Ich beendete mein Studium mit dem Vermerk: »Mit Auszeichnung bestanden.« Gerne wäre ich in Bremen geblieben, doch die staatliche Anerkennung setzt ein praktisches Jahr voraus. Da ich in Bremen keinen Praktikantenplatz bekam, fing ich im Landkreis Rotenburg als Jahrespraktikant an.

1. Oktober 1979.
Mein Dienstort war die Außenstelle Bremervörde. Der Dienst rekrutierte sich aus dem Leiter in Rotenburg, Herrn Doktor Lecking, dem Sozialarbeiter Wilhelm Dieterle und der Praktikantenkollegin Silvia Förster. Die Verwaltung und der zentrale Dienstort war Rotenburg, dort saßen auch die anderen Kollegen. Einmal in der Woche trafen wir uns zu formalen und organisatorischen Absprachen. Für die inhaltliche Arbeit war ich in der Außenstelle Bremervörde allein zuständig. Es war der sogenannte Sprung ins kalte Wasser. Keine Vorgaben, kein Konzept. Ich begann meine Tätigkeit, so wie ich glaubte, dass es richtig wäre. Mit nur wenigen Informationen aus Uelzen. Da ich ja bereits während des Studiums wusste, in welcher Richtung ich arbeiten wollte, hatte ich

Kontakte zum damals ersten psychiatrischen Modellprogramm dieser Art, der Klinik Häcklingen: Es gab keine Trennung zwischen Sucht und Psychiatrie. Mein Vorgesetzter im Gesundheitsamt Bremervörde war der Amtsarzt Doktor Dirks. Er wohnte in Bremerhaven, fuhr jeden Morgen vierzig Kilometer mit einem amerikanischen Straßenkreuzer zum Dienst. Unter dem Arm hatte er die Bild-Zeitung und die Morgenpost. Dann verschwand er erst einmal wortlos in seinem Büro. Seine Sekretärin, Fräulein Mueller, hatte ebenso wie alle anderen für die nächste Stunde Eintrittsverbot.

Lange wussten wir nicht, warum. Meine allerersten Patienten in Rotenburg waren Herr Schumacher als Suchtpatient und Frau Kalau als Psychiatriepatientin (was aus denen wohl geworden sein mag?). Ohne vorher in dem Bereich tätig gewesen zu sein, regelte ich alles eigenständig. Ich unterhielt Kontakte zu den Hausärzten in der Region, kooperierte mit dem Leiter des Jugendamtes, Herrn Denndorfer, und führte nach Bedarf und Notwendigkeit auch Hausbesuche durch. Das zuständige psychiatrische Krankenhaus war Lüneburg.

Nach circa drei Monaten Tätigkeit ergab es sich, dass ich nach einer Zwangseinweisung beruflich mit Lüneburg zwecks Entlassung und weiterer ambulanter Betreuung eines Patienten Kontakt aufnahm. Ich fuhr zu den dortigen Kollegen. Es war ein ganz mulmiges Gefühl, wieder dort zu sein. Ich sah mich, wie ich damals psychisch und physisch desolat über das Gelände dieses Landeskrankenhauses schlich. Erinnerungen aus dieser Zeit durchzogen meinen Kopf und kurzzeitig hatte ich ein ganz merkwürdiges Gefühl. Im Vorfeld und auch jetzt im direkten Kontakt mit den Mitarbeitern in Lüneburg erwähnte ich nicht, dass ich das Landeskrankenhaus bereits kannte, weil ich dort vor Jahren zweimal Patient gewesen war.

Ein erforderlicher Hausbesuch mit unserem Doktor Dirks wurde zu einem besonderen Erlebnis. Sein amerikanischer Straßenkreuzer war außen weinrot und innen taubenblau. Alles rund um den Fahrersitz war mit Brandlöchern versengt. Er brachte es fertig, beim Autofahren mindestens zwei Zigaretten zur gleichen Zeit zu rauchen. Er bewegte sich mit diesem Auto völlig unsicher und wirkte auch ständig unruhig. Ich war froh, dass wir nach dem Hausbesuch unseren Dienstort Bremervörde wieder heil erreichten. Wie er jeden Morgen die Fahrt aus Bremervörde unfallfrei schaffte, blieb uns ein Rätsel. Das lässt sich nur damit erklären, dass andere Autofahrer wohl auf dieses auffällige Auto mit dem unsicheren Fahrer aufgepasst haben mussten und viel Abstand gehalten hatten. Die erste Zeit morgens im Büro war er nicht ansprechbar und nur muffig. Später wussten wir, warum. Erst als mich die damalige Ärztin im Praktikum, Frau Zumkeller, später Leiterin des Gesundheitsamtes in Osterholz Scharmbeck, einmal im Zusammenhang mit einer Unterbringung ansprach und meinte: »Herr Kleemann, machen Sie das lieber allein, unser Doktor bekommt das nicht mehr hin!«, ahnte ich, warum. Ich holte mir von Frau Bastiansen aus dem Sekretariat das blanko Formular und klopfte bei Doktor Dirks. Ich erklärte ihm kurz den Sachverhalt. Er schaute von seinem Schreibtisch hoch, sah mich prüfend an und unterschrieb die Einweisung blanko. Den Rest der Formalien und die Einweisung hatte ich dann mit Frau Bastiansen aus dem Sekretariat abgewickelt. Als ich ihn da so sah, glaubte ich zu wissen, was Frau Zumkeller gemeint hatte. Einige Tage später kam seine Sekretärin Fräulein Mueller zu mir und sagte: »Herr Kleemann kommen Sie mal her, wollen sie mal etwas sehen?« Sie ging mit mir an den Schreibtisch von Doktor Dirks und zog die Schublade auf. Eine Anzahl flacher, leerer Whiskyflaschen lag dort. Jetzt wussten wir, was morgens zwischen seinen Zeitungen steckte und warum er dann erst einmal nicht gestört werden wollte. Jeder im Amt wusste es, aber niemand hatte es angesprochen. Auch später im sozialpsychiatrischen Dienst in Bremen hatte ich einen Kollegen, der auffällig ein Alkoholproblem hatte. Doch auch da war die Frage »Wer spricht es an?«, und als ich es dann tun musste, stellte sich die Frage: »Warum erst so spät?« Bei dem Doktor Dirks wussten alle, was mit ihm war, und das Schweigen wurde damit begründet, dass er ja sowieso bald aufhören würde.

Ich war beliebt und geschätzt bei den Mitarbeitern im Gesundheitsamt. In gut einem Jahr hatte ich einen funktionierenden eigenständigen Dienst aufgebaut. Dass ich nur Jahrespraktikant war, ist weder im Umgang mit den anderen Behörden oder mit Gerichten und Arztpraxen wichtig gewesen. Das Jahr war vorbei und gerne hätte man mich behalten. Nach Abschluss des Praktikantenjahres wurde dann vom Landkreis eine Planstelle für einen Sozialarbeiter geschaffen, auf der ich noch sechs Monate blieb. Ich wurde mit ausdrücklichem Bedauern verabschiedet, dies wurde auch in meinem Zeugnis so festgehalten. Der Anfahrtsweg von über sechzig Kilometern pro Strecke war mir zu aufwendig und ich orientierte mich Richtung Bremen. Die Umsetzung und die Einrichtung der sozialpsychiatrischen Dienste in Bremen hatte bereits mit der Sektorisierung in den ersten Stadtteilen begonnen, der bis dahin bestehende sozialtherapeutische Dienst wurde in die neu zu gestaltenden Stadtteildienste integriert.

Die Entwicklung der Bremer Psychiatriereform ist in mehreren Zeitabschnitten zu sehen. Der erste Begriff, der auf den Umgang mit psychisch Kranken hinweist, war vor circa 200 Jahren die sogenannte »Familiäre Irrenpflege«. Erst um 1900 wurden die sogenannten Tobsuchtszellen abgeschafft und man strebte einen humaneren Umgang mit psychisch Kranken an. Die politischen Umstände und die schlechte Versorgung waren die Ursachen für notwendige Veränderungen. Nach Ende des Ersten Weltkrieges und der Weimarer Republik kam eine rassistische politische Ausrichtung dazu. Zwischen 1930 und 1944 sind allein in Bremen von den Ärzten in den Heil- und Pflegeanstalten ungefähr 900 Anträge auf Zwangsstilisierung gestellt worden. Man weiß, dass es sogenannte Tötungsanstalten gegeben hat. Darüber wurde nie gesprochen. Erkennbare Säufer wurden in »Trinkerheilanstalten« eingesperrt. Das Erscheinungsbild eines Deliriums wurde als »Säuferwahnsinn« bezeichnet.

Nach Beendigung des Zweiten Weltkrieges begann der Wiederaufbau der Bremer Nervenkliniken. Es wurden die ersten Spezialisierungsbereiche errichtet, so auch die Kinder- und Jugendpsychiatrie, sowie seit 1959 die erste Abteilung für psychosomatische Medizin. Da man zu jener Zeit chronisch psychisch Kranke nicht in den Bremer Einrichtungen haben wollte, wurde das Kloster Blankenburg in der Nähe von Oldenburg gepachtet. Dorthin wurden diese Kranken hin ausgelagert. Von 1965-1980 ergaben sich allmählich Veränderungen im psychiatrischen Bereich. Die Kliniken öffneten ihre Stationen. Die ersten Suchtabteilungen entstanden. 1977 wurde auf dem Gelände der Nervenklinik das zwölfgeschossige Hochhaus in Bremen als Zentralkrankenhaus Bremen Ost gebaut. Als Novum galt die Integration der Allgemeinen Stationen in ein psychiatrisches Krankenhaus. Die ersten freien Träger entwickelten Angebote. Die Bremer Werkgemeinschaft entstand durch eine Initiative von Klinikmitarbeitern. Die Innere Mission und die Arbeiterwohlfahrt machten spezielle Angebote für psychisch Kranke. 1978 wurde die alte Form des Bremer Psych. KG verabschiedet, mit verbindlicher Vorgabe zur Einrichtung eines sozialpsychiatrischen Dienstes. Man orientierte sich grob an den Veränderungen der italienischen Psychiatrie, besonders in Triest.

1979 wurde die erste Angehörigengruppe ins Leben gerufen. Die Heimstätte am Grambker See gründete sich und kümmerte sich primär um die Versorgung psychisch Kranker in der Region. 1980 legte Bremen den ersten Psychiatrieplan vor. Die »Initiative zur sozialen Rehabilitation und Vorbeugung psychischer Erkrankungen«, kurz Initiative genannt, gründete sich: Ich war Gründungsmitglied. Die Deutsche Gesellschaft für soziale Psychiatrie begann mit ihrer Arbeit. Als vorrangiges Ziel wurde die Schließung des Kloster Blankenburg angestrebt und im Laufe der Zeit auch realisiert. Bremen wurde in zuständige Sektoren aufgeteilt. Die Bewohner des Klosters wurden im Rahmen der sozialen Psychiatrie in die einzelnen Stadtteile integriert. Die damalige Bundesregierung legte die »Psychiatrie Enquete« vor. Ziel war, durch die Einrichtung von sozialpsychiatrischen Diensten, der Kostenexplosion im Gesundheitswesen vorzubeugen und den Schwerpunkt der Behandlung von stationär nach ambulant zu verlegen. Davon erhoffte man sich sowohl Kostenersparnis als auch ein anderes gesellschaftliches Verständnis für Psychiatrie und ein besseres Miteinander.

1981 wurde Bremen Förderregion im Bundesmodellprogramm und erhielt 23 Millionen DM zum Aufbau der ambulanten sozialen Dienste. Das Krankenhaus Bremen Ost wurde mit der Umsetzung des Bundesauftrages betraut. Aktiv wurde dieser Prozess von der DGSP (Deutsche Gesellschaft für Soziale Psychiatrie) begleitet und unterstützt. Der erste sozialpsychiatrische Dienst entstand in Uelzen mit Anbindung an das dortige psychiatrische Krankenhaus Häcklingen vor den Toren Lüneburgs. Der Leiter und Initiator des Dienstes in Uelzen war der spätere Leiter des Gesundheitsamtes in Bremen. Viele dieser damals fortschrittlichen Ärzte sind als Mitglieder der DGSP an der Realisierung und Umsetzung der psychiatrischen Zielsetzung aktiv beteiligt gewesen. Später saßen die meisten von ihnen in Chefposition oder Amtsleitungen und mussten ihre Einstellung und Haltung zur sozialen Psychiatrie grundlegend ändern. Herr Zenker, der auch aus Lüneburg kam, und das Gesundheitsamt in Bremen übernahm, leitete dieses nach Gutsherrenmanier und entwickelte sich zum Sparkommissar, der seine Fürsorge für Mitarbeiter und die Weiterentwicklung nur nach dem Haushaltsbudget ausrichtete. Wie erwähnt, hatte ich bereits zu dieser Zeit zum sozialpsychiatrischen Dienst in Uelzen in der Startphase Kontakt. Da ich an den Wochenenden oft bei meinen späteren Schwiegereltern in Uelzen war, nutzte ich die Möglichkeit, mit den Mitarbeitern ins Gespräch zu kommen. Ich lernte die Leute dort kennen und informierte mich über das Vorgehen. Als fortschrittlich galt auch, sich gleich zu duzen. Grundsatz war: »Wir sind alle gleich und wollen alle das Gleiche.« Mitglied in der DGSP zu sein war fast zwingende Voraussetzung.

Nach Beendigung des Praktikantenjahres in Bremervörde hatte ich mein Vorstellungsgespräch in Bremen. Ich konnte deutlich machen, dass ich jemand von der aktiven Sorte war. Sozialpädagoge, technisch und handwerklich begabt, engagiert und mit einem Bombenzeugnis ausgestattet. Ein Herr Kebbel fragte mich, ob ich denn auch bereit wäre, aktiv bei der Umsetzung des Auftrages tätig zu sein. Das könnten auch Umzüge und andere Arbeiten vor Ort sein. Ambulante psychiatrische Tätigkeit in der Region war damals nicht reglementiert. Ich wurde zunächst für die Dauer der Modellphase, also für fünf Jahre, eingestellt. Für die Zeit danach galt die Formulierung: »Wenn sich der Dienst bewährt, werden die Mitarbeiter von der Stadt Bremen übernommen.« Darauf ließ ich mich ein. Die Regionalisierung war inzwischen so weit, dass in allen fünf Stadtteilen ein sozialpsychiatrischer Dienst installiert war.

Mein Arbeitsort war Bremen-Nord. Am 1. Oktober 1989 fing ich dort an.

Zwei Dinge waren für mich neu: die Arbeit im Team und die Trennung von Sucht und Psychiatrie. Der Schwerpunkt Sucht war und blieb der Bereich, in dem ich bis zum Ende meiner Dienstzeit dort tätig war. Mit der Arbeit im Team konnte ich mich nur langsam anfreunden, denn ich war es gewohnt, als Einzelkämpfer zu agieren. Ein Team in der Region bestand in der Regel aus ein bis eineinhalb Verwaltungskräften, vier Sozialarbeitern/Pädagogen, einem Psychologen, zwei in der Psychiatrie erfahrenen Pflegekräften und ein bis zwei Ärzten. Es war das sogenannte multiprofessionelle Team mit dem Auftrag: »Alle machen alles.« Es gab nur die interne Trennung Sucht und Psychiatrie für die therapeutischen Mitarbeiter. Die Ärzte arbeiteten übergreifend. Die Leitung war nicht vor Ort und bestand aus den drei »Weisen«. Da war zum einen Herr Kebbel, der sich als aktives Mitglied bei der DGSP empfohlen hatte und zur Umsetzung des Modellprojektes nach Bremen geholt wurde. Herr Bartels, der als Leiter des ehemaligen und jetzt integrierten sozialtherapeutischen Dienstes nicht übergangen werden konnte, und Herr Kuckenberg, der weiterhin als Leiter des Zentralkrankenhauses Bremen Ost für die Entwicklung und Realisierung der Psychiatriereformen in Bremen federführend war. Von diesen dreien gibt es heute niemanden mehr.

Ich machte so weiter, wie ich in Bremervörde aufgehört hatte. Während einige andere im Team in der Aufbauphase Schals und Pullover strickten und manche Schachpartie Vorrang vor einem Hausbesuch hatte, ging ich in die Region und unterhielt direkten Kontakt zum Klientel. Dadurch hatte ich schnell einen festen Klientenstamm, denn mein Motto war, nicht zu warten, bis jemand kommt, sondern den Klienten in seinem sozialen Umfeld aufzusuchen und Hilfe vor Ort zu geben. Dadurch wurde ich auch schnell in der Region bekannt. Ich habe oft und viel bemängelt, dass wir zu wenig Öffentlichkeitsarbeit und Darstellung nach außen hatten. Es gab einmal eine Situation, da ist eine Ärztin von uns während eines Hausbesuches gefragt worden, wo sie denn arbeitete. Die Antwort: »Im sozialpsychiatrischen Dienst« führte zu der Feststellung: »Ach, im Dienst von Herrn Kleemann.« Das war ein Beleg dafür, dass wir zu jener Zeit gerade in den ersten Jahren viel zu wenig für unser Image getan hatten. Meine Abhängigkeit war damals keinem der Mitarbeiter bekannt und es wurde auch nie danach gefragt, weil wir nur dienstlich und nie privat miteinander Kontakt hatten.

Nach Beendigung der Modellphase war zunächst nicht klar, ob der Dienst in seiner bestehenden Form übernommen werden würde. Die Mitarbeiter, die auf Modellstellen saßen, mussten auf Erhalt ihrer Arbeitsstelle klagen. Zu denen gehörte auch ich. Für etwa 1100 DM Anwaltsgebühren habe ich mir meinen festen, unbefristeten Arbeitsplatz bei der Stadt Bremen eingeklagt. Die Bedingung der Stadt Bremen waren allerdings, dass die Teilnahme am neu eingerichteten Kriseninterventionsdienst rund um die Uhr und an Wochenenden mit einer Nebenabrede geregelt wurde. Dieser Dienst war mit je zwei Mitarbeitern vor Ort besetzt, die zentral im Hauptgesundheitsamt in der Horner Straße saßen, und jeweils ein Mitarbeiter war in Rufbereitschaft zu Hause. Der Arzt war wechselnd. Die Zuständigkeit galt für das gesamte Stadtgebiet Bremen. Man erhoffte sich durch die Tätigkeit des Dienstes eine umfassendere Versorgung der psychisch Kranken und Suchtkranken, eine schnellere Regelung und Vermittlung an die regionalen Dienste, um stationäre Behandlung zu verhindern und eine Reduzierung der ansteigenden Zwangseinweisung zu erreichen. Leider war das Gegenteil der Fall. Dadurch, dass es den Dienst gab, wurde er auch mehr in Anspruch genommen, besonders nach 17:00 Uhr und an den Wochenenden. Die Zahl der Zwangseinweisungen stieg um das Zehnfache. Politisch war dieser Dienst gewollt und wurde als fortschrittlich gegenüber anderen Bundesländern herausgestellt, obwohl er sehr teuer war. Von Zeit zu Zeit wurden immer mal wieder andere Lösungen überlegt, doch es fand sich keine vergleichbare Alternative. Sinnvoll, aber nicht billiger, wäre ein regionaler Krisendienst aus den Behandlungszentren heraus. Überlegungen und Berechnungen liefen, doch es scheiterte immer wieder am Geld.

In der Region arbeitete ich mich langsam in dieses multiprofessionelle Team ein. Die ersten Kollegen gingen, Neue kamen. Der Vorteil war, dass die Leitung nicht vor Ort war und wir, sowohl den Sucht- als auch den Psychiatriebereich, nach Erfahrung und Wirksamkeit aufbauen konnten. Die ersten Patientengruppen entstanden, Gesprächsgruppen liefen an und auch andere ambulante in der Region stattfindende Aktivitäten wurden geplant und durchgeführt. Neue Aufgabenfelder kamen hinzu. Die Palette der Hausbesuche, Unterbringungen, Einzelgespräche, Vermittlungen von stationären Therapieaktivitäten vor Ort, erweiterten sich durch zunehmende bürokratische und organisatorische Arbeiten.

Bereits sehr früh habe ich angefangen, einen Schwerpunkt meiner Arbeit in den Aufbau von Gruppen zu legen. Ich hatte zunächst mit nur einem Patienten im Krankenhaus Bremen-Nord angefangen und langsam und kontinuierlich eine gut funktionierende Gruppe aufgebaut und geleitet.

In Sebaldsbrück hatte ich gelernt, dass das Einzelgespräch bei einem Abhängigen nicht immer sinnvoll sein muss, und auch als eine besondere Form der Zuwendung gewertet werden kann, weil man zu der Zeit den Schwerpunkt der Behandlung einzig auf die Gruppe legte. Die offene Auseinandersetzung und Konfrontation in einer Gruppe erschien oft sinnvoller denn gerade dort liegt das Fehlverhalten eines Abhängigen, dort findet die Vermeidung und der Rückzug statt. Durch die Gruppenarbeit lernte auch ich viel von den Klienten. Andererseits bekam ich immer wieder Rückmeldungen, dass die Arbeit gut wäre und sie den Menschen etwas bringen würde. Nur der gewünschte Effekt, dass man durch gute ambulante Arbeit stationäre Behandlung verhindern könnte, trat vorerst nicht ein. Allein die Tatsache, dass es uns gab und wir uns durch die Arbeit legitimieren mussten, ließ sowohl die Einweisungen und Klientenzahlen, als auch die Vermittlung von stationären Therapien, ansteigen.

Im Rahmen meiner Tätigkeit im Suchtbereich entwickelte ich eigene individuelle Vorgehensweisen. Diese standen oft im Widerspruch mit den bisher bekannten und gehandhabten Leitsätzen. Zum Beispiel bezogen auf einige Thesen der Selbsthilfegruppen. Die Tätigkeit und Notwendigkeit von Selbsthilfegruppen habe ich nie angezweifelt, doch zu einigen Behauptungen hatte ich konträre Ansichten. Ein Standardsatz in diesen Gruppen war: »Du musst erst ganz unten gewesen sein, in der Gosse gelegen haben, sonst wirst du es nicht schaffen und es auch nicht begreifen.« Nun hätte doch gerade ich diesem Motto beipflichten können, doch ich habe immer wieder versucht, bis zum heutigen Tage, den Menschen klarzumachen: »Je früher du es begreifst, umso mehr bleibt dir erspart.« Womit ich auch nicht einverstanden war, war der Allmachtsanspruch vieler Gruppen: »Du musst dein Leben lang in eine Gruppe gehen und gegen den Alkohol kämpfen!« Oder: »Du darfst nie vergessen, dass du Alkoholiker bist!« Daraus ergibt sich auch eine andere Gefahr, nämlich, dass sich ein bestehendes abhängiges Verhalten durch ein anderes ersetzt wird, und dass die Nähe zum Alkohol bleibt, denn Nähe gefährdet, Distanz kann Sicherheit geben. Gruppen haben auch suggeriert: »Wenn du nicht hierherkommst und wenn du nicht permanent an die Abstinenz von Alkohol denkst, dann wirst du schnell wieder rückfällig.« Und »Ohne regelmäßige Teilnahme an unserer Gruppe kann man nicht dauerhaft trocken bleiben.« Auch dem widersprach ich. Die Entstehung der Abhängigkeit hat einen Anfang und somit auch ein Ende. Das bedeutet, wenn man über einen therapeutischen Prozess angefangen hat, die Problematik zu akzeptieren und daraus eine stabile Abstinenz macht, dann hat dieser Prozess auch ein Ende. Das bedeutet in der Konsequenz: Leben wie jeder andere Mensch auch. Teilnahme an allen anderen Dingen im Leben und die Tatsache, dass man nicht trinkt, fällt dann auch nicht mehr auf.

Die übliche Form der Selbsthilfe will jedoch kein Ende. Ich habe immer vor einem falschen Anspruch gewarnt. Viele Gruppen behaupten: »Komm zu uns und du wirst trocken.« Falsch: Diesen Anspruch kann eine SHG nicht leisten. Ich habe es anders formuliert: »Wenn du trocken bist, dann gehe in die Gruppe. Die Chance ist groß, es zu bleiben.« Ich habe jedoch gerade in den letzten Jahren viele trockene Alkoholiker kennengelernt, die weder eine stationäre noch eine ambulante Therapie gemacht haben und auch nie in einer Gruppe gewesen sind. Sie leben unauffällig und abstinent mit der Erkenntnis: »Ich gehöre zu den Menschen, die mit Alkohol nicht kontrolliert umgehen können, also lasse ich ihn weg. Entscheidend ist die Tatsache, dass ich weiß, dass die Trinkmengenkontrolle bei mir nicht mehr funktioniert.«

In unserem Dienst herrschte manchmal die Ansicht: »Wer nicht kommt, der will auch nichts.« Dagegen haben viele Hausbesuche zu positiven Kontakten und zu einer weiteren Behandlung oder Betreuung geführt. Die Angst eines Alkoholikers ist nie, mit dem Trinken aufhören zu wollen, sondern sie oder er hat Angst vor dem Entzug. Viele haben bereits während ihrer Trinkphasen versucht aufzuhören und sind gescheitert. Sätze wie: »Wenn es nötig ist, werde ich schon aufhören.« Oder »Sage du mir nicht wie viel ich trinken soll, das weiß ich selber.« Das Eingeständnis, dass es nicht mehr geht, machen sich die wenigsten und wenn, dann sehr oder oft zu spät. Nach jahrelangem Trinkverhalten entsteht auch die Angst: »Wie bin ich dann und wie geht es mir dann?« Denn ein Leben ohne Alkohol ist kaum noch vorstellbar.

Bereits während des Studiums hatte ich mich mit den unterschiedlichsten Theorien über Alkoholismus auseinandergesetzt: Lerntheorie, soziokulturelle Hintergründe, Psychoanalyse, Psychodynamik, Familien- und Gestalttherapie. Ich hatte Feuerlein gelesen und die Phasen von Jelinek auswendig gelernt.

Es ist von Vorteil, wenn man die Theorien kennt, und weiß, was sie meinen. Bei der Arbeit »am Mann« beziehungsweise »an der Frau« in der Praxis habe ich das Wenigste davon gebrauchen können. Unser Arbeitsauftrag war ambulante Psychiatrie vor Ort. Da waren keine Theorien gefragt, denn das war knallharte Arbeit mit extremen Belastungen. Es ging auch darum, möglichst viele Menschen zu erreichen und nicht nur darauf zu achten, dass sie eine Krankenkassenkarte zum Abrechnen abgaben. Ich habe nicht nach Theorie und Wissen gearbeitet, sondern mit Nähe und Emotionalität. Damit habe ich vielen den Weg aus der Abhängigkeit gezeigt und sie in die Abstinenz begleitet. Jeder Mensch hat das Recht, seine Lebensform frei zu bestimmen. Ich habe immer akzeptiert, wenn jemand von einem anderen Weg oder einer anderen Lösung überzeugt war. Dieser nervige der Satz vieler Therapeuten: »Sie müssen etwas für sich tun«, ist oft nicht verstanden worden. Ebenso habe ich bis zum heutigen Tage noch nie jemandem gesagt: »Ich weiß aus eigener Erfahrung was für dich/Sie, gut ist, und wenn du das so machst, wird es dir auch gut gehen.« Es war auch nie sinnvoll, am Anfang einer Therapie analytisch zu arbeiten. Viele Betroffene habe ich erlebt, die immer wieder damit angefangen haben, ihre Kindheit aufarbeiten zu wollen. Das verbraucht Kraft und Energie und für mich war wichtiger, dass man diese Kraft und Energie nutzt, um stabil und abstinent sein Leben zu gestalten. Kindheit und Entwicklung kann man weder aufarbeiten noch verändern. Ein Blick zurück in die eigene Entwicklung darf nur dazu führen, dass mein heutiges Tun und Handeln dadurch nicht mehr beeinflusst wird. Durch die Akzeptanz der eigenen Geschichte wird auch das Hadern mit der Vergangenheit beendet und das Jetzt und die Zukunft können positiv gestaltet werden.

Hinter dem Anspruch, sich intensiv mit der Vergangenheit auseinandersetzen zu wollen steckt, dass man glaubt, herausbekommen zu müssen: »Weshalb und warum habe ich getrunken? Sage mir weshalb, und ich bin bereit, es zu ändern!« Meine Antwort: »Das kann ich nicht wissen, doch wenn man ein Jahr nicht getrunken hat, beantwortet sich vieles von allein und meistens ist es dann auch nicht mehr wichtig.«

Sollte es notwendig sein, sich Erlebnisse und Traumata aus der Kindheit intensiver anzusehen und zu bearbeiten, sollte dies am besten erst nach einer gewissen Zeit mit stabiler Abstinenz erfolgen. Ich war mir meistens sicher, dass es viele nicht beim ersten Anlauf schaffen, trocken zu bleiben und wiederkommen werden. Viele von denjenigen, die täglich Alkohol tranken, stellten die Frage: »Bin ich Alkoholiker oder nicht?« Auch dazu konnte ich immer nur antworten: »Das weiß ich nicht, gehen Sie jetzt hier aus der Tür und versuchen sie eine Woche lang nicht zu trinken. Die Selbstbeobachtung wird zeigen, ob es geht.« Das hatte unterschiedliche Auswirkungen. Die Mehrzahl ist unten vor dem Haus an dem Kiosk nicht mehr vorbeigekommen.«

Dabei sollte man allerdings beachten, dass Trinkpausen immer gern als Beweis genutzt werden, dass »man ja gar nicht trinken muss« und danach wird mit wachsendem Selbstbetrug umso mehr weitergetrunken. Menschen sind ungeheuer fähig, sich selbst Erklärungen und Ausreden zu kreieren. Oder wie Coletta Damm immer gerne sagt: »Wir können uns selbst unglaublich viel erzählen und es dann glauben. Unser Suchtanteil ist leider mindestens so clever und kreativ wie wir selbst ...«

Andererseits:
Peter R kam zu mir, vom Arbeitgeber wegen Auffälligkeiten geschickt. Nach einem kurzen Vorgespräch bat ich ihn in die Gruppe. Er hörte sich das alles eine Zeit lang an, machte dann einen Wortbeitrag, stand auf und ging. Der Wortbeitrag lautet: »Wenn ihr hier alle sitzt, um nicht mehr trinken zu wollen oder um das zu lernen, dann muss ich nicht hier sein. Ich werde ab jetzt nichts mehr trinken.« Stand auf und ging. Nach einigen Jahren traf ich ihn in der Fußgängerzone in Bremen wieder. Das Übliche: »Hallo Peter, wie geht's! Seine Antwort: »Habe ich euch doch damals gesagt, ich trinke nicht mehr und so wird es auch bleiben.«

Wenn das bei jedem so ginge, dann bliebe uns und den Patienten vieles erspart. Ich hatte inzwischen durch meine doch etwas andere Art mit Alkoholikern umzugehen einen breiten Bekanntheitsgrad. Bremen-Nord hat circa 100.000 Einwohner und bald eilte mir der Ruf voraus, es gäbe keinen Säufer in Bremen-Nord, den der Kleemann nicht kennt. Es gab auch einige, die wegen meiner Härte und Klarheit nicht zu mir kommen wollten. Zu anderen hatte ich über Jahre Kontakt. An einige erinnere ich mich auch heute noch. So auch an Lothar, der eines Tages betrunken vor unserer Dienststelle stand. Die Tür war geschlossen, weil gerade Gruppenstunde war. Er polterte an die Tür und rief: »Hier steht ein Mensch, dem muss geholfen werden.«

Die wörtliche Wiedergabe unseres Verhältnisses und der damaligen Situation liest sich so:

Für einen guten Menschen, an den Therapeut und Freund. »Hier ist ein Mensch, der will zu dir.« »Du kannst wiederkommen, wenn du je wieder nüchtern wirst«, bekam ich schroff zur Antwort, als ich verspätet und angetrunken an der Gruppensitzung teilnehmen wollte. Ich, der große Lothar der ehemals erfolgreiche Versicherungskaufmann, der wird abgewiesen und weggeschickt. Jaja, das war für mich und meine Familie eine sehr schwere Zeit, für mich schwer beladen und geladen, mit schwerer rauer und trunkener Zunge und selbst gemachtem seelischen und körperlichen Leiden. Und dabei hatte ich schon zwei Langzeittherapien hinter mir. Ich glaubte, alles begriffen zu haben, wusste, worauf es ankam und wo's langgeht. Scheinbar doch wohl nicht. Konnte oder wollte ich es nicht annehmen? Mein Leben lang keinen Tropfen Alkohol mehr trinken zu dürfen. Wo man doch, in dieser Gesellschaft, jeden Tag dem Alkohol begegnet und ihn immer wieder angeboten bekommt. Dieses Eingeständnis, einer Kapitulation gleich, diese Hilflosigkeit, meinem Freund dem Alkohol gegenüber völlig machtlos, ja verfallen und abhängig zu sein. Ich wusste nicht mehr weiter. Zu Manfred K. hatte ich bereits einen mehr oder weniger regelmäßigen Kontakt. Auch kannte ich bereits mehrere Therapeuten, Fachärzte und Gruppen. Aber irgendwie fand ich nie das nötige Vertrauen und den notwendigen Zugang zu einem Menschen. Bei Manfred K. war alles anders. Der sah schon anders aus. Jung geblieben, sportlich und dynamisch, leicht chaotisch. Mit anderen Worten einfach Mensch geblieben und Fachmann obendrein. Nicht so wie viele andere Experten, glatt hinter einem Schreibtisch sitzend und gute Ratschläge erteilend, dabei aber mehr Schläge als Rat austeilend. Was der mir sagte und versuchte zu vermitteln, das konnte ich begreifen, obwohl mein Verstand zu der Zeit schon heftig gelitten hatte. Ich konnte es auch nachvollziehen. Das klang glaubwürdig und überzeugend, und ich versuchte nun und bemühte mich darum, diese Wahrheiten Schritt für Schritt für mich umzusetzen. Das war nicht immer leicht. Da gab es auch Rückschläge und Rückfälle wieder in den Nebel und ins Nichts. Denn es bedeutete für mich auch, von vielen Dingen Abschied oder Abstand zu nehmen, die mir in den vielen Jahren lieb und teuer geworden waren. Meine sogenannten guten Freunde, nichts weiter als Saufkumpane. Mein berufliches und familiäres Umfeld. Geschieden war ich schon länger, und zwei heranwachsende Söhne hatte ich auch, nur ich hatte mich nicht mehr. Ausgebrannt, versoffen und ziellos. In dieser Zeit besuchte mich Manfred K. zu Hause. (Und nicht nur mich, sondern er suchte auch viele meiner anderen Saufkumpanen zu Hause auf, die auch noch am Kämpfen waren) er kam auch schon mal nach Dienstschluss zu mir nach Hause. So fand ich langsam den Weg aus meinen vielen Identitätskrisen. Nach und nach hatte ich immer längere Phasen, in denen ich keinen Alkohol trank. Erst Tage, dann Wochen, dann Monate. Manfred K. war immer da und hat mich begleitet. Er war immer direkt und ehrlich zu mir. Von da an besuchte ich jeden Donnerstag seine Gruppe. Diese menschliche fachliche und kompetente Führung - und ich wurde nicht mehr des Hauses verwiesen. Ja ich ging dann auch gerne hin, jeder Donnerstag jedes Gespräch machten mich fester. Ich hatte Kontakt zu Gleichgesinnten, zu trockenen Alkoholikern, die es schon über die Gruppe geschafft hatten. Ich stand nun nicht mehr mit meinem Problem allein da. Manfred vermittelte uns immer mehr Selbstvertrauen und Sicherheit. Heute weiß ich, wäre ich ihm damals nicht begegnet, hätte ich diese Zeilen nicht mehr schreiben können. Nach gut zehn Jahren, aus dieser nunmehr langjährigen Beziehung mit Manfred, als Therapeut und als Mensch, wuchs so etwas wie Freundschaft. Aber neben ihm, meinem Anker, möchte ich meine sehr liebe Frau nicht unerwähnt lassen, meine geliebte Monika. Meinem Freund Manfred wünsche ich nach fast 30 Jahren erfolgreicher Arbeit, dass er nicht müde wird, dass ihm weiterhin die Kraft und der Wille bleibe, noch vielen anderen Menschen

zu helfen, so wie er mir geholfen hat. Manfred K. hat sich für die Menschen verdient gemacht.
L. V.

Da ich selbst den Besuch von Gruppen früher strikt abgelehnt hatte, bin ich dann durch meine eigene Gruppenarbeit auch mir ein Stück nähergekommen. Eigene Verläufe, Reaktionen, Gefühlsausbrüche und bestimmte Verhaltensweisen konnte ich oft sehr gut mit meinem Erleben verbinden. Trotzdem musste ich mich mit dem Widerspruch auseinandersetzen, dass ich den Klienten einen Weg zeigte, den ich nie gegangen war. Doch letztlich ist es unbedeutend, solange man den für sich richtigen Weg findet. Für viele ging der Weg über den Kontakt und über die Verbindlichkeit, die ich dann auch zwingend forderte. Es musste deutlich werden, dass die Gruppenarbeit oberste Priorität hatte. Ein weiteres Beispiel soll verdeutlichen, dass ich während meiner Tätigkeit im SPSD vor Ort mir immer so eine gewisse Besonderheit erhalten habe. Dies leider oft zum Unwillen meiner Kollegen.

Meine erste Begegnung mit dem Therapeuten Manfred Kleemann.
Mit schwerer Leberzirrhose wegen Missbrauchs von Alkohol und Medikamenten kam ich ins Krankenhaus. Nach sechs Wochen Entzug und medizinischer Betreuung wurde ich entlassen. Zu Hause lag ein Brief von der Krankenkasse in dem stand, dass ich mich beim Sozialpsychiatrischen Dienst bei einem Herrn Kleemann melden sollte. Ich rief dort an und fragte nach einem Termin. Donnerstag um 15:00 Uhr sagte man mir. Einen Tag, den ich nie vergessen werde. Ich erschien pünktlich, äußerte meinen Wunsch, Herrn Kleemann sprechen zu wollen und man bat mich in ein Wartezimmer. Nach einiger Zeit erschien ein etwas undurchschaubarer Mensch, begrüßte mich und sagte, ich sollte ihm folgen. Beklemmt ging ich hinterher und dachte: »Die haben aber komische

Typen hier angestellt.« Er öffnete die Tür und bat mich vor dem Schreibtisch Platz zu nehmen. Er setzte sich hinter den Schreibtisch und mir entgleisten die Gesichtszüge. Das kann unmöglich der Therapeut sein, dachte ich mir. Ich hatte ja keine Ahnung, wie die aussehen, vielleicht wie ein Rechtsanwalt mit Schlips und Kragen. Da saß einer vor mir, lange Haare, lässig, braun gebrannt mit Jeans und Sweatshirt (Typ Peter Maffay) und stellte sich vor. »Mein Gott«, dachte ich, »wo bist du hier gelandet?« Er schlug eine Akte auf und sagte: »So so, sie wollten sich also totsaufen.« Peng, das saß. »Wie spricht der mit dir?«, schoss es mir durch den Kopf, »das ist ja unverschämt.« Was er dann noch sagte, ging an mir vorbei. Ich war so geplättet, dass ich nichts weiter hören wollte. Ich beantwortete wohl noch einige Fragen und dann fragte er mich, ob ich eine Therapie machen möchte. Es ginge in Einzel- oder in Gruppengesprächen. Ich hatte ja keine Ahnung, was Therapie war und da ich immer ein geselliger Mensch war, entschied ich mich für die Gruppe. »Dann kommen Sie heute um 17:00 Uhr wieder, dann beginnt die erste Gruppenstunde.« »Mache ich«, sagte ich, verabschiedete mich und flüchtete aus diesem Haus. »Nur nach Hause«, dachte ich, »viel Zeit hast du ja nicht, dann musst du schon wieder los.« Mein Herz schlug bis zum Halse, mir war schlecht. Mit so einem mulmigen Gefühl suchte ich dann den Raum auf und war plötzlich mit vielen Menschen zusammen. Der Therapeut war auch da. Er stellte mich vor und sagte, dass er sich freue, dass ich da wäre. Viele hätten sofort eine Ausrede, wenn sie direkt anfangen sollten. Dann erzählte ich meine Geschichte und wurde ganz schön über den Tisch gezogen und bekam welche an die Backen (sinnbildlich gesehen). Ich war fertig und geknickt, als ich nach Hause ging. Geschämt habe ich mich. Aber ich musste ja nächsten Donnerstag wieder hin, denn die Krankenkasse wollte das so und wollte auch eine Bescheinigung. Außerdem wollte ich klarmachen, wie beschissen es mir nach der ersten Gruppenstunde

ging. Es trieb mich von jetzt an Woche für Woche zu Herrn Kleemann, und irgendwann ging ich gerne hin. Vier Jahre waren es insgesamt, und dann wurde er mein geliebter Therapeut. Auch die Gruppe gab mir viel. Selbst heute, wenn es mir mal nicht so gut geht, kann ich ihn anrufen oder auf eine Tasse Kaffee vorbeischauen. Ich habe immer eine Anlaufstelle.
G. SCH.

Mein Ziel und mein Ehrgeiz war es, die Menschen an mich zu binden, aber nicht abhängig zu machen. Je besser und intensiver der Kontakt war, umso stabiler wurde die Abstinenz. Ich machte den Leuten nach einer gewissen Zeit deutlich, dass es wieder zurück in die Eigenständigkeit gehen muss und dass die Abstinenz nicht durch die langfristige Zugehörigkeit zu einer Gruppe oder zu einem Therapeuten noch stabiler wird. Wer sich entschieden hat, abstinent zu leben, darf sich im gesellschaftlichen Leben nicht von anderen Menschen unterscheiden. Und die Tatsache, dass er nicht trinkt, wird dann im normalen Umgang nicht mehr auffallen. Im Laufe der Jahre habe ich eigene Grundsätze und Prinzipien geprägt. Ich bin nicht müde geworden, immer wieder die Angst in den Vordergrund zu stellen. Ein Leben als Alkoholiker heißt auch ein Leben mit Angst. Der Betroffene hat oft früh gelernt, die natürliche menschliche Grundangst abzuschwächen, sich sicherer und stärker zu fühlen. Angst macht Angst. Ich kenne das von mir. Wenn ich damals immer als Erster zugeschlagen hatte, dann nur, weil ich Angst hatte und glaubte, mich schützen zu müssen, und diese Angst bin ich mit Alkohol losgeworden. Ein fataler Mechanismus, denn ein Anteil natürlicher Angst zum eigenen Schutz muss bleiben, allerdings beherrschbar und kontrollierbar. Die Aussage »Alkohol entspannt« ist völliger Unsinn, denn Alkohol enthemmt.

Und bei größeren Dosen tritt eine Narkotisierung ein.

Sicher wird durch kleine Mengen Alkohol ein gutes, warmes Gefühl im Magen erzeugt, doch er beeinflusst dadurch nur das subjektive Wohlbefinden und je nach Lebenssituation wächst der Wunsch nach mehr.

Ein weiteres Beispiel soll belegen, dass es gelingt, was Einstellung und Gefühle betrifft, den Alkohol vom Leben zu trennen.

Den gemeinsamen Weg aus dem Alkohol beschreibt eine Klientin so:
Ich muss mich an eine Zeit erinnern, die immerhin zehn Jahre zurückliegt. Die Zeit, in der ich meinem Therapeuten das erste Mal begegnet bin. Wenn der mir auf der Straße begegnet wäre, ich hätte ihn für einen Schlagzeuger aus einer Rockband oder so gehalten. Trotzdem war da etwas. Diese Überzeugungskraft, dieses Annehmen und immer die Sache auf den Punkt bringen. Ich habe lange und oft versucht, aufzuhören. Ich war damals gerade 33 Jahre alt und hatte aber schon für circa 100 Jahre in mich hineingeschüttet. Ich soff heimlich und unheimlich still in meinem Kämmerlein vor mich hin. Nebenbei Hausfrau und Mutter, habe ich nach außen hin auch die liebe Ehefrau gespielt. Ja gespielt. Doch irgendwann, nach circa 15 Jahren, war es kein Spiel mehr, sondern blutiger Ernst. Ich war krank, wollte es aber nicht wahrhaben. Krank vom Alkohol, mein Körper zeigte es mir. Trotz meiner eigenen Gewissheit, die ich immer ignoriert habe, brach mein Körper mit einem Krampfanfall zusammen, der in der notwendigen medizinischen Behandlung endete. Man hatte mich entgiftet. Anfangs dachte ich: »Oh wie schön«, aber es blieb nicht lange so. Es dauerte noch über ein Jahr, bis ich begriff, dass man aus der Sucht nicht nur mit körperlicher Entgiftung rauskommt. Vier Entgiftungen waren es inzwischen, das heißt im Klartext: trinken, nicht trinken, noch mehr trinken, Zusammenbruch, und das Spielchen fing wieder

von vorn an. Und so danke ich Gott, dass ich nach dem letzten Krankenhausaufenthalt eines Tages bei Manfred K. vor der Tür stand. Tja und als ich dann vor ihm stand, hatte ich einfach nur Angst. Ich hatte das Gefühl »Der will mir an die Wäsche!« Mein Inneres schrie: »Gefahr, Gefahr und nochmals Gefahr!« Der sah nicht nur anders aus, der sah mich auch anders, das spürte ich. Der war knallhart und mir blieb letztlich nichts anderes übrig, als mich zu stellen. Ständig bin ich mit wackelnden Knien in die Gruppe gegangen. »Was haut er mir heute wieder um die Ohren?«, waren meine Gedanken oft vor der Gruppe. »Hoffentlich kommst du heute nicht dran«, waren meine Gedanken. Nachdenklich und befreit, manchmal auch traurig, bin ich dann nach Hause. Ich begriff, dass es nicht reicht, nur den Alkohol wegzulassen, dass es um Alternativen und Veränderung geht. Langsam aber sicher holte er mich von meinem Höhenflug. Nachdem ich längere Zeit nicht getrunken hatte, wollte ich, wie alle oder viele, den ganzen Straßenzug therapieren und hoch hinaus. Ich fühlte mich nicht sicher, sondern wurde überheblich. Immer wieder gab's etwas an die Ohren. Er bremste mich. »Das Erste, was ein Alkoholiker lernen muss, ist Geduld«, predigte er immer wieder. Der zweite Grundsatz ist die Ehrlichkeit. Damit bestimmte dieser Therapeut eine Zeit lang mein Leben. Ich setzte das um, was ich bei ihm lernte und wurde langsam »anders trocken«. Ich begriff den Unterschied zwischen nur nicht zu trinken und abstinent zu leben. Heute weiß ich, dass ich ohne diesen »anderen Therapeuten« nicht mehr leben würde. Ich wusste auch damals nicht, als ich ihn das erste Mal traf, was an ihm anders war. Ich ahnte aber, dass er mein Rettungsanker ist. Wir haben immer noch gelegentlichen Kontakt. Nur mal kurz reinschauen oder so, es tut so gut und bestätigt den Erfolg eines schwierigen Weges.

A. W.

Was es bedeutet, die Sucht für sein Leben bedeutungslos zu machen, zeigt das Beispiel von Peter S. Nach einer jahrelangen Irrfahrt durch ein Leben mit Klinikeinweisung und Therapien kam er zu mir. Seit gut einem Jahr war er trocken und vermittelte dieses Gefühl der Trockenheit auch den anderen. Er behauptete felsenfest, dass es nichts mehr im Leben geben würde, das ihn rückfällig machen könnte. Dann bekam er Krebs. Zungenkrebs. Fast vier Monate saß er mit dieser Diagnose und den sichtbaren Veränderungen bei uns. Er behauptete weiter, dass er den Alkohol besiegt hätte und dass er den Krebs auch besiegen würde, obwohl man sah, dass er verlieren wird. Jeder hätte es verstanden, wenn er die letzten Tage seines Lebens mit Alkohol betäubt hätte. Selbst der Vorwurf des Rückfalls wäre bei ihm nicht angekommen, man hätte ihn bestimmt verstanden. Doch Peter hat bewiesen, dass die Entscheidung zur Abstinenz eine endgültige ist und nicht mehr mit den Abläufen im Leben zu tun hat. Peter ist an den Folgen seiner Krebserkrankung trocken gestorben.

Die Themen in den Gruppenstunden wurden durch aktuelle Probleme und Ereignisse bestimmt. Es reicht nicht aus, nur darüber zu reden, wie lasse ich das erste Glas stehen. Die Alkoholerkrankung ist eine vielschichtige Krankheit mit vielen Facetten und Gesichtern. Sie ist zum einen eine Grunderkrankung mit absolutem Charakter, zum anderen ist sie auch Symptom einer tiefer liegenden, seelischen Störung. Frühkindliche Entwicklungen, und andauernde Belastungssituationen können ein weiteres Indiz für die Entstehung von Suchterkrankungen sein. Zwar zieht sich durch alle Suchkarrieren ein roter Faden, doch individuell hat jede/r seine eigene Geschichte und eine andere Entwicklung. Versagen und Hilflosigkeit ertragen müssen, schwierige Familienkonstellationen durchleben, trinkende Partner aushalten, sowie unterschiedliche traumatische Erlebnisse können eine Rolle spielen, um nur um einige Schwerpunkte zu nennen. Ein breites Spektrum von Störungsfeldern in der Entwicklung, doch ein zentrales Thema bei der Behandlung war und ist: **Rückfälle**.

Kann man überhaupt im Zusammenwirken zwischen Therapeut, Gruppe und Klient wirksame Verhaltensmechanismen erarbeiten, die einen Rückfall verhindern? Gibt es Möglichkeiten, prophylaktisch einzuwirken? Zweimal nein, auch wenn einige das glauben mögen. Meine Haltung war immer: Es gibt keinen Grund für einen Rückfall, denn wenn ich Gründe suche, dann werde ich sie immer und überall finden. Erklärungen im Nachhinein bringen nicht weiter. Ich habe dies auf die Formel gebracht: »Wenn jemand rückfällig geworden ist, dann wollte er wieder trinken.« Ausnahmen gibt es da nicht. Der Betroffene erlebt einen Rückfall als Bedrohung. Das heißt, nur wenn etwas existent ist, kann es mich bedrohen. Wenn jedoch der Alkohol seine Existenz verloren hat, bedeutungslos geworden ist, dann kann er mich auch nicht mehr bedrohen. Doch ganz so einfach war es nie. Das subjektive Empfinden eines nicht trinkenden Alkoholikers ist Sicherheit. Er fühlt sich nicht bedroht und glaubt, dass der Alkohol weit weg sei. Trotzdem passiert es in Bruchteilen von Sekunden (ich wollte es nicht, aber es ist doch wieder passiert«), ausgelöst durch ein Gefühl, das mir plötzlich unangenehm war und das ich nicht haben wollte. Der Rückschluss wäre, dass sich Rückfälle nie auf rationalem Hintergrund abspielen, sondern immer nur emotional. Betroffene können oder wollen nicht erklären, warum »es« passiert ist. (»Es ging mir doch so gut?!«)

Der übliche Ablauf: Nach klinischer Entzugsbehandlung oder nach einer stationären Therapie erfolgt eine weiterführende ambulante Behandlung mit dem primären Ziel, einen Rückfall zu verhindern. Die Rückfallquote ist bei Erstbehandelten bei weit über 80 % jedoch vermutlich noch wesentlich höher, weil es keine verlässlichen Kontrollmechanismen (Dunkelziffer) gibt. Der Betroffene selbst aber schätzt seine Rückfallgefährdung grundsätzlich sehr gering ein. Das kann zum einen daran liegen, dass er der Meinung ist, jetzt alles über die Krankheit zu wissen und deshalb auch selbst einen Rückfall verhindern zu können, oder dass er sich körperlich wohlfühlt und meint: »Es geht mir jetzt gut. Ich brauche keinen Alkohol mehr.« In beiden Fällen wird er wieder leichtsinnig. Im Gespräch stellt sich dann heraus, dass er sich doch nicht mehr so sicher ist, wie er von sich glaubt. Aussagen wie »Man kann nie wissen, man sollte nie nie sagen, nicht die Hand dafür ins Feuer legen usw.« zeigen das deutlich. Betroffene benutzen gerne das allgemeine Wort »man« statt »ich« zu sagen. Die Einflüsse, die zu einem Rückfall geführt haben können, werden auf diese Weise anonymisiert, anstatt sie zu analysieren und auch zu identifizieren. Dadurch wird grundsätzlich ein Rückfall nicht für ausgeschlossen gehalten, weil es dann in der Zukunft immer an Bedingungen, Ereignissen, oder Situationen festgemacht werden kann. Auch die realen Ängste, mit denen er sich vor einer Behandlung auseinandergesetzt hat, hindern ihn somit nicht mehr, sich auf einen Rückfall einzulassen, allenfalls die Angst vor den Folgen. Aber da greift wieder schnell die Vorerfahrung: »Ich bin da ja wieder rausgekommen, das habe ich wieder hingekriegt, das wird mir diesmal auch so gelingen, so schlimm war das ja nicht.« Und gerne wird auch von einem »Ausrutscher« gesprochen und damit der Rückfall verbal verharmlost.

Warum ist die Rückfallquote so hoch? Eine Erklärung wäre, dass sich mit der Abstinenz schnell wieder Erfolge einstellen. Sowohl privat und im familiären Umfeld als auch beim Arbeitgeber. Akzeptanz und Wertschätzung steigen wieder, damit, auch das eigene Selbstwertgefühl, und das kann gefährlich sein, weil es leichtsinnig machen kann. Setzt sich jedoch diese Entwicklung nicht fort, oder tritt gar nicht erst ein, dann entstehen sehr schnell Gefühle wie: »Es lohnt sich nicht, es geht nicht mehr weiter, vieles hat sich doch nicht positiv verändert.« Vielleicht macht der Arbeitsplatz nach wie vor keine Freude oder die Beziehung erweist sich als problematisch, obwohl man doch gedacht hatte, ohne Alkohol wäre man jetzt mit dem Partner glücklich.

Traurigkeit und Unzufriedenheit werden größer und die ursprünglich feste Motivation geht verloren. »Welchen Sinn haben die Anstrengungen gehabt, warum habe ich das alles gemacht?« Und im Hinterkopf ist immer noch das Wissen gespeichert, dass es ein scheinbar probates Mittel dagegen gäbe: »Nur jetzt gerade, nur ein wenig.«

Das sind die Situationen, die nicht beeinflussbar sind und am anderen Ort stattfinden, wenn kein Therapeut danebensteht.

Was kann ein Therapeut im Rahmen der Gruppenarbeit tun?

1. Anonymität, an die vor jeder Gruppensitzung appelliert werden muss, um eine Vertrauensbasis zu schaffen.
2. Disziplin aller Beteiligten.
3. Offenheit bis in alle persönlichen Details, zu der jeder aufgefordert wird.
4. Interaktion aller Beteiligten. Keine schweigende Mehrheit herstellen, oder Gefasel zu Randthemen (Intervention des Therapeuten).
5. Keine persönlichen oder nicht zum Thema gehörenden Angriffe.

Zum Ablauf des Geschehens gehört eine präzise Analyse, Dinge auf den Punkt zu bringen, durch insistierendes, aber nicht verletzendes, konfrontatives Befragen, sodass Gruppendynamik entstehen kann. Antworten wie »ich weiß nicht« sind nicht ausreichend oder als Ausreden zu werten. Jeder Therapeut muss auch seine eigene Grenze des Vorgehens beachten. Nur unter Einhaltung dieser Abläufe kann eine gesunde Gruppendynamik entstehen. Das sind allgemeine Grundsätze, die überall, ob im ambulanten oder stationären Setting, beachtet werden müssen. Doch im Wesentlichen hängt es vom Therapeuten ab. Er muss mit den Menschen umgehen, Unklarheiten mit Fachwissen beantworten können und den Betroffenen die geforderten Verhaltensweisen glaubwürdig machen. Nur dann steigt die Wahrscheinlichkeit, Rückfällen vorzubeugen. In diesem Umgang mit Betroffenen ist es elementar wichtig, dass es eine Beziehung zwischen Therapeut und Klient gibt, die Glaubwürdigkeit und annehmen voraussetzt (Beziehungsarbeit).

Ähnliches gilt für die Einzelarbeit, auch hier ist die tragfähige vertrauensvolle Beziehung zwischen Klient und Therapeut eine Grundvoraussetzung, auch hier hängt es davon ab, ob der Therapeut in der Lage ist, akzeptierend, wertschätzend, mitfühlend und auch konfrontativ nicht nur agieren zu können, sondern im eigentlichen Sinne zu sein.

Damit wären wir wieder bei der Eingangsfrage. Ein Rückfall findet im Kopf statt und ist geplant, die Umsetzung geschieht aber emotional. Deshalb will der Betroffene auch nicht, dass jemand es verhindern soll. Rückfälle werden immer erst im Nachhinein besprochen, nie vorher. Das Versagen, und die Unfähigkeit, zusammen mit der Erkenntnis, es wieder nicht geschafft zu haben, führt dann oft zu Gedanken wie: »Diesmal trinke ich nicht so viel wie beim letzten Mal« oder »Nur paar Tage, dann ist wieder Schluss.« Die Angst vor dem Entzug ist wieder da, und der Kreis hat sich geschlossen.

Was unsere gesamte Entwicklung angeht, muss jede Generation mit anderen Risiken und Schwierigkeiten leben. Veränderungen prägen unser Leben und entsprechende Ideen sind gesellschaftlich gesehen immer von Minderheiten ausgegangen, die sie zunächst initiiert haben. Reformen werden jeweils dann nötig, wenn das alte System nicht mehr funktioniert oder zu teuer geworden ist. Es hat noch nie in der Geschichte der Menschheit eine Reform gegeben, die letztlich alle versprochenen Verbesserungen gebracht hat.

Die Notwendigkeit, weitgreifende Veränderungen umzusetzen, ergibt sich oft aus finanziellen Zwängen. So war es auch mit der Bremer Psychiatriereform. Der Kommune war der Dienst zu teuer. Es wurden Leistungen erbracht, die in den Bereich der Krankenkassen und Rentenversicherungsträger gehörten. Refinanzierung war das Zauberwort. Der Suchtbereich hat Anfang bis Mitte der Neunzigerjahre mit der ambulanten Nachsorge begonnen. Suchtpatienten, die in einer stationären Behandlung waren, konnten mit Zustimmung und Antrag bei Rentenversicherungsträgern zunächst für die Dauer von sechs Monaten finanziert, ambulante Nachsorge in Anspruch nehmen. Im Einzelfall und mit Begründung durch die durchführende Beratungsstelle konnte der Zeitraum auf zwölf Monate verlängert werden. Der sozialpsychiatrische Dienst in Bremen hatte sich um die Anerkennung als durchführende Instanz bemüht, und so konnte mit der ambulanten Nachsorge durch Gruppen und Einzeltherapien die ersten Gelder erwirtschaftet werden. Das führte aber langfristig dazu, dass immer mehr Klienten nicht mehr in die stationäre Therapie gingen, sondern dass gleich nach einer Entgiftung eine ambulante Therapie begonnen wurde. Die Kooperation zwischen stationär und ambulant funktionierte. So wurden auch die Zahlen für die Vermittlung der stationären Behandlung in den letzten Jahren rückläufig. Dem Aus- und Umbau der ambulanten Systeme wurde mehr Priorität gegeben. 1994 wurden die Beratungsstellen des sozialpsychiatrischen Dienstes Ambulanzen des Krankenhauses Bremen Ost. Das Sektormodell, oder wie wir scherzhaft sagten, »der Spagat-Arzt« , wurde installiert. Das bedeutete, dass ein Oberarzt mit je einer halben Stelle in Bremen auf der Sektorstation und mit der anderen halben Stelle im sozialpsychiatrischen Dienst tätig war. Diese Maßnahme war nötig, um einen Teil der erbrachten Leistungen mit den Krankenkassen abrechnen zu können. Man glaubte zu jener Zeit, dass es gelingen könnte, den gesamten Dienst über die Kassen und Rentenversicherungsträger zu finanzieren. Doch dieses System zeigte schnell Grenzen auf. Die verstärkt konzentrierte Arbeit in den Stadtteilen auf Abrechnungsbasis vernachlässigte andere Problembereiche.

Die Versorgung chronisch Kranker vor Ort ging zwangsläufig zurück. Es entstand wieder mehr eine »Komm«-Struktur, anstelle nachgehender Hilfe. Um diese Versorgungslücken auszugleichen, wurde die Pflegeversicherung vervollständigt und wurde ab 1995 für die häusliche Pflege und ab 1996 auch für die stationäre Pflege wirksam. Langfristig wird die Pflegeversicherung nicht überleben, weil sie nicht finanzierbar ist, und nur ein Bruchteil der Leistung bei dem zu Pflegenden ankommt. Sehr bald wird man in diesen Bereichen nach Alternativen suchen. Zurzeit läuft bereits die 3. Pflegereform (PSGII). Sie soll im Januar 2017 in Kraft treten. Die Einstufung soll von 3 auf 5 Pflegestufen (Grade) verändert werden. Dabei soll die Demenz mehr im Vordergrund stehen. Es ist davon auszugehen, dass dieses neue System teurer wird, dass man dem zu Pflegenden in die eine Tasche mehr hineinsteckt, aber aus der anderen noch mehr nimmt. Es entsteht mehr Aufwand und persönliche Betreuung wird vermehrt durch »preiswertes« unausgebildetes Personal aus anderen Ländern ausgeglichen.

Jahre später wurde auch die psychiatrische Pflege integriert. Um einen Teil der ambulanten Arbeit in der Region aufzufangen, wurde das Betreuungsgesetz reformiert. Bisher war es so, dass schlecht laufende Anwaltspraxen sich mit der Übernahme von Betreuung auf rechtlicher Grundlage über Wasser hielten. Durch die Arbeit in den Regionen ist der Bedarf an Betreuungen regelrecht explodiert. Die Anwaltspraxen bekamen Konkurrenz durch Betreuungsvereine und freiberufliche Betreuer, die auch schwierige Klientel übernahmen. Trotzdem bin ich der Meinung, dass zu schnell und zu viel unter Betreuung gestellt wurde. Die Entmachtung des Klienten durch das Betreuungsgesetz wurde festgeschrieben.

Durch eine Reform des Betreuungsgesetzes im Jahr 2007 wurde die Selbstbestimmung des Klienten in den Vordergrund gestellt, sowie die Wirkungskreise detailliert bestimmt werden konnten. Das führte zu einer Reduzierung der gesetzlichen Betreuungen. Die Bezahlung wurde von einzeln anrechenbaren Leistungen auf eine Pauschale festgesetzt.

Der ambulanten Psychiatrie fehlten durch die Veränderungen im Finanzierungsbereich aufgrund der immer breiter werdenden Bürokratisierung die Kapazitäten, um flächendeckend in der Region zu arbeiten. Die Konsequenz ist, dass ich seit einigen Jahren eine zunehmende Verwahrlosung und Verelendung Einzelner in den Regionen festgestellt habe. Eine Behandlung findet leider oft erst statt, wenn diese Menschen schon in einem sehr schlechten Zustand sind. Diese Betroffenen haben keine Lobby und kein »Hilfesuchverhalten« mehr, trotzdem hätten sie einen Anspruch auf Versorgung oder Unterstützung.

Der psychisch Kranke wird dort krank, wo er lebt. Doch Finanzierungen und Verbürokratisierung in der Entwicklung der psychiatrischen Systeme reduzierten anhaltend die ambulante

Versorgung. Ich habe wörtlich bei der Planung eines Projektes gesagt bekommen: »Für die können wir nichts tun, das kostet zu viel Geld, und Geld haben wir nicht.« Stattdessen wurden von den Ämtern Ghettos in Form von »Schlicht-Wohnungen« finanziert, wo die Leute sich selbst überlassen sind. Im Gegensatz dazu haben die Fachkliniken permanent ihre Standards erhöht. Sie entwickeln sich in Richtung von fünf Sterne Hotels, wurden aber, was die Aufnahmekriterien angeht, immer niedrigschwelliger, weil sie inzwischen einen Kampf ums Überleben führen. Verbesserte Arbeit in der Region und die wirtschaftlichen sowie beruflichen Verschlechterungen haben zum Rückgang der Belegung geführt.

Die Diskrepanz zwischen Fachklinik und häuslichen Bedingungen lässt sich daran festmachen, dass ein Alkoholiker, der aus der Verwahrlosung kommt, und in diese wieder zurück muss, die Bedingungen in einer Fachklinik als eine andere, bessere Welt erlebt. Entweder er will nicht nach Hause, oder er produziert Rückfälle, um wieder dahin zu kommen, wo es ihm gut geht. Versorgung und Unterkunft sind seine Prioritäten. Zumal seine Lebensbedingungen so sind, dass es fast unmöglich ist, in seinem sozialen Umfeld trocken zu bleiben. Ein Milieuwechsel ist zwingende Voraussetzung.

Die Behandlung der motivierten Kliniken in Fachkliniken hat sich zum Thema Rückfall ebenfalls grundlegend geändert. Fast zeitgleich seit Mitte der Neunzigerjahre wird dem Rückfall während der stationären Therapie besondere Bedeutung beigemessen. Der Umgang mit Rückfällen wurde zum Normalfall und somit breiter Bestandteil der Therapie. Das suggeriert den Patienten, erst einmal: »Rückfällig werden darfst du, das wird nicht sanktioniert.« Bei immer mehr Rückfällen wurde verstärkt daraufhin gearbeitet, »den nächsten Rückfall zu verhindern und die Ursachen herauszubekommen.« Folglich: »Je mehr Rückfälle, umso größer die Form der Zuwendung.« Es wurde alles getan, um eine vorzeitige Entlassung zu verhindern. Wenn der Patient weiter motiviert schien an der Problematik zu arbeiten, wurde Verlängerung in Erwägung gezogen. Ich kenne Fachkliniken, da wussten die Patienten über die Selbsthilfe und ambulanten Dienste: »Mindestens dreimal kannst du aus dem Wochenende dort betrunken ankommen. Es passiert nichts.« Mir erscheint es sinnvoll, dort Ursachenforschung zu betreiben, wo auch die Symptome auftreten, also herauszufinden, wie der Klient in seinem Umfeld lebt und sich mit den Bedingungen dort auseinandersetzt. Die Zahl von bis zu 90 % Rückfällen nach einer stationären Ersttherapie belegt, dass der ursprüngliche Arbeitsauftrag der Fachkliniken, Erhalt und Wiederherstellung der Arbeitsfähigkeit, ohnehin nur noch bei den Wenigsten zutrifft. Was nützt es einem Alkoholiker, wenn seine Arbeitsfähigkeit und Belastung nach wissenschaftlich fundierter Methode während der stationären Therapie mit einem Koeffizienten gemessen werden, und er dann in die Arbeitslosigkeit entlassen wird. Das ist nur ein Beispiel von der Unsinnigkeit solcher teuren Methoden. Die Entwicklung der letzten Jahre macht deutlich, dass man weg muss von »hochtherapeutisch analytisch« orientierten Behandlungsmethoden

Die Zahl der Hilfeempfänger steigt jedes Jahr sprunghaft an und die Armut in unserem Lande nimmt dauerhaft zu. Viele leben ohnehin schon am Rande des Existenzminimums. Die Wenigen, die noch einen festen Arbeitsplatz haben, trauen sich nicht für längere Zeit in eine stationäre Therapie zu gehen, weil sie Angst haben, dann den Arbeitsplatz zu verlieren. Erst eine sinnvolle Alternative wäre die jetzt geplante Kombibehandlung. Der ambulante Dienst ist primär der Behandler und entscheidet mit dem Patienten, ob, wann und wie lange stationäre Therapien in einer Fachklinik erforderlich sind, bleibt aber Behandlungsführender für die Dauer von einem Jahr. Die Behandlung in der Region hat den Vorteil der kurzen Wege, Transparenz und Einbindung des sozialen Umfeldes.

Wenn all diese Dinge berücksichtigt werden, dann steigen die Chancen, Abstinenz nicht nur herzustellen, sondern mit Begleitung auch zu leben. Nun kann man heute nicht mehr arbeiten, ohne dass alles dokumentiert, berichtet, besprochen und erforscht wird. Ein Berichtsunwesen hat sich eigenständig gemacht und verschlingt viele Kapazitäten, die man für aktive Arbeit »am Mann« beziehungsweise »an der Frau« und in der Region bräuchte. Forschungsaufträge werden für viel Geld vergeben, obwohl man die Ergebnisse schon vorher weiß. Auf einer bestimmten Ebene werden diese Aufträge abgesprochen und sind im Endeffekt, außer dass das Geld weg ist, nutzlos. Wir an der Basis haben uns permanent mit Vorlagenformularen und Stellungnahmen auseinanderzusetzen, die an anderer Stelle in eigens dafür geschaffenen Dienststellen entstehen. Die Personalkosten werden immer größer, die Produktivität immer geringer. In der heutigen Zeit wollen viele nur noch leiten, planen beraten und erforschen, besprechen und koordinieren. Letztlich ist zu befürchten, dass der Kollaps droht, denn es ist kein Ende dieser ungleichen Entwicklung in Sicht.

Es nützt den Patienten nichts, wenn die Systeme stimmen, die Finanzierung aber abgelehnt wird, und weiter nach was anderem gesucht wird. Gute Arbeit ist teuer und soll auch bezahlt werden, wenn die Gewichtung auf der aktiven Arbeit »am Menschen« bleibt.

Bürokratisierung und Wasserköpfe arbeiten in einem Kreis um sich herum. Wenn aber für Behandlungen nur noch das Geld eine Rolle spielt und nur Angebote laufen, die auch finanziert werden können, dann reduziert sich alles auf ein Minimum und der Mensch bleibt auf der Strecke. Es landen heute zum Teil vierzigjährige Alkoholiker mit Korsakowsyndrom (alkoholbedingter Demenz) in Alten- und Pflegeheimen, weil es kein entsprechendes Angebot gibt. Der Bedarf ist größer als die vorhandenen Angebote. Das ist eine ähnliche Entwicklung wie in der Altersversorgung.

Das Krankheitsbild »Alkoholismus« hat sich verändert. Es gibt kaum mehr den klassischen Alkoholiker, der über den geraden Weg der Behandlung läuft. Mischproblematiken, Doppeldiagnosen und Mehrfachgeschädigte stellen den überwiegenden Teil der Behandlungsbedürftigen. Alle Systeme werden an der Untergrenze der Finanzierung gefahren (oder wie man sagt, sind auf Kante genäht) und es wird immer enger. Das geht zu Lasten der Mitarbeiter, die permanent überfordert sind. Und es wirkt sich letztlich auch auf die Qualität der Arbeit aus. Mitarbeiter werden dann oft zu Patienten.

Die Versorgung der Suchtkranken, psychisch Kranken in der Region muss weiterhin oberste Priorität haben, der Schwerpunkt darf sich nicht in Richtung stationäre Behandlung bewegen, denn dann haben wir wieder ein Krankenhauswesen, das schon einmal zu teuer und nicht finanzierbar war. Wenn die ambulanten Dienste erhalten und gestärkt werden, kann man den Arbeitsauftrag »regionale ambulante psychiatrische Versorgung« nicht optimal, aber zufriedenstellend erfüllen.

Ich konnte mir lange Jahre nicht vorstellen, dass ich meine Arbeit im Suchtbereich einmal verlassen würde. Suchtarbeit in Bremen war eng mit meinem Namen verbunden. Die bereits ausführlich beschriebene Gruppenarbeit hatte einen hohen Stellenwert in ganz Bremen. Die Abrechnungsmodalitäten der ambulanten

Nachsorge und den ambulanten Therapien mit den Kostenträgern erforderten leider immer größeren Aufwand und für die Arbeit »am Menschen« blieb immer weniger Zeit. Was mich in den letzten Jahren zusätzlich unzufriedener gemacht hat, waren die bürokratischen Zwänge: Gutachten, Abrechnung, Dokumentationen, Stellungnahmen, usw. Ich konnte nicht mehr das machen, was ich wollte und was ich kann: therapeutisch arbeiten.

11. Kapitel

Neues und Perspektiven

Meine Zulassung als Psychotherapeut eröffnete mir auch privat Freiheiten und Spielraum. Nach diesem grausamen Unfall und dem damit verbundenen Handicap war ich völlig am Boden zerstört. Monatelang war ich zur Untätigkeit verdammt. In mir war wieder der »kleine Wolf«. Dank meines Bekanntheitsgrades und meiner fachlichen Fähigkeiten bekam ich nach und nach Angebote von Firmen, von Anwälten und von Kliniken. In entsprechenden Kursen bereitete ich alkoholauffällige Kraftfahrer auf die MPU vor. Aus eigener Erfahrung wusste ich, dass die MPU mit viel Willkür und subjektive Kriterien ausgerichtet ist. Seit Jahren versucht man, diese Praxis zu reformieren, was aus meiner Sicht lange überfällig ist, MPU heißt für mich auch: »Macht Profit und Ungerechtigkeit.« Ohne Vorbereitung ist die Chance gleich null für den Betroffenen, zu bestehen.

Dann bekam ich eine Anfrage, ob ich bereit wäre, ein Konzept zur betrieblichen Suchtkrankenhilfe zu erstellen. Über einen ehemaligen Patienten stieg ich bei Siemens ein. Ich erarbeitete ein umfangreiches Konzept und bot es in Form einer Power Point Präsentation an. Themenschwerpunkt war »Alkohol am Arbeitsplatz - Umgang mit auffälligen Arbeitnehmern«. Einige dieser Inhalte sind bis zum heutigen Tag Grundlagen für Vorträge und Seminare. Meine Kollegin empfahl mich an die Uniklinik Düsseldorf. Ich wurde zu einer Informationsveranstaltung eingeladen. Der Vortrag kam gut an und seitdem bin ich verbindlich in Düsseldorf für den Arbeitsschwerpunkt »Alkohol am Arbeitsplatz« tätig.

Viele meiner Grundsätze habe ich zwar nicht grundlegend verändert, doch durch meine eigenständige Tätigkeit, durch Projekte und andere suchtbezogene Aktivitäten hat sich einiges erweitert, und neue Sichtweisen sind dazugekommen. Unter anderem auch durch eine inzwischen mehrjährige Tätigkeit im Projekt »Vida Libre« auf Mallorca.

Der erste Kontakt mit Vida Libre in Felanitx hinterließ einen positiven Eindruck. Frau Damm hatte mein Buch gelesen und war von meinem Ansatz und meiner Arbeit mit alkoholkranken Menschen überzeugt. Sie hatte sich gerade von einem Projekt losgesagt, weil sie mit Vorgehen, Umgang und Konzeption nicht einverstanden war. Genau zu der Zeit flatterte meine E-Mail herein. Ein kurzer Schriftverkehr führte dann im September 2007 zu einem ersten Treffen mit Coletta Damm und Susanne Lenné, den beiden Initiatorinnen von Vida Libre. Zu der Zeit war ich noch im öffentlichen Dienst in Bremen. Bevor wir jedoch damals mit einer regelmäßigen Zusammenarbeit beginnen konnten, geschah im Dezember 2007 mein Unfall und es dauerte noch über ein Jahr, bis ich nach meiner Reha meine Tätigkeit in Bremen hatte beenden können und regelmäßig bei Vida Libre tätig wurde.

Die Behinderung durch den Unfall hatte es mir ermöglicht, mit 63 Jahren ohne Abzüge dem öffentlichen Dienst in Bremen ade zu sagen. Obwohl ich jahrelang mit der Stadt Bremen und mit dem Dienst verbunden war, bin ich nach über 30-jähriger Tätigkeit ohne Wehmut gegangen. Ich sagte mir, »nichts passiert ohne Grund im Leben« bezogen auf meinen Unfall und »es wird schon weitergehen!«

Anfänglich kam ich einmal im Monat für einige Tage nach Mallorca und daraus entwickelte sich eine regelmäßige, kontinuierliche Zusammenarbeit, sodass ich inzwischen zum festen Bestandteil des Projektes wurde. (Projekt, Mitarbeiter und Arbeitsweise ist eingehend im Internet www.vida-libre.org nachzulesen) »Vida Libre« bedeutet »Freies Leben« und damit ist auch beschrieben, welchen Weg unser Team den Gästen aufzeigen möchte: Loslassen der Abhängigkeit, um zu einem freien, selbstbestimmten Leben zu finden, in dem der Alkohol bedeutungslos ist.

Ich war dort angekommen, wo ich das Gefühl hatte, hier mache ich wieder das, was ich kann und will. Meine Individualität, der manchmal auch spezielle Umgang mit dem Klientel und meine Fachlichkeit, ließen sich schnell integrieren und wir wurden ein funktionierendes Team. Wir unterscheiden uns im Wesentlichen von den Fachkliniken dadurch, dass die Anzahl der Personen (Gäste) nicht mehr als drei beträgt, nur in Ausnahmefällen sind es vier. Das gewährleistet einen verbindlichen und manchmal familiären Charakter. Es ergibt sich oft, dass wir ganze Tage mit den Leuten zusammen verbringen. Das tägliche Einzel-Coaching, die Freizeitgestaltung und die sportlichen Angebote sind wechselnd über den Tag verteilt. Die Größe der Gruppe hat den Vorteil, dass es untereinander eine gute Eigendynamik gibt, und, oft über die Dauer der Behandlung hinaus, hilfreiche Kontakte. Wenn man die gemeinsame Zeit und die Angebote in Relation zu anderen Einrichtungen sieht, dann ist dies eine recht hohe Therapiedichte. Dazu kommt, dass sich unsere Klientel deutlich von dem unterscheidet, das ich in meiner aktiven Zeit in Bremen und in der Psychiatrie kennengelernt hatte. In der Regel sind körperliche Folgeschäden, sowie ein weitreichender physischer Abbau noch nicht so weit fortgeschritten, dass sich dies beeinflussend auf die Therapie auswirkt. Motivation und Freiwilligkeit, sowie der

Grundsatz der Anonymität sind weitere Voraussetzungen dafür, dass wir effizient arbeiten können. Nach den jeweiligen Einzel Coachings besprechen wir grundsätzlich unsere Wahrnehmungen und Erfahrungen sowie inhaltliche Bewertung. Die unterschiedlichen Perspektiven im Team helfen wiederum, die Gäste noch besser zu verstehen und zu begleiten. Zum festen Bestandteil der Therapie gehört mein »Vortrag« wie er inzwischen genannt wird. Aus anfänglich einer Stunde, die vorgesehen war, sind inzwischen meist zwei bis drei geworden. Im Laufe der Zeit haben sich viele individuelle Erlebnisse und Erfahrungen in diesen Vortrag integriert und auch unser Spektrum ist dadurch ständig breiter geworden.

Dieser Vortrag will keine wissenschaftliche Analyse über Sucht und Suchtverhalten sein, sondern ein praktisches Instrument, anhand dessen ich Entwicklungen anschaulich darstellen kann. In Verbindung mit dem Gesagten ist für viele unserer Gäste dieses Schaubild besonders prägend in der Erinnerung geblieben.

Entstehung von Suchtmittelabhängigkeit

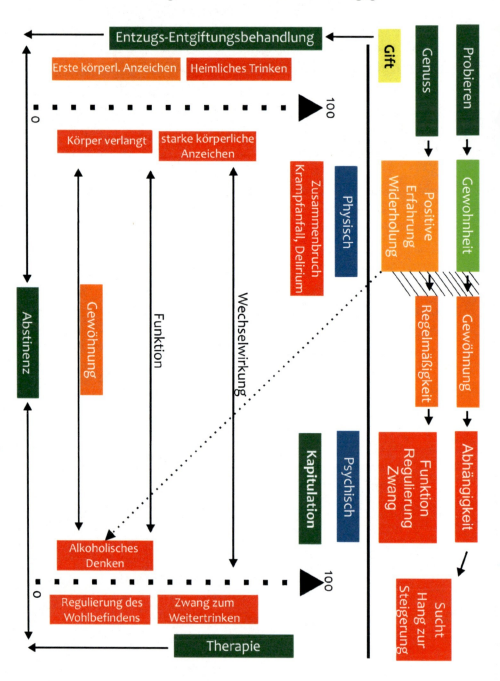

Den Vortrag beginne ich grundsätzlich mit einigen Feststellungen.

- Jeder Mensch, der mit Suchtmitteln umgeht, ist gefährdet, aber nicht jeder wird abhängig. Auf Abhängigkeit wird meist erst reagiert, wenn es körperliche Anzeichen gibt.
- Die Gesellschaft verkauft Alkohol als Genussmittel, deklariert diese Suchtmittel aber nicht als Gift: Es gibt den Begriff der Alkoholvergiftung, die Behandlung heißt Entgiftung.
- Abhängigkeit ist grundsätzlich nicht durch Menge und Zeit bestimmt.
- Es wird nie wieder möglich sein, kontrolliert zu trinken. Wenn etwas kontrolliert werden muss, besteht bereits Kontrollverlust.
- (Ich halte es aufgrund meiner jahrzehntelangen Erfahrung für verantwortungslos, wenn Herr Körkel (»Suchtpapst«) im Fernsehen diese Möglichkeit propagiert).

Den Verlauf der Suchtmittelabhängigkeit habe ich in den Ampelfarben dargestellt.

Grün - unbedenklich, gelb -aufpassen - Achtung, rot - gefährlich - Crash

Es beginnt in der Regel früh, mit probieren, nach häufigem probieren kommt »das schmeckt mir« und ich genieße es. Das ist mit einer Erfahrung verbunden, die positiv besetzt ist. Das Genießen verknüpft sich mit Gewohnheiten. Ein gedachter Kreis um den grünen Bereich, lässt sich mit gesellschaftlich kontrolliertem Trinken beschreiben.

Dann kann es aus verschiedenen Gründen sein, dass ich mich an die Gewohnheiten gewöhne. Gewöhnung impliziert Regelmäßigkeit. Der Übergang ist schleichend und der Kontrollverlust wird immer erst im Nachhinein festgestellt, nach Überschreiten der imaginären Grenze zur Abhängigkeit.

Dann entsteht die Notwendigkeit der Entwöhnung (Entwöhnungsbehandlung) weil der Alkoholkonsum nicht mehr kontrollierbar ist. Der weitere Verlauf ist durch die Pfeilrichtung nach rechts vorgegeben und nicht mehr reversibel. Wie schnell oder wie langsam jemand in dieser Richtung weitergeht, ist individuell sehr unterschiedlich.

Auf der Strecke zwischen Gewöhnung und Abhängigkeit werden oft Trinkpausen gemacht. Entweder man will nicht wahrhaben, dass die Kontrolle nicht mehr vorhanden ist, oder es gibt äußere Zwänge, zum Beispiel berufliche Probleme durch den Alkohol oder Schwierigkeiten in der Familie. Der allgemein verbreitete Irrglaube ist dann, dass man nach einer Trinkpause wieder vorn, also bei grün einsteigen könnte. Interessanterweise ist dies beim Rauchen mittlerweile allgemein bekannt. Kein verantwortlicher Mensch würde heutzutage mehr einem Ex-Raucher eine Zigarette anbieten wollen. Und jeder ehemalige Raucher ist sich bewusst, dass er tunlichst die Finger davon lassen sollte. Doch bei jemandem, der eine Trinkpause gemacht hat, ist wie vor die Auffassung üblich, dass er oder sie nach einer gewissen Zeit ganz links auf der Linie bei grün wieder anfangen könnte. Man erwartet von sich, ein »Reset« machen zu können.

Doch die Erfahrung zeigt, dass man immer dort weiterfährt, wo man ausgestiegen ist. Der Verlauf in Pfeilrichtung endet immer im Zusammenbruch (nicht von Menge und Zeit abhängig). Angaben über tägliche »unbedenkliche« Mengen sind daher unsinnig, denn die Kombination von psychischer und physischer Entwicklung wird dabei nicht beachtet.

Der untere Bereich des Schaubildes skizziert zwei Skalen jeweils von 0 -100:

Die psychische und die physische Entwicklung.

Der Beginn einer Abhängigkeit beginnt immer auf der psychischen Skala, vorbereitet durch die als positiv gespeicherten Erfahrungen mit Alkohol.

Durch vielfältige, exemplarisch auch durch meine eigene Geschichte zu Beginn des Buches dargestellte Gründe, übernimmt das Suchtmittel, der scheinbar »positive Stoff« eine entscheidende Funktion:

Die Regulierung des Wohlbefindens.

Das beginnt oft schon sehr früh bei den Kindern: Unpässlichkeiten, Kopfschmerz, Schulstress Unruhe. Wir haben in unserer Gesellschaft eine Tendenz entwickelt, dass sehr schnell in die Natürlichkeit der Emotionalität eingegriffen wird. Unruhige Kinder werden ruhiggestellt, Schulstress wird medikamentös begegnet. Immer und sofort entsteht der Anspruch: »Es muss mir gut gehen!« Später dann bei Trauer, Schicksalsschlägen, Stress oder auch bei störenden Kopfschmerzen: Der Versuch, diese unangenehmen Zustände so schnell es geht abzustellen, gilt als erstrebenswert. Daher bald der Gang zum Arzt: »Ich hab da etwas für Sie, probieren Sie das mal aus. Damit geht es Ihnen bestimmt besser.« Auf diese Weise lernen wir, dass nicht wir selbst Zustände unserer Seele und unseres Körpers regulieren können, sondern dass wir »etwas« brauchen, das uns dabei hilft. Und wir probieren aus, was uns entweder der Arzt gibt, oder was uns harmlos erscheint. Und Alkohol wird in unserer Gesellschaft wider besseres

Wissen als harmlos angesehen und ist in den meisten Haushalten greifbar.

Und mit diesem »Probieren« kann es sein, dass wir, damit es uns so oft wie möglich gut geht, immer regelmäßiger zum Alkohol greifen.

Wir nutzen und entdecken die Funktion des Alkohols, und er hilft auch, zunächst. Die Menschen, die mit einem Suchtmittel ihr Wohlbefinden regulieren, sind psychisch bereits schon lange abhängig, bevor irgendwelche körperlichen Anzeichen sichtbar werden. Und solange, glaubt man, besteht ja auch keine Notwendigkeit, etwas zu verändern. Und das kann ein langer Zeitraum sein. Doch ab einem Punkt setzt über die Gewöhnung auch die physische Entwicklung ein.

Dann hat sich nicht nur die Psyche, sondern jetzt auch der Körper an eine bestimmte Menge Alkohol gewöhnt, die das Wohlbefinden herstellt. Nun arbeitet das System wechselseitig. »Du gibst mir den Alkohol, ich funktioniere«, sagen Psyche *und* Körper.

Der Körper hat in Verbindung mit Suchtmitteln die Tendenz zur Steigerung. Wenn die Menge nicht mehr stimmt, dann treten die ersten Anzeichen auf: Zu wenig Menge - kein Wohlbefinden mehr. Es entstehen Konzentrationsschwierigkeiten Unruhe, Tremor. Das alkoholische Denken beginnt: »Habe ich genug im Haus? Muss ich nochmals zur Tankstelle fahren?« Immer mehr Heimlichkeiten gegenüber Angehörigen und Kollegen: »Hoffentlich merkt niemand etwas. Wo ist ein gutes Versteck?« Die Angst, es allein nicht mehr zu schaffen, wird den Betroffenen deutlich. Der Kreis hat sich geschlossen. Trinkpausen, Versuche weniger zu trinken, heimliches Trinken, kein Entkommen mehr. An dieser Stelle sollte die Erkenntnis stehen, dass Hilfe dringend nötig geworden ist.

Entgiftung.

Wie die linke Seite des Schaubildes zeigt, geht es jetzt erst einmal darum, den Körper wieder **gift**frei zu bekommen. Und das geht bei Alkohol in der Regel recht schnell. Ein vergifteter Körper ist meistens nach 24 Stunden ent**gift**et. Die üblichen 5-7 Tage werden zur Umstellung benötigt. Dies ist nicht immer ganz ungefährlich und Ärzte helfen kurzfristig mit Medikamenten, dass der Körper sich wieder an den alkoholfreien Zustand gewöhnt.
Der Patient geht nach Hause und fühlt sich gut.

Manchmal erstaunlich schnell hörte ich die Sätze: »Ich werde nie wieder trinken, ich will meine Gesundheit erhalten, ich fühle mich stark!«
Doch der Rückfall kommt meistens ganz schnell. Dann hörte ich die Sätze wie: »Ich kann nicht glauben, dass ich wieder so viel getrunken habe, ich wollte es nicht, und es ist doch wieder passiert!« Gründe werden angeführt, die Suche nach dem Schuldigen beginnt. Oft hört man den Begriff »Saufdruck«. Leider ist das völliger Blödsinn, denn so etwas gibt es nicht. Es ist ein Begriff aus der Selbsthilfe, um einen Rückfall zu begründen und zu erklären.
Ich habe in meiner langjährigen Tätigkeit nie einen Grund für einen Rückfall akzeptiert.
Ich habe nur gelten lassen, wenn jemand sagt: »Ich wollte wieder trinken«, und sein Trinken als eigene Entscheidung erkennt, alles andere ist unbedeutend und nicht im Mindesten hilfreich.

Was in der Situation nach der Entgiftung grundsätzlich ignoriert wurde oder was nicht bewusst war, ist die entscheidende Rolle der Psyche, später dann in Verbindung mit dem Körper. Es gibt bei trinkenden Menschen ein über Jahre funktionierendes System: Bestimmte Mengen bedeuten Wohlbefinden.

Die Menge (Suchtmittel) sollte nach der Entgiftung wegbleiben, folglich konnte dann das System Wohlbefinden auch nicht funktionieren. Das ist aber der Anspruch eines Abhängigen. Er oder sie kennt es nicht, Belastungen, Ärger, Trauer, das Leben insgesamt ohne Alkohol zu meistern.

Der kleine Sucht-Steuermann sitzt noch im Kopf, und der hat immer eine Lösung parat, man muss ihn nur rauslassen und auf seine Einflüsterungen hören.

Das Zauberwort heißt »Alternativen«. Wer wirklich frei von seiner Abhängigkeit werden möchte, muss lernen, sein Wohlbefinden ohne Suchtmittel zu regulieren. Dazu gehört auch, dass ich aus dem Such(sucht)verhalten herauskomme, das heißt, ich nicht mehr insgeheim auf Gelegenheiten zum Trinken hoffe, für die ich dann »nichts konnte.« Es bedeutet, sich selbst wieder nah zu sein, sich ehrlich kennenzulernen, und mit den eigenen Möglichkeiten und Fähigkeiten umzugehen und sie zu akzeptieren. Ein Leben mit sich selber, ohne Zwänge und Druck.

So zu leben, wie man ist. Hört sich leicht an, aber es ist ein Abenteuer und es braucht Mut. Doch der Gewinn bedeutet wirklich gelebtes Leben. Nicht das »Weglassen des Alkohols« ist die Herausforderung, sondern das bewusste Leben ohne.

Ich halte auch nichts von den Formulierungen einiger, auch bekannter Leute, die teilweise Bücher darüber geschrieben haben und Sätze verlauten lassen, wie: »Der Kampf gegen den Alkohol« oder »Ich habe die Sucht besiegt« (Herr Thränhard im Stern schrieb darüber).

Kampf und Aushalten kosten Kraft und die ist bei jedem Menschen begrenzt. Diese Ansicht setzt eine dauernde Auseinandersetzung mit dem Alkohol voraus. Damit wird eine künstliche Nähe kreiert und Nähe ist gefährlich, Distanz aber schützt.

Wenn der Alkohol jedoch bedeutungslos wird, gibt es keine aufreibenden jahrelangen Kämpfe mehr und man kann sein Leben genießen und seine Belastungen durchstehen, ohne wieder in der tödlichen Sackgasse der Sucht zu landen.

Im letzten Teil meines Vortrages bespreche ich dann noch den Bereich der Symptome, Anzeichen und Folgeschäden. Unter anderem auch das Korsakowsyndrom (heute auch sehr gerne mit Demenz erklärt.) Polyneuropathie und andere nervlich bedingte Schädigungen.

Auch der Umgang im Alltag mit Essen und Getränken kommt zur Sprache. Beliebte Frage: »Alkoholfreies Bier darf ich doch trinken.« »Nein«, ist meine Antwort und dies hat wiederum mit dem Bereich der Gewohnheiten und Wirkung zu tun und nicht mit irgendwo eventuell vorhandenen Restmengen von Alkohol.

Der Schlusskommentar von vielen Gästen ist oft: »So hat mir das noch nie jemand erklärt.«

Deshalb kann ich hier abschließend feststellen:

»Wir machen einen verdammt ‚guten Job' (Rückmeldungen und Zahlen belegen das.) Und ich freue mich, dass ich meine persönlichen und beruflichen Erfahrungen aus vielen Jahrzehnten nach wie vor, jetzt hauptsächlich an die Gäste von Vida Libre, weitergeben kann.

Schlussbemerkung

Nach über 30-jähriger Tätigkeit im ambulanten psychiatrischen Bereich, und nach mehrjähriger Tätigkeit mit anderen Schwerpunkten habe ich meine Einstellung zum Alkohol nie verändert. Trotz der Meinung vieler, man sollte nie nie sagen oder man kann ja nie wissen. Ich hatte mich entschieden. Trotz aller Schicksalsschläge, Niederlagen und Siege. Der Alkohol hat mit meinem Leben nichts mehr zu tun. Ich habe immer wieder persönliche Defizite erkannt und verändern müssen. Ich bin oft an meine Grenzen gegangen und habe sie auch mal überschritten. Schwachstellen durch meine Entwicklung, manchmal Extremverhalten, Schwierigkeiten in der Nähe- und Distanzregelung, nicht ganz einfache Emotionskontrollen, sind Altlasten meines in einigen Bereichen süchtigen Verhaltens. Ich habe viele Verluste erfahren, doch die Gewinne haben letztlich an Wert überwogen. Ich habe erleben müssen, dass »alles« im Nachhinein immer eine Bedeutung haben kann und positiv genutzt werden kann, trotz mancher Grenzwertigkeit. Ich werde und will so leben wie ich bin und trocken sterben. Die Grundsätzlichkeit, dass ich seit meiner Entscheidung, abstinent zu leben, niemanden mehr für mein Trinkerleben verantwortlich gemacht habe (und das Wort »**weil**« nicht mehr brauchte) wird mich bewusst zu Ende leben lassen. Es hat in meinem Leben zwei Situationen gegeben, da habe ich durch Verwechselung Alkohol getrunken. Ich habe dann bei Klienten gehört, denen das auch passiert war, mein »Suchtdruck« war sofort wieder da und ich habe weitergetrunken. Heißt, ein willkommener Anlass? Grundsätzlich, aus Versehen kann keiner rückfällig werden, wenn er es nicht will. Bei mir hat sofort die Wirkung des Alkohols zu dem geführt, was ich für den Rest meines Lebens nicht mehr haben will. Beeinträchtigung. Veränderung. Falsche Empfindung.